adidas
FIFA
adidas

l'année du football
2003

CHRISTIAN VELLA

avec la collaboration de Romain Del Bello

calmann-lévy

SOMMAIRE

8  Coupe des Confédérations

24  Ligue des champions

56  Coupe de l'UEFA

80  Coupe intercontinentale

82  Ballon d'or

84  Finale de la Cup

86 

Championnat de France

122 

Coupe de France

140  Coupe de la Ligue

160  Équipe de France féminine

162 Résultats

COUPE DES CONFÉDÉRATIONS

POUR FOÉ

Ce devait être une fête. Une de ces fêtes que l'on organise un peu artificiellement pour occuper l'espace, laisser passer le temps en attendant l'heure des grands rendez-vous, des grandes et belles passions, des distractions continentales ou planétaires. Une fête donc que l'on devait vivre chez nous, à la maison, avec les nôtres et quelques invités que nous aimons bien, des invités venus des quatre coins du monde. Certains plus prestigieux que d'autres, mais tous convaincus que cette invitation sur la terre de France pouvait avoir de l'allure, une certaine dimension. Tout était donc parfait dans le meilleur des mondes possibles. Tout, jusqu'à la mort de Marc-Vivien Foé... Dès lors, tout cela n'avait plus aucun sens. On s'en souviendra comme de la première compétition de dimension internationale à nous avoir offert le spectacle tragique et terrible d'un joueur qui disparaît sous nos yeux, en direct, devant les caméras de la télévision. Et tout le pays a alors pleuré, essuyant quelques larmes comme celles aperçues sur les visages graves de joueurs atteints au plus profond de leur désarroi, touchés par la tristesse, révoltés par l'injustice. Des images chargées d'une lourde émotion. Ces images-là ont sans doute fait le tour du monde mais elles ont fait passer tout le reste au second plan, le jeu, les résultats, le ballon. Car, la mort de Marc-Vivien Foé avait plus d'importance maintenant que cette compétition. L'équipe de France a remporté la victoire finale. Une équipe de France en partie retrouvée. Mais, que cela paraît dérisoire comparé à la disparition de Marco !

Thierry Henry prend son envol de grande star internationale. Le numéro 12 des Bleus a plané sur la Coupe des Confédérations... Un ange passe !

HENRY
12
PORTE
ARC-VIV

La finale que l'on se devait de disputer pour rendre un ultime hommage à Marc-Vivien Foé oppose un Cameroun ébranlé par cette disparition à une équipe de France solidaire. Une rencontre très spéciale qui n'empêche pas les joueurs de se livrer de beaux et francs duels, comme celui qui oppose Ludovic Giuly à Atouba ou encore celui que se disputent les deux copains d'Auxerre, Perrier-Doumbé et Djibril Cissé (double page suivante). Une belle chanson de gestes où les corps semblent figés pour l'éternité…

Le récital de l'artiste Thierry Henry commence par un penalty contre la Colombie. Le contre-pied est parfait, la frappe limpide. Grâce à ce succès (1-0), la France est sur les bons rails.

Exotisme de rigueur dans ce match entre le Japon et la Nouvelle Zélande mais, à l'évidence, le Japonais Okubo paraît plus incisif que son adversaire qui fait déjà la grimace.

Le Camerounais Samuel Eto'o a tout de la star en devenir. Il a du talent, de l'inspiration dans chacun de ses gestes, le sens du but et un amour filial attendrissant. Sa maman peut être fière de lui.

MERCI
MAMAN

La joie des Japonais fait plaisir à voir quand le lutin Takahara, habile technicien, vient de jouer un mauvais tour aux Tricolores de Jacques Santini qui s'imposent finalement 2-1.

Quand le puissant Camerounais Rigobert Song décide de faire le ménage, rien ne peut l'arrêter, pas même l'élégant Tuncay. Song connaît la chanson, et le Cameroun et la Turquie gagnent leur billet pour les demi-finales.

4
adidas

9
9

Le Néo-Zélandais Coveny a beau mettre tout son corps en opposition, rien ne peut arrêter la course du hurdler Olivier Kapo, auteur du premier but français. Il y en a encore quatre autres pour concrétiser le triomphe tricolore.

Brésil-États-Unis, les Sudistes contre les Nordistes. Mais l'histoire du football ne prend pas ses références dans la grande histoire avec un grand « H » et le Carioca Kleberson, ici, n'hésite pas à couper la route à son adversaire US.

Le geste auguste du buteur touché par la grâce. Le Brésilien Adriano vient de marquer, son regard se tourne vers le ciel qu'il remercie avec une ferveur de communiant.

Demi-finale entre le Cameroun et la Colombie (1-0). Derniers gestes, ultime action d'un géant au grand cœur. Marc-Vivien Foé s'en va. La mort frappe la Coupe des Confédérations. Adieu l'artiste !

Unis dans le même élan après un premier but de Henry, les joueurs de l'équipe de France rendent hommage à celui qui vient de nous quitter. Doigts pointés vers le ciel où plane l'âme de Foé, ils lui dédient leur succès contre la Turquie (3-2).

LIGUE DES CHAMPIONS

adidas

MEXES
5

Tout un symbole dans cette posture de l'Auxerrois Mexès devant l'implacable tournure des événements.

COPIE BLANCHE

Trois clubs engagés, aucun qualifié. C'est le triste bilan du football français à l'issue du premier tour. Un zéro pointé qui situe en un clin d'œil le niveau général des clubs tricolores sur l'échelle européenne. C'est la première fois, depuis 1999 et la nouvelle formule à deux tours de la Ligue des champions, que la France disparaît de la carte dès la première phase. Ça n'est certainement pas une surprise, tant on déplore depuis un moment la régression du football hexagonal. Bien sûr, la qualification s'est jouée parfois à peu de choses, mais dans ces moments clés, les clubs français n'ont décidément pas la carrure, même s'il convient de distinguer les parcours et le mérite de chacun.

Pour l'Olympique lyonnais, c'est un bide. Le champion de France en titre échoue pour la deuxième année d'affilée au premier tour, alors qu'il disposait d'un groupe à sa portée. Le nouvel entraîneur Paul Le Guen pouvait même s'enorgueillir d'avoir réussi un coup en allant s'imposer à San Siro (2-1) face à l'Inter Milan, au terme d'une prestation remarquable sur le plan tactique. Et pourtant, malgré un total de 4 points pris sur le club italien, Lyon reste à quai et doit se contenter d'une place en Coupe de l'UEFA. La faute à deux défaites contre l'Ajax d'Amsterdam et à un ultime résultat nul en Norvège, face à Rosenborg. On peut évidemment regretter cette incroyable tête manquée par Sonny Anderson dans le temps additionnel, mais on retient surtout que l'OL n'a toujours pas les moyens de ses ambitions. « Lyon est encore un petit club d'Europe », et c'est son gardien Grégory Coupet qui l'affirme.

En revanche, quelle belle surprise a failli nous offrir Lens ! Le Racing, condamné d'avance au sein du « groupe de la mort », a frôlé l'exploit de la qualification, ne baissant finalement pavillon que lors de la dernière journée. Avec courage, les Lensois ont fait face à toutes les situations et laissé sur place le Bayern Munich, qui termine sans aucune victoire et avec deux misérables points. Face au redoutable Milan AC et au solide Deportivo de La Corogne, Lens a multiplié les exploits, ne s'avouant jamais vaincu, à l'image de son buteur Daniel Moreira, auteur de quatre réalisations personnelles. Et pourtant, à l'issue des matches aller, le Racing n'affichait qu'un point au compteur. Au bénéfice d'une fin de parcours brillante (victoire à Bollaert sur les Italiens et les Espagnols), les Lensois ont cru jusqu'au bout à l'impossible exploit. Mais leurs 7 points sur 9 pris aux matches retour n'ont pas suffi, puisque La Corogne a assuré elle-même sa qualification en allant gagner à Milan lors de la dernière journée. Lens, troisième du groupe, est finalement reversé en Coupe de l'UEFA. C'est une sacrée performance et pourtant, c'est presque dommage...

Enfin, il reste peu de choses à regretter en ce qui concerne Auxerre. Contrat rempli pour l'AJA, qui parvient à décrocher le lot de consolation UEFA au sein d'un groupe relevé. La jeunesse auxerroise a balayé les deux extrêmes, passant du formidable (victoire à Arsenal 2-1) au déplorable (défaite 3-0 à Eindhoven, après les expulsions de Mexès et de Kapo). C'est ainsi que se forge l'expérience de talentueux footballeurs appelés au plus bel avenir. Auxerre a même réussi la performance de battre sa bête noire. L'ultime succès face au Borussia Dortmund, certes déjà qualifié, offre le billet pour la Coupe de l'UEFA, une compétition taillée sur mesure pour les hommes de Guy Roux.

Si la France confirme son mal-être sur la scène européenne, les autres grandes nations du football sont, elles, fidèles au rendez-vous. L'Espagne poursuit son incroyable domination en qualifiant ses quatre représentants (Real Madrid, Barcelone, La Corogne et Valence),

Il s'en est fallu d'un rien pour que l'Olympique lyonnais accède au second tour mais, malgré un bel exploit à Milan contre l'Inter (2-1), Diarra et ses potes de l'OL laissent les Interistes ainsi que l'Ajax poursuivre leur route en Ligue des champions.

alors que l'Italie revient en grâce. Parcours parfait pour les Transalpins emmenés par un Milan AC au visage résolument offensif. Les huit buts de Pippo Inzaghi, en quatre matches, témoignent d'une efficacité retrouvée. La Juventus de Turin brille par sa sérénité, l'Inter Milan, par sa rage incarnée par le buteur argentin Hernan Crespo (huit buts), l'AS Roma, fébrile, par son opportunisme. L'Allemagne, qui perd lamentablement au passage le Bayern Munich, limite la casse en envoyant Leverkusen et Dortmund au second tour, alors que l'Angleterre manque d'un cheveu le grand chelem, après avoir qualifié Arsenal, Manchester United et Newcastle. Malgré une seconde période épique durant laquelle Liverpool remonte trois buts au FC Bâle, le club du Français Gérard Houiller dérape sur la dernière marche de l'escalier suisse (3-3). Sacré coup réalisé par les Bâlois, qui accèdent au Top 16 européen en compagnie de l'Ajax Amsterdam et du Lokomotiv Moscou. Des seconds couteaux qui entendent bien tenir tête aux cadors. La France, elle, regarde ça de loin. Très loin.

Tomasson, l'attaquant suédois du Milan AC n'a pas toutes ses aises face à Rigobert Song mais, malgré tout l'acharnement de son défenseur camerounais, Lens échoue aux portes du second tour, comme les copains.

Tout le punch et la détermination de Tony Vairelles dans cette action tranchante face à Coco, le milieu de terrain de l'Inter de Milan. Vairelles, le joker que Paul Le Guen lance dans la bataille pour donner un peu plus de fraîcheur et de dynamisme à l'attaque lyonnaise quand Anderson ou Govou commencent à marquer le pas.

L'APPÉTIT DES OGRES

Thierry Henry a beau se gratter la tête, il ne trouve pas de solution pour permettre à Arsenal de passer le cap du second tour. Henry et les Gunners d'Arsène Wenger, auteurs de quatre résultats nuls, échouent à la troisième place de leur groupe derrière Valence et l'Ajax.

Sortez les couverts en argent, la porcelaine des grands soirs et les verres en cristal, les invités arrivent. Et quels invités ! Jamais la compétition n'a aussi bien porté ce joli nom de « Ligue des champions » qu'au terme d'une seconde phase qui a révélé les ambitions des clubs les plus prestigieux du continent. Jugez plutôt : ce sont vingt-cinq titres européens qui sont conviés aux quarts de finale. Le plateau est somptueux, le plus beau, probablement, qu'ait pu offrir la compétition depuis sa réforme, dix ans plus tôt. Pour en attester, il suffit de regarder le seul, parmi les huit convives, à ne pas avoir ramené chez lui la Coupe aux Grandes Oreilles : le FC Valence. Champion d'Espagne en titre, finaliste de l'épreuve en 2000 et 2001, le « Petit Poucet » en impose depuis bien longtemps. On n'élimine pas Arsenal et la Roma sans avoir l'étoffe d'un grand. C'est au terme d'une dernière journée crispante où ils accueillaient les Anglais que les Valenciens ont décroché leur qualification. Dans un match à la vie, à la mort, les Gunners d'Arsène Wenger ont encore montré leur limite au niveau continental. La défaite concédée en Espagne (2-1) les élimine, alors qu'un match nul leur aurait assuré une place autour de la table des quarts.

À travers Valence, c'est la bonne santé du football espagnol qui se confirme. Ce n'est pas une nouveauté, mais un constat : les clubs ibériques adorent la Ligue des champions. Seule La Corogne rate son coup, en raison d'une petite demi-heure fatale durant laquelle elle concède deux buts à la Juventus dans un match décisif. En revanche, aux côtés de Valence viennent s'aligner fièrement Barcelone et le Real Madrid. Les frères ennemis ont effacé le second tour avec des fortunes diverses. Alors que les Catalans ont battu le vieux record milanais du nombre de victoires consécutives (établi à onze, en y incluant le tour préliminaire), le rival madrilène a, lui, cravaché dur pour défendre sa couronne. Après de sérieux ratés au démarrage (défaite à Milan 1-0 et nul à domicile contre le Lokomotiv Moscou 2-2), les Merengue sont parvenus à passer par l'entrebâillement d'une porte que le Lokomotiv Moscou a bien failli faire claquer. Quelle surprise, si Julio Cesar était parvenu à tromper Casillas à la dernière seconde du match piège par excellence ! Mais le tir trop enlevé du Brésilien de Moscou sauve la tête du Real, qui s'impose 1-0 grâce à Ronaldo et élimine à distance le Borussia Dortmund, pourtant vainqueur dans le même temps à San Siro. Énorme frayeur pour Zidane et ses compères !

À l'instar des Espagnols, les Italiens passent également en force le barrage. Le latin redevient langue vivante, puisque trois clubs transalpins intègrent le « huit final ». C'est trois fois plus que lors des trois dernières saisons réunies ! Ce retour en grâce n'est pourtant pas encore une renaissance. La Juventus et l'Inter Milan ont bien trop souffert pour se permettre de bomber le torse. Les Turinois, pas exemple, n'en menaient pas large quand, au soir de la quatrième journée, ils avaient reçu à domicile un cuisant 3-0 face à Manchester United. Jamais le Stadio Delle Alpi n'avait vu cela en Coupe d'Europe. Mais, quelques semaines plus tard, les vieilles travées grisâtres de l'antre turinois vibrent à l'unisson quand le Croate Igor Tudor vient crucifier La Corogne d'une volée décisive dans le temps additionnel. La Juventus est passée ric-rac et élimine les Espagnols et le FC Bâle à la faveur des oppositions directes. Pas de quoi pavoiser. Même remarque pour l'Inter, dont on ne parvient pas à cerner le véritable visage. Explosif, comme le succès acquis à Newcastle (4 buts à 1), ou pitoyable, comme au terme des deux prestations sans saveur ni idée face à Barcelone (0-3 et 0-0) ? Difficile à dire, mais les Intéristes ont réussi la performance de survivre

Arsenal
O2
14

malgré l'incroyable inefficacité de leur superbuteur Vieri, qui n'inscrit son premier but dans la compétition que lors de la cinquième journée, renouant avec le chemin des filets en Ligue des champions après une disette de six ans !
À côté de cela, le Milan AC s'est presque tourné les pouces. Malgré la présence du Real Madrid et de Dortmund, les Milanais ont réglé l'affaire en quatre matches, tous gagnés sur le score de 1-0.
Pour l'Angleterre, s'il n'en reste qu'un, c'est donc Manchester United. Les Red Devils ont proprement fait le boulot avec le panache qu'on leur connaît (deux victoires sur la Juventus et une sur La Corogne), grâce à leur diabolique buteur néerlandais Ruud Van Nistelrooy. Émoustillé à l'idée de savoir que la finale se joue à Manchester, Alex Ferguson rêve d'accrocher un nouveau titre européen devant le public sans cesse gâté d'Old Trafford.
Enfin, l'étonnante équipe de l'Ajax d'Amsterdam vient compléter la liste des invités. Avec ses quatre sacres européens, la légende néerlandaise revient sur le devant de la scène grâce à une bande de jeunes capable de laisser sur sa route Arsenal et l'AS Roma. Sans complexe, les petits gars de Ronald Koeman entendent bien jouer les pique-assiettes.
C'est la larme à l'œil que l'Allemagne regarde passer le train des quarts. Pour la première fois depuis dix-neuf ans, il n'y a aucun club germanique à ce niveau. La déroute du Bayer Leverkusen (six défaites en six matches) en dit long sur le malaise. Le Borussia Dortmund a, lui, manqué d'un peu de consistance pour se frayer un chemin. Mais même sans l'Allemagne, la liste d'invités est alléchante.

Duel de titans entre la Juventus et Manchester United. Les apparences sont trompeuses, car ce n'est pas parce que Davids et Keane se retrouvent les quatre fers en l'air que leurs équipes sont privées de quarts de finale.

TAMOIL

LA GUERRE DES ÉTOILES

Le Néerlandais de MU, Van Nistelrooy, est une véritable force de la nature qui ébranla par deux fois la défense du Real Madrid… Mais ce sont malgré tout les Espagnols qui accèdent aux demi-finales.

Les jours, les semaines, les années peuvent passer, mais on en parlera sans doute encore pendant des décennies. Madrilènes et Mancuniens ont tenu, au-delà même des espérances, les promesses d'un spectacle annoncé. Leur double confrontation est un régal pour les yeux, un moment d'histoire pour la Ligue des champions. Comment peut-il en être autrement avec le plateau de stars qui composait un rendez-vous relevé par la saveur de l'élimination directe ?

Dès le match aller à Madrid, le ton est donné. Le Real Madrid, surnommé l'« équipe galactique » par la presse espagnole, tant elle comprend d'étoiles dans son effectif, a offert une démonstration de force. Manchester, tétanisé, regarde jouer cette constellation de stars. À l'arrivée, le score est d'ailleurs incroyablement clément pour les Anglais, tant ils sont soumis à la domination technique de leurs adversaires. Si les Espagnols l'emportent 3 buts à 1, c'est bien le minimum mérité. Figo entame le bal avec un bijou dès la 13e minute. Une frappe enroulée du pied droit, partie sur le côté gauche de la surface de réparation, qui vient caresser le petit filet intérieur du but de Barthez, médusé. C'est ensuite Raul qui corrige le gardien français, avec un fantastique doublé, dont un premier but parti d'une roulette suivie d'un tir instantané, tout cela sans avoir regardé à un seul moment le but. Au passage, Zidane récolte dans la rencontre deux passes décisives. À 3-0, Manchester semble groggy mais sauve la face grâce à l'opportunisme de Van Nistelrooy, qui entretient l'espoir avec le fameux but marqué à l'extérieur.

Si le match aller est délicieux pour les pupilles émerveillées de ses spectateurs, que dire, alors, du retour ? On touche à l'extase pendant les quatre-vingt-dix minutes d'une rencontre surréaliste. À croire qu'elle est disputée sur une console de jeu vidéo, tant le rythme et l'intensité sont omniprésents. Il manque pourtant à l'appel le Madrilène Raul, opéré de l'appendicite, et le Mancunien Beckham, laissé sur le banc par Alex Ferguson, en conflit larvé avec son joueur. Le spectacle est néanmoins total. Dans ce concert offensif, Ronaldo récite la partition parfaite. Le Brésilien du Real illumine la rencontre au point de recevoir une ovation du public adverse à sa sortie, après avoir marqué… trois buts ! Un triplé aussi impressionnant que remarquable dans sa diversité. Tout commence avec une récupération de balle dans la surface madrilène suite à un centre anglais. En quelques secondes et une circulation en triangle, l'offensive est lancée. Zidane, à l'origine de la récupération, va servir ensuite de relais sur le côté gauche. La passe latérale du Français pour Guti, dans le rond central, désoriente le système mancunien. Guti lance en profondeur Ronaldo, dont la frappe instantanée à l'entrée de la surface crucifie Barthez. La soudaineté et la précision du tir surprennent le gardien français, qui voit le ballon filer au ras de son poteau gauche. Ronaldo exulte, mais ce n'est que le début de son récital (1-0). Son deuxième but conclut un mouvement offensif d'une aussi grande qualité, durant lequel Manchester ne va pas toucher le ballon pendant cinquante secondes. Son troisième est un bijou individuel, sous la forme d'une frappe puissante et flottante des 20 mètres. Trois tirs, trois buts, c'est ce qu'on appelle l'état de grâce.

Mais, à la différence du match aller, Manchester s'accroche et réplique à chaque assaut de Ronaldo. Madrid se fait ainsi rejoindre trois fois de suite au score. Van Nistelrooy égalise

une première fois (1-1) avant la mi-temps, puis Helguera marque contre son camp (2-2). La troisième égalisation est signée David Beckham. Le « Spice Boy », entré à l'heure de jeu, envoie rapidement un amer message à son entraîneur avec une merveille de coup franc. Un ballon fouetté de 20 mètres qui va se loger sous la barre de Casillas. De quoi faire regretter à Ferguson son choix initial de le laisser sur le banc. Et ce n'est pas fini, car le numéro 7 mancunien offre même la victoire aux Red Devils sur une action confuse menée par Van Nistelrooy.

Le match prend une tournure tellement folle que, à 4-3, Manchester, qui doit pourtant marquer deux autres fois, semble en mesure de réaliser l'impossible. Malgré les ultimes efforts, il n'en est rien, mais personne n'oublie cette soirée magique à Old Trafford. Manchester quitte la compétition sur une victoire symbolique. Le Real, lui, poursuit sa route dorée.

Juventus-Barcelone

À l'italienne

Soudainement, les 90 000 socios du Nou Camp, abasourdis, se taisent. Sur la pelouse, un drôle de zèbre vient de baisser le rideau sur la pire saison du Barça. Largué et sans espoir en Liga, le club catalan avait tout misé sur la Coupe d'Europe pour sauver la face. Le départ de l'austère entraîneur Louis Van Gaal, fin jan-

Solskjaer et Butt ferment les pinces de la tenaille de Manchester United entre les jambes de Zidane, mais ce n'est pas suffisant pour barrer la route à un Real Madrid toujours au sommet.

Lilian Thuram semble faire la danse du scalp devant le Barcelonais Riquelme histoire d'enterrer les derniers espoirs du Barça face à une Juventus de Turin toujours aussi pimpante.

vier, suivi, deux semaines plus tard, par celui du président Joan Gaspart, avait prouvé l'ampleur de la crise. C'est finalement un maillot rayé noir et blanc qui donne le coup de grâce. Marcelo Zalayeta, l'attaquant de la Juventus, est bien trop heureux pour s'épancher sur les misères catalanes. Il vient d'envoyer la Vieille Dame en demi-finale au terme d'un match tendu et indécis.

Et pourtant, les Barcelonais pensaient avoir fait le plus dur au match aller, quand Xavier Saviola avait répliqué à Paolo Montero pour ramener un généreux match nul de Turin (1-1). Sur la lancée de son quinzième match européen consécutif sans défaite, le club catalan se voyait poursuivre sa quête du Graal.

Mais pour son premier match au Nou Camp, l'expérimenté Marcelo Lippi, pourtant privé de Trezeguet, avait bien préparé son coup. Impossible de nier son sens tactique quand il fait entrer, à la pause, Zalayeta et Birindelli à la place de Di Vaio, invisible, et de Camoranesi, en méforme. Le replacement général de ses troupes lui donne raison juste après la reprise, quand le Tchèque Pavel Nedved trompe Bonano après avoir passé en revue la défense catalane. Mission accomplie pour les Italiens, qui devaient absolument marquer pour se qualifier (0-1).

Comme au match aller, Barcelone réagit et plonge, en deux temps, la Juve dans une période de doute. D'abord à la 66e minute, avec l'égalisation du jeune Xavi qui ajuste parfaitement

Buffon des 18 mètres suite à un centre repoussé dans l'axe (1-1). Puis, dix minutes plus tard, quand le volontaire Edgar Davids commet la faute de trop qui lui vaut l'expulsion. La Juventus se retrouve à dix contre onze, avec une prolongation à gérer dans un stade en ébullition.

Mais ne croyez pas que les Italiens vont paniquer pour autant. Le plan de bataille est familier pour le football transalpin : tenir le choc en cadenassant la défense et attendre la série des tirs au but pour espérer créer l'exploit. Le scénario marche parfaitement, d'autant que, pour éviter un deuxième carton à Montero, Lippi a replacé Thuram dans l'axe de la défense. Le Français, repositionné à son poste de prédilection, est intraitable devant le manque d'imagination des Barcelonais qui s'entêtent à balancer de longs ballons aériens.

À la 113e minute, les Catalans ont néanmoins une occasion en or. Xavi surprend tout le monde en adressant une louche dans l'axe à Kluivert. Le Néerlandais, seul mais dos au but, tente une reprise acrobatique du point de penalty. Le geste, superbe, est repoussé par Buffon. Deux minutes plus tard, la Juventus abat son joker. Tout part d'un tacle rageur de Thuram à l'entrée de sa surface. Le ballon, qui transite par Nedved et Zalayeta, se retrouve dans les pieds de Birindelli, sur le côté droit. Le centre fuyant de l'Italien est repris par Zalayeta, qui prolonge sa trajectoire dans le petit filet (1-2). L'Uruguayen, habituel remplaçant, offre la qualification à la Juventus, qui garde jusqu'au bout ce but d'avance. Le Barça, lui, baisse la tête, ferme les yeux et attend la prochaine saison.

Inter Milan-Valence

Vieri-Toldo, super héros

L'Inter leur doit tout, ou presque. À eux deux, Christian Vieri et Francesco Toldo ont porté la formation milanaise jusqu'en demi-finale, en écartant de leur passage une équipe de Valence fidèle à elle-même, toujours aussi séduisante, mais cruellement défaite sur l'autel du réalisme italien.

Il y a d'abord Vieri. Celui que l'on surnomme « Bobo » fait effectivement très mal à ses adversaires ! Le buteur intériste est un monstre physique, un danger permanent. On se demande encore comment la défense espagnole a pu le laisser seul en pleine surface de réparation pour ajuster sa tête lors du match aller à San Siro. Nanti d'un but d'avance dès la 14e minute, l'Inter, fidèle à la logique de son entraîneur Hector Cuper, a dressé ensuite le mur devant sa défense en attendant le match retour.

Les 50 000 supporters de Mestalla se réjouissent de retrouver l'ex-entraîneur qui les a emmenés par deux fois en finale de la Ligue des champions. Pas pour le fêter, mais pour lui rappeler à quel point il reste impopulaire chez eux, malgré les bons résultats engrangés sous son ère. Le superbe stade valencien perd pourtant rapidement la voix quand Vieri profite d'une intervention manquée d'Ayala sur une passe en profondeur de Crespo pour aller tromper Canizares. Même s'il doit s'y prendre à deux fois après une parade du gardien espagnol, « Bobo » frappe encore là où ça fait mal (0-1).

Hélas pour l'Inter, son buteur doit interrompre son œuvre à la demi-heure, suite à une blessure au genou. La saison de Vieri vient de s'achever dans la chaleur moite de Mestalla.

Entre-temps, Valence a réveillé ses socios. À peine deux minutes après le coup de massue de Vieri, le petit Pablo Aimar a rallumé la flamme espagnole sur un tir croisé du gauche (1-1). Pour se qualifier, le tenant de la Liga doit marquer deux autres fois et dispose pour cela de plus de quatre-vingts minutes. Le pari n'a rien d'insensé en soi, sauf que, après Vieri, un autre Intériste décide de revêtir les habits du superhéros : Francesco Toldo. Face aux assauts répétés de Valence, le gardien italien entre dans une autre dimension. Survolté, Toldo dégage une tête de Sanchez puis un coup franc d'Aimar, avant de repousser d'une main de fer une reprise croisée à bout portant d'Angulo.

En fin de première période, le portier intériste atteint des sommets. Il repousse sur une même occasion trois tirs successifs, avant de laisser

Christian Vieri est un monstre. Ici, il passe en puissance devant Marchena, le défenseur très viril du FC Valence. En marquant deux fois, il assure la qualification de l'Inter pour les demi-finales.

ERRA
MÍTICA
32

éclater une incroyable colère contre son coéquipier Di Biagio, coupable, selon lui, d'avoir négligé le replacement défensif en allant contester l'arbitrage. Dans cette prise de bec virile, les deux hommes s'attrapent au collet et s'invectivent. Le Valencien Angulo a également droit à son petit coup de poing lorsqu'il vient coller de trop près le gardien italien lors d'un dégagement.

Bref, la tension est à son comble. L'intensité continue de monter en seconde mi-temps, quand Toldo dévie du bout du doigt une véritable volée-missile de Baraja. Sur le corner qui suit, il doit, en revanche, s'incliner sur la tête piquée du même Baraja (2-1). Le *catenaccio* mis en place par Cuper se resserre. Et le Fort intériste résiste. Dans les dernières minutes, Sanchez manque la balle de match et s'écroule au sol. Valence est éliminé, malgré une statistique incroyable : 27 tirs à 3 en sa faveur, et une possession de balle de 71 % !

Rafael Benitez, l'entraîneur de Valence, dépité, fustige le conservatisme d'Hector Cuper : « J'ai mal pour le football. J'ai peine à croire que

Pas très académique, cette envolée de Pippo Inzaghi au-dessus de la défense de l'Ajax d'Amsterdam. Peu importe le style, c'est le Milan AC qui passe grâce au réalisme de son attaquant.

j'aime le même sport que celui de Cuper. » Mais l'entraîneur argentin de l'Inter n'en a cure. Après l'UEFA la saison passée, il vient pour la deuxième fois d'éliminer son ancien club de la course européenne.

Ajax Amsterdam-Milan AC

Pippo le sauveur

C'est entendu, il n'a pas la technique d'un Del Piero ; ni la vitesse d'un Henry ; pas vraiment la puissance d'un Vieri ; encore moins l'élégance d'un Raul. Mais ce feu follet possède une qualité qui fait de lui l'un des tout meilleurs attaquants du monde : le sens du but. Chaque défenseur qui doit l'affronter l'avoue : Filippo Inzaghi est un poison des surfaces !

Meilleur buteur du championnat italien en 1996-1997 sous le maillot de l'Atalanta Bergame, alors qu'il était inconnu, Pippo a fait ensuite les beaux jours de la Juventus, avant de rejoindre le Milan AC en 2001. Beaucoup lui prédisaient un avenir flou et incertain, mais Inzaghi a continué à marquer malgré quelques blessures. Cette saison a confirmé son retour en forme, avec notamment un total de neuf buts à l'issue du deuxième tour.

Si « Super Pippo » se révèle si précieux pour son club, c'est parce que sa rage de vaincre le transcende et pousse les frontières de ses limites physiques et techniques. Et le voilà qui fait exploser San Siro après avoir ouvert la marque face à l'Ajax dans ce quart de finale retour de prestige. Ce sont tout de même neuf titres européens qui s'affrontent (cinq pour Milan, quatre pour Amsterdam), et si le match aller aux Pays-Bas s'est avéré plutôt terne (0-0), le retour réserve un scénario de folie. Grâce à une tête à bout portant, Inzaghi trompe donc Lobont, auteur, quelques minutes auparavant, d'un arrêt exceptionnel sur un tir contré de Brocchi. Tout le monde imaginait déjà le ballon franchir la ligne quand le gardien de l'Ajax était allé le chercher grâce à un fantastique plongeon. En son temps, Gordon Banks avait bluffé Pelé ; Bogdan Lobont l'imite trente-trois ans plus tard.

Mais, cette fois, le gardien roumain ne peut rien faire pour empêcher ce diable d'Inzaghi de marquer son vingt-septième but de la saison. L'Ajax, qui s'appuie sur une équipe jeune et audacieuse, sortie en grande partie du centre de formation, trouve la force de bousculer le colosse milanais en égalisant en seconde mi-temps, grâce au vétéran finlandais Jari Litmanen (1-1). À peine le temps de se réjouir qu'Inzaghi est déjà parti défier deux défenseurs. Au bout de son accélération sur le côté gauche, son centre dévié trouve la tête de Chevtchenko, qui redonne la qualification aux Milanais (2-1).

Il est pourtant dit que l'insouciance des Néerlandais serait une épine dans le pied des Italiens. À un quart de la fin, Steven Pienaar reprend en deux temps un centre de Van Der Meyde. Le tacle du jeune Sud-Africain au milieu des défenseurs milanais trompe Dida. À 2-2, l'Ajax s'apprête à réaliser la plus grosse surprise de la saison en éliminant le Milan AC à la faveur de ces deux buts marqués à l'extérieur. L'exploit prend progressivement forme à mesure que les minutes passent. Mais le temps qui s'écoule ne fait qu'accroître la hargne d'Inzaghi. Alors que la pendule vient de basculer dans le temps additionnel, Costacurta lance, du milieu de terrain, un long ballon aérien. La déviation de la tête d'Ambrosini semble un peu longue, mais « Super Pippo », loin de s'avouer vaincu, devance la sortie de Lobont et lobe le gardien de l'Ajax d'un petit pointu. Le ballon, prolongé inutilement par Tomasson, qui a suivi, va se loger dans le coin du but (3-2). Inzaghi a déjà entamé une course folle. Il ne sait plus où aller, monte sur un panneau publicitaire, en redescend et finalement s'écroule pour savourer l'instant. Enseveli sous ses coéquipiers, qui forment une véritable pyramide humaine, le buteur italien vient de qualifier le Milan. Les grands clubs ne meurent pas. Surtout lorsqu'ils s'appuient sur de grands buteurs.

15

TREZEGUET ENTRETIENT L'ESPOIR

David Trezeguet n'a pas volé son surnom de Trezegol. En marquant deux fois en demi-finale contre le Real Madrid, il est un des principaux artisans de la qualification de la Juve.

Briller contre Manchester United n'est pas une garantie pour l'avenir. Le Real Madrid a bien trop d'expérience pour tomber dans le piège de la facilité et, après son récital face aux Anglais, mesure la portée de la nouvelle mission proposée. Quand on affronte la Juventus de Turin, on ne sait qu'une chose : on va souffrir. L'équipe italienne est un roc. Pas forcément un monstre collectif, mais, incontestablement, un groupe homogène. La technique des uns combinée à l'engagement des autres décline un cocktail musclé qui risque de vous exploser à la face à tout moment.

Rapidement, les spectateurs de Santiago-Bernabeu réalisent d'ailleurs que le Real, privé de son buteur Raul, peine à retrouver la maîtrise affichée face à Manchester quelques semaines plus tôt. La Juventus, comme la tradition italienne sait le faire depuis des lustres, contrarie le développement du jeu espagnol et se montre même à plusieurs occasions dangereuse. Le Madrilène Helguera a beau dénoncer, dans ses déclarations, le jeu excessivement rationnel et patient des clubs italiens, il doit pourtant admettre l'efficacité de la méthode, voire son bien-fondé quand il s'agit d'affronter une équipe comme le Real.

Fidèle à son schéma tactique, la Juventus ajoute même un brin inattendu d'audace. Dès la 8e minute, elle se crée une occasion nette que David Trezeguet ne parvient pas à concrétiser. Ça n'est pas dans l'habitude du buteur français, même diminué par de nombreuses blessures au cours de la saison, de ne pas cadrer une frappe. Madrid en est quitte pour une alerte.

Sur le banc turinois, Marcello Lippi observe attentivement. L'homme aux cheveux d'argent est un maître tacticien. D'un coin de l'œil, il scrute, au milieu de la fumée que dégage son cigare, la prestation d'un Madrilène qu'il admire, Zidane. Les deux seigneurs, liés par un respect mutuel, ont fait chemin commun à la Juventus. Zidane dit même que, en trois saisons, Lippi l'a guidé vers un football plus intelligent, plus décisif. L'entraîneur turinois tremble de retrouver ce redoutable adversaire sur sa route : « J'ai toujours admiré Zizou. J'espère juste qu'il ne sera pas contre nous le Zidane que l'on connaît. » Sur un coup franc enveloppé du Français, la Juventus doit néanmoins remercier son gardien, Gianluigi Buffon, auteur d'une remarquable parade. Mais au Real, le danger est multiple. Il s'exprime notamment dans les pieds de Ronaldo, associé, en l'absence de Raul, à Morientes. Au terme d'un une-deux chanceux entre les deux attaquants, le Brésilien parvient à percer la défense centrale italienne et à tromper du plat du pied Buffon (1-0).

La Juventus, surprise, est loin de lâcher prise. Elle s'accroche et resserre les rangs en attendant de saisir la moindre occasion. Dans le temps additionnel de la première période, David Trezeguet ne se fait pas prier pour assommer le Real Madrid. Suite à un tir de Del Piero, dévié au passage par Salgado, le Français effectue en une seconde l'enchaînement de gestes parfait. Il contrôle ce ballon capricieux venu percuter sa poitrine puis ajuste Casillas aux 6 mètres de l'extérieur du pied droit (1-1). Le Real est sonné et met un long moment avant de remonter la pente. Les Espagnols, qui subissent la domination territoriale des italiens en seconde période, retrouvent leurs esprits dans les vingt dernières minutes. Un tir plombé de Claude Makélélé oblige Buffon à repousser des deux gants. Dans la continuité, Roberto Carlos fait passer un frisson dans le dos du gardien turinois sur un centre fuyant. En fait, le Brésilien a ajusté la mire. À un quart d'heure de la fin, il déclenche la frappe juste. Posté à l'angle gauche de la surface de réparation, il hérite d'un ballon venu d'un corner opposé. Après un amorti de la poitrine, il tire de son pied gauche. Sa frappe croisée trompe Buffon, parti légèrement en retard (2-1). Le Real respire, car il bénéficie au moins d'une victoire avant son déplacement à Turin. Il regrette néanmoins l'ultime parade de Buffon sur un tir enveloppé de Figo. Il maudit surtout David Trezeguet d'avoir alimenté le compteur de la Juventus. Face à une équipe italienne, les Madrilènes ont tout à craindre de ce but concédé à domicile...

Juventus-Real Madrid

Avec le panache

Quelle semaine pour la Juventus ! La voilà qui empoche, le samedi, son vingt-septième *scudetto,* le deuxième consécutif, avant de recevoir, le mercredi, le Real Madrid, avec pour enjeu une place en finale de Ligue des champions. Il faudrait être un joueur incroyablement blasé pour ne pas savourer ce genre d'instant. Évidemment, ça n'est pas le style des *Bianconeri,* prêts à enchaîner les exploits avec enthousiasme et volupté. De plus, les statistiques plaident pour les Italiens : en cinq demi-finales européennes perdues à l'extérieur 2 buts à 1 à l'aller, la Juventus est parvenue à se qualifier... cinq fois ! Une réussite qui en dit long sur les capacités des Piémontais à gérer la pression et l'obligation de résultat.

Sur sa feuille de match, la Juventus se réjouit de retrouver Montero, Davids et Tacchinardi, suspendus à l'aller. Ce sont des atouts non négligeables, capables de faire oublier l'absence de Ferrara. Ce regain de confiance général s'exprime dès le début du choc face au Real. Il faut dire que les Madrilènes ne se présentent pas dans les meilleures conditions. Ronaldo, blessé, débute sur le banc. Raul dispute son premier

Buffon se détend pour intercepter le ballon sur le penalty de Figo : les Italiens de la Juve savent que ce n'est pas le Real qui ira en finale.

FordFusion
BIRRA

adidas
14

Cordoba, le défenseur de l'Inter, s'applique pour empêcher le génial meneur de jeu du Milan AC Rui Costa de prendre possession du ballon.

match depuis un mois et Claude Makélélé, élément décisif du milieu de terrain merengue, est blessé. Ça fait beaucoup, même pour une équipe de stars. Dès la 13e minute, le malaise est confirmé avec l'ouverture du score turinoise. Décisif à l'aller, David Trezeguet récidive en inscrivant un but dont il a le secret. Son tir en pivot suite à une belle remise de la tête de Del Piero trompe Casillas en passant dans un trou de souris. La Juventus a déjà comblé son retard et fait plier les champions d'Europe en titre (1-0).
Le Real, pas inspiré pour un sou, manque de surcroît de réalisme. Guti, aligné en attaque aux côtés de Raul, ne profite pas d'une occasion en or pour relancer les siens. Absolument seul face à Buffon, par la grâce d'un tir de Figo dévié, l'Espagnol place sa frappe à portée du gardien, qui fait jouer ses réflexes. Pour Zidane, le premier retour à Turin depuis son départ, deux ans plus tôt, est amer. Sans être hostiles, les 67 000 spectateurs du Stadio delle Alpi lui envoient à la volée quelques sifflets et huées. Le Français n'est pas fébrile, mais il n'affiche pas la sérénité qu'on lui connaît d'habitude. Sur une mésentente avec Figo, sa passe, contrée par Tudor, devient même un brûlot dans la défense espagnole. Del Piero contrôle en pleine course ce ballon tombé du ciel. En quelques fractions de seconde, ses feintes et crochets bien sentis déstabilisent ses vis-à-vis Hierro et Salgado. Le capitaine turinois enchaîne par un tir au ras du poteau. À l'endroit même où Trezeguet avait frappé une première fois, Del Piero crucifie Iker Casillas (2-0).
Le repos tombe à point nommé pour les Madrilènes, complètement dépassés par la vivacité turinoise. Vicente Del Bosque se résigne à faire entrer un Ronaldo diminué. Cet aveu d'impuissance paye néanmoins rapidement. Le Brésilien, lancé en pleine surface, est fauché par Montero. Une occasion inespérée de réduire la marque est offerte au Real. Mais Figo, aussi fébrile que ses coéquipiers, voit sa frappe molle repoussée par Buffon. Le gardien italien vient d'achever les Espagnols. Quelques minutes plus tard, Nedved se charge de l'estocade finale. Sur un ballon aérien finement dosé de Zambrotta, le Tchèque grille la politesse à Hierro, avant de fusiller dans la course Casillas (3-0). La Juventus est en état de grâce. Dans la foulée, le gardien du Real repousse même coup sur coup deux têtes de Del Piero.
Le Real frôle la correctionnelle mais, sur ce chemin de croix, Zidane trouve les ressources de marquer un but plein d'abnégation. Lancé par Raul à la limite du hors-jeu, l'ex-Turinois oriente le ballon dans sa course puis croise parfaitement sa frappe du pied gauche, malgré le retour rageur de Tudor (3-1). Zidane se relève simplement. Aucune manifestation de joie ne s'exprime sur son visage. Il offre en toute sobriété, par ce but un peu tardif, une réponse aux quelques sifflets du Stadio Delle Alpi. Mais la fête est trop belle pour les Turinois. Seul Nedved pleure de vraies larmes de tristesse. Son carton jaune, récolté bêtement quelques minutes après son but, le privera de la finale.
Au coup de sifflet final, Zidane échange embrassades et accolades avec ses ex-coéquipiers. Le Real est éliminé, malgré ses trois buts inscrits en deux matches à la Juventus. Mais l'évidence saute aux yeux de tous et n'échappe pas à Zidane : « Oui, la Juve a été meilleure, et il faut l'accepter. » Tout simplement.

Milan AC-Inter Milan

Round d'observation

C'était écrit : le 254e derby milanais n'avait pas vocation à offrir du spectacle. L'opposition entre ces deux équipes, inédite en Coupe d'Europe, possède la particularité de se disputer sur un seul et même terrain, puisque les deux équipes milanaises se partagent le Stade de San Siro. Tendus et prudents, les joueurs ont semblé se donner rendez-vous directement pour le match retour, comme s'il était inutile de se fatiguer pour une première manche. Dans cet esprit, l'Inter, qui évolue donc à l'extérieur, se présente avec une défense renforcée à cinq éléments. Il faut au moins cela pour contrer le duo milanais Inzaghi-Chevtchenko. D'autant

que Vieri, blessé, fait défaut sur le flanc de l'attaque intériste. La paire Crespo-Recoba, pourtant séduisante, n'inspire pas la même crainte que celle qui existe en présence de « Bobo ».
Néanmoins, les premières minutes du match sont bel et bien à l'avantage de l'équipe de l'ultra-conservateur Hector Cuper. Conceiçao puis Recoba, par deux fois, alertent doucement Dida. De son côté, le Milan semble bloqué par l'enjeu. Dans l'ambiance survoltée des 80 000 spectateurs de San Siro, c'est Chevtchenko qui tente de réveiller ses coéquipiers. Avec un peu de chance, le tir enroulé de l'Ukrainien, dévié au passage, aurait pu lober Toldo. Mais le grand gardien italien utilise intelligemment son poing pour repousser sans risque le danger. C'est, en fait, la seule intervention chaude du portier *nerrazurro* en première mi-temps.
Le Derby de la « Madonnina » tourne davantage du côté milanais après la pause. Deux frappes de Rui Costa semblent donner quelques indications plus précises sur les intentions de l'équipe locale. Mais c'est surtout Chevtchenko qui sème la panique dans la défense intériste. Après une belle combinaison entre le Néerlandais Seedorf et Kaladze, l'Ukrainien se jette au premier poteau pour reprendre le centre du Géorgien. Sa reprise difficile, dans un mouchoir de poche, semble tromper Toldo. L'attaquant milanais a d'ailleurs commencé à lever victorieusement le bras droit, avant de se raviser en voyant le gardien se jeter sur la balle comme un prédateur sur sa proie.
Un peu plus tard, Toldo réalise une nouvelle parade beaucoup plus esthétique sur un tir enroulé du laborieux mais efficace Gattuso. À l'horizontale, le corps parfaitement parallèle au sol, il dévie ce boulet dirigé vers le petit filet intérieur. La double tentative de Seedorf puis celle de Serginho causent moins de frayeur aux Intéristes. En revanche, les supporters milanais retiennent leur souffle sur un coup de tonnerre du temps additionnel. Crespo, lancé par Guly, résiste au retour de Maldini. L'Argentin, d'un astucieux lob en pleine course, trompe Dida, sorti à sa rencontre. Mais, lentement, le ballon termine sa parabole juste à côté du but milanais. Une poignée de centimètres qui préserve un score vierge bénéfique à tout le monde... En attendant le vrai duel décisif, quelques jours plus tard.

Inter Milan-Milan AC

Le héros venu du froid

Telle une rafle de vent, son but a balayé tous les doutes. Chevtchenko est de la trempe des champions. Celle qui ne lâche pas tant que la corde n'a pas rompu. L'Ukrainien au doux visage s'est accroché jusqu'à obtenir une récompense, celle de buteur décisif. Rien d'étonnant, quand on jette un œil attentif à des statistiques qui le proclament « bête noire » de l'Inter. Dans l'ambiance survoltée d'un San Siro résolument intériste, il a frappé pour la dixième fois en quatre saisons face aux rivaux historiques.
Ce but ressemble au plus beau cadeau que pouvait lui offrir une saison capricieuse. Opéré en début de saison puis cantonné au banc à cause de l'irrésistible efficacité d'Inzaghi et de la présence de Rivaldo, « Cheva » aurait pu se lamenter sur son sort. Mais l'Ukrainien a puisé dans son mental pour mettre à profit la moindre occasion.
Tout débute par une passe inspirée de Seedorf. Chevtchenko, qui a croisé sa course de l'axe vers la gauche, crochète Cordoba, avant de perdre l'équilibre dans la bataille. Qu'à cela ne tienne, il s'arrache et profite de sa glissade pour piquer le ballon au-dessus de Toldo, sorti à sa rencontre (1-0). « C'est le but le plus important de ma carrière », avoue Chevtchenko. Un but qu'il dédie au mythique entraîneur ukrainien Valeri Lobanovsky, décédé quelques mois auparavant.
Vingt minutes plus tôt, le match a pourtant failli tourner court pour l'attaquant milanais. Sur un ballon de Maldini, Chevtchenko amorce une volée, mais son pied d'appui dérape sur la pelouse de San Siro. Sous l'effet de la glissade, sa cheville se tord dangereusement. Par miracle, l'Ukrainien se rétablit et parvient même à décocher une frappe qui passe juste à côté.

L'Ukrainien Chevtchenko a de quoi manifester sa joie. En marquant le but du match nul (1-1), il permet au Milan AC d'assurer sa place en finale aux dépens de l'Inter de Cuper.

Contraint de jouer son va-tout, Hector Cuper fait entrer le jeune Martins pour pallier l'inconsistance d'un Recoba bien décevant. Le pari semble perdu d'avance, mais l'Inter sait d'où il vient. Son parcours européen a davantage brillé par l'opportunisme que par le talent. La preuve en est à nouveau faite sur un dégagement catastrophique de Costacurta. Le ballon propulsé en l'air par un effet rétro rebondit sur le dos de Martins. Le jeune Nigérian résiste à Maldini et glisse la balle sous le buste d'Abbiati (1-1).

À sept minutes de la fin, l'Inter reprend espoir et se voit même décrocher le pompon dans les derniers instants. Au bénéfice d'un contre sur Kaladze, Kallon se trouve en position favorable sur le côté droit. Son tir croisé est effleuré par le tibia d'Abbiati, qui dévie la trajectoire d'un ballon parti pour se loger dans le petit filet intérieur. Le gardien milanais vient de sauver son équipe et récidive dans la foulée sur une tête de Cordoba.

Chevtchenko reste donc le héros du match. Au terme de ce double match nul, son but inscrit « à l'extérieur » offre la qualification aux Milanais. Maldini peut le prendre dans ses bras. Le capitaine du Milan AC, qui vient de battre le record de derbys milanais de Bergomi, en a vu d'autres. Mais, pour lui, ce quarante-cinquième duel fratricide bénéficie d'un cachet particulier. Celui d'offrir au Milan une neuvième finale de Coupe des champions, huit ans après leur échec face à l'Ajax d'Amsterdam.

Curieux pas de danse entre Dida, le gardien du Milan AC, et son attaquant Chevtchenko, qui vient de réussir son tir au but en finale contre la Juventus. Y'a d'la joie...

GARDIENS DU SUSPENSE

Nelson de Jesus Dida est un besogneux. Il n'a pas, à proprement parler, le talent instinctif. Sa grande carcasse le rend un peu gauche, sa nonchalance joue en sa défaveur. Mais le gardien brésilien du Milan AC jouit d'une sérénité sans faille. Même au moment d'affronter le probable meilleur gardien du monde. Gianluigi Buffon est, en effet, d'un autre genre. Vif et agile, le portier de la Juventus fait l'unanimité. Il suit la grande tradition des gardiens italiens. Sa belle gueule et son style en font un client idéal pour la télévision.

Dida-Buffon, c'est le duel totalement imprévu de cette finale 100 % italienne. Ceux qui attendaient un choc Trezeguet-Inzaghi ou Del Piero-Chevtchenko en sont quittes pour leur argent. Le titre européen s'est joué dans les gants, au terme d'un match à deux visages. Old Trafford, rebaptisé pour l'occasion « le Théâtre du Football », craignait une rencontre fermée, tactique. Il eut tort pendant près d'une heure, tant la finale fut jouée sur un rythme rapide et plaisant. Les bonnes intentions, visibles et appréciables dans la relance et la construction du jeu, s'écrasèrent néanmoins sur la rigueur des défenses, n'aboutissant qu'à très peu d'actions franches et obligeant les gardiens à une concentration extrême.

Buffon fut d'ailleurs le premier à sortir le grand jeu face à Inzaghi. À l'horizontale, le feu follet milanais s'offre une splendide tête plongeante que « Gigi » repousse d'une main incroyablement ferme. En un geste, Milan a compris qu'il faut aller au-delà des limites pour battre le portier turinois. À l'autre bout du terrain, Dida est beaucoup moins sollicité. Le premier ballon cadré qu'il doit capter est un tir de Del Piero, juste avant la mi-temps. En revanche, le début de la seconde mi-temps fait monter la température. Antonio Conte, à peine entré en jeu, jette sa tête sur un centre de Del Piero. Le ballon, hors de portée du grand Dida, s'écrase sur la barre dans un tonitruant bruit métallique. La chance fait également partie du bagage d'un gardien de but. Sur ce coup-là, Dida a utilisé son joker. Après une séduisante heure, le jeu baisse nettement de rythme. La suspension du Turinois Nedved se fait cruellement sentir pour la Vieille Dame, poussive dans ses accélérations. L'absence de la « furie tchèque » explique indéniablement ce faible rendement offensif. David Trezeguet et Alessandro Del Piero sont d'ailleurs totalement invisibles. Le Milan n'apparaît pas plus inspiré, comme si les deux équipes avaient tacitement compris que le champion d'Europe sera désigné au bout de la nuit, dans la terrible épreuve des tirs au but.

La demi-heure de prolongations n'offre pas plus de spectacle et confirme que le sort de cette finale se jouera sur la craie des 11 mètres. À l'entame de ce cruel exercice, Buffon part largement favori sur Dida. Carlo Ancelotti, l'entraîneur milanais, craint la sanction. À part Andrea Pirlo, les Rossoneri qui s'y sont essayés ont tous manqué au moins un penalty dans la saison.

Mais sans Pirlo, sorti en cours de match, Milan fait avec les moyens du bord. C'est également sans Inzaghi : « J'ai déjà raté beaucoup de penalties et Buffon me connaît trop bien », s'excuse-t-il. L'heure des braves a sonné. Dida espère, lui, tenir une revanche. Malgré son statut de champion du monde (acquis néanmoins en tant que troisième gardien), on le raille pour sa maladresse. Souvent, on rappelle une bourde monumentale commise en Coupe d'Europe, à Leeds, quelques années plus tôt. Mais cette fois, face à Buffon, il peut casser la chaîne de ce boulet qu'il traîne depuis presque trois ans.

Quand David Trezeguet se présente devant le point de penalty pour le premier tir au but, le Français, qui a passé une sale soirée, ne respire pas la grande lucidité. Sa frappe trop molle est un cadeau pour Dida, qui la repousse sans mal. Le gardien milanais pose la première pierre de son chef-d'œuvre. Mais il sait que rien n'est joué. Surtout quand Buffon réalise un superbe arrêt sur le tir au ras du poteau de Seedorf. Entre-temps, Serginho pour Milan puis Birindelli pour Turin avaient passé avec brio leur concours (1-1). Mais Dida accepte le défi. Le voilà qui s'interpose sur la frappe anodine de Zalayeta. Un bras de fer mental s'engage entre les deux gardiens. Buffon réplique avec une parade sur Kaladze. Dida ne bronche pas et encaisse. Sa réponse est cinglante : il dégage du pied le tir en force de Montero. L'épreuve tourne au cauchemar pour les tireurs. Sauf pour les grands joueurs. Nesta et Del Piero font partie de cette caste-là et accomplissent leur devoir. Un coup d'œil au tableau d'affichage indique une égalité parfaite : 2-2. L'ultime frappeur, Chevtchenko, tient donc dans ses pieds le match : « J'avais demandé à tirer en dernier. J'ai vu Buffon arrêter deux tirs, mais j'étais calme en allant chercher le ballon. Je me suis même demandé pourquoi j'étais aussi calme. » Son plat du pied prend à défaut Buffon, parti à gauche. Ça y est, le Milan AC vient d'enlever sa sixième Coupe des champions (3-2). Une pyramide humaine se forme au-dessus de Dida et Chevtchenko.Pour la quatrième fois de sa carrière, Paolo Maldini lève la Coupe aux Grandes Oreilles. Quarante ans plus tôt, à Wembley, son paternel avait fait le même geste pour la première fois dans l'histoire du Milan AC. Dida, lui, peut empoigner cette coupe avec fierté. « Ne dites pas que j'ai battu Buffon. Les tirs au but, c'est comme ça. Je n'ai pas de secret. Je suis quelqu'un de tranquille, c'est tout. » Tranquille, champion du monde et champion d'Europe...

Trezeguet a beau la regarder avec envie, la Coupe d'Europe ne va pas à Turin.

COUPE DE L'UEFA

revigrés
UEFA CUP
revigrés

STEL
6
adidas

LORIENT CALE

Les entrechats entre Cavalli (à gauche) et Bencik ne tournèrent pas à l'avantage du Français, et Lorient ne franchit l'obstacle turc de Denizlispor.

Deux tours de qualification en automne, histoire de se mettre en train. Deux tours de chauffe en quelque sorte. Mais parfois, cela tourne au vinaigre dès le début…

Ils sont trois Français sur la ligne de départ. Si, au premier tour, Bordeaux et le PSG ne connaissent pas beaucoup de difficultés pour se débarrasser, respectivement, des Slovaques de Puchov (6-0 et 4-1) et des Hongrois d'Ujpest (3-0 et 1-0), Lorient, en revanche, tombe sur un os avec l'équipe turque de Denizlispor.

À l'image de son équipe nationale, excellente lors du Mondial asiatique, le football turc n'en finit pas de s'affirmer comme l'un des meilleurs d'Europe, et ses représentants engagés dans les compétitions continentales y réussissent avec bonheur. Denizlispor en fait ainsi la démonstration.

Pour commencer, Lorient se déplace en Turquie. Un voyage périlleux pour les sociétaires de la Ligue 2 dans le fief d'une des formations les plus en vue du championnat turc. Toutes les craintes des Bretons se vérifient rapidement. Dès la 10e minute, l'attaquant de pointe Ozkan inscrit un premier but pour les siens. C'est le scénario le moins favorable pour une équipe de Lorient obligée de courir après le score dans un environnement plutôt défavorable. Pourtant, bien que le même Ozkan aggrave le score à la 70e minute sur penalty, Lorient ne revient pas complètement abattu de son déplacement. L'espoir est toujours vivace dans l'âme de cette équipe bretonne qui n'a pas été surclassée par sa rivale.

À Lorient, il importe surtout de ne pas encaisser de but, de façon à ne pas accroître les difficultés sur le chemin de la qualification. La vigilance est donc à l'ordre du jour côté lorientais, et Yvon Pouliquen compte sur son duo d'attaque Kroupi-Loko pour prendre à défaut la rugueuse défense d'une formation qui n'avait jamais fait la démonstration, chez elle, d'un réel talent.

Mais, hélas pour Lorient, le match retour commence par un de ces coups du sort qui vous donnent à penser que tout s'acharne contre vous. En effet, sur un coup franc d'Ilyas (20e), le défenseur Martini prend à défaut son propre gardien. Audard n'y peut rien, et les Turcs marquent ce but à l'extérieur qui leur donne toutes les raisons d'espérer. Lorient doit marquer quatre fois pour envisager la qualification, et Lorient se démène, parfois de façon confuse, pour remplir son contrat. Tour à tour, Loko, Kroupi, Bedrossian, Cavalli et Bouzin ne sont pas loin de trouver la faille, mais le gardien Heinen n'est pas né de la dernière pluie. Il retarde l'échéance jusqu'au moment où Kroupi, de la tête (44e), trouve la faille sur un corner de Bedrossian. Le Moustoir se remet à espérer, d'autant que les Turcs, pensant qu'ils peuvent vivre jusqu'au bout sur leur avantage, acceptent de se laisser submerger par leurs adversaires.

Trois minutes plus tard, un deuxième but, réussi celui-là par Guel, après un retourné acrobatique de Patrice Loko, pousse tous les Bretons à la révolte. Formidable débauche d'énergies sur le terrain et espoir grandissant dans les tribunes du Moustoir où l'on commence à croire au miracle. Malheureusement, le troisième but de Gauvin arrive un peu trop tard (89e). Il reste les cinq minutes de temps additionnel pour inscrire le but de la délivrance. Les Merlus s'y emploient avec l'énergie du désespoir, mais leurs adversaires n'en finissent pas de… truquer, de tricher pour parvenir à leurs fins.

À l'arrivée, ce sont eux qui passent, et Lorient peut nourrir des regrets éternels. Un peu plus d'audace là-bas et un peu plus de chance ici, et l'issue aurait été changée.

Superbe attitude de Fiorèse qui déborde le Hongrois Lerant et permet au Paris-Saint-Germain de dominer très largement l'équipe magyar d'Upjest, qui n'a rien à voir avec sa glorieuse ainée. Trois à zéro au Parc des Princes et victoire (1-0) en Hongrie, le PSG peut encore rêver à une belle aventure européenne.

L'HÉCATOMBE

Catastrophe à Gerland : les Turcs de Denizlispor viennent de marquer par l'intermédiaire d'Ozkan. Luyindula et Anderson tournent définitivement le dos à l'Europe.

Le second tour offre des adversaires bien modestes à nos représentants. Surtout à Bordeaux, qui hérite des pâles Suédois de Djurgarden. Le Paris-Saint-Germain doit, quant à lui, en découdre avec l'équipe roumaine de National Bucarest, qui n'a plus, certes, sa valeur d'antan mais qui présente d'autres arguments que les Scandinaves. Dès les matches aller, les nôtres prennent une option sur la qualification. En s'imposant 1-0 en Suède (but de Feindouno), les Girondins assurent le minimum à Bordeaux, avec un succès étriqué (2-1) grâce au seul Feindouno, encore lui... Le PSG fait preuve d'une plus grande maîtrise en allant gagner 2-0 à Bucarest et en assurant sa qualification au Parc grâce à Laurent Leroy, seul buteur de la partie.
En seizièmes de finale, Bordeaux et Paris sont rejoints par Auxerre, Lyon et Lens, tous trois recalés de la Ligue des champions. Et c'est à ce stade que tout tourne au cauchemar.
Comble de malchance, Paris-Saint-Germain et Lens tombent sur les Portugais de Boavista et du FC Porto, deux des ténors de la compétition. En revanche, on n'avait jamais imaginé que les Turcs de Denizlispor, que l'on avait vus si maladroits et en mal d'inspiration face à Lorient, finiraient par avoir la peau de l'Olympique lyonnais. Cruelle désillusion pour le champion de France en titre, qui pense avoir fait l'essentiel en revenant de Turquie avec un 0-0 riche de promesses, mais qui concède un but à l'incontournable Ozkan dès la 5e minute. Indignes de leur standing et de leur réputation, les hommes de Paul Le Guen connaissent un revers cinglant. Il faut bien admettre que, si le champion de France n'est pas capable de s'imposer chez lui, devant son public, avec toutes ses forces vives, à une formation médiocre, on ne voit pas ce qu'il avait à espérer d'une compétition qu'il quittait prématurément, certes, mais de façon pitoyable. Comme l'a écrit *l'Équipe,* il s'agit là d'« un des plus gros bides du foot français » ! Si Lens n'a pas pesé bien lourd face au FC Porto (0-3 et 1-0), le PSG peut, en revanche, nourrir des regrets. Après s'être imposé 2-1 au Parc (buts de Nyarko et de Fiorèse, contre un but de Luiz Claudio), les Parisiens perdent, sur un penalty de Silva, dans la banlieue de Porto (1-0).
Après Lyon et Lens, terminus pour le Paris-Saint-Germain, qui a découvert à l'occasion et pour la première fois combien les relations étaient tendues entre Ronaldinho et Luis Fernandez. Elles n'iront pas en s'améliorant...
Tous les espoirs nationaux reposent donc sur les épaules des joueurs d'Auxerre, qui n'ont pas la tâche la plus facile avec les Espagnols du Betis Seville. On sait combien ceux-là sont difficiles à manœuvrer dans leur fief andalou, où 40 000 socios mènent la vie dure à tous leurs adversaires. Les Bourguignons peuvent estimer qu'ils ont rempli leur mission en revenant d'Espagne avec une très courte défaite (1-0, but de l'international Alfonso dès la 5e minute). À Auxerre, « la bande à Guy Roux » se sort les tripes pour réaliser un de ses meilleurs matches européens. Par moments, on peut parler de perfection, tant la supériorité des Bourguignons est flagrante. Une volonté de tous les instants, un collectif exceptionnel et une aisance technique remarquable face à une opposition de valeur, voilà qui situe à la fois la valeur de l'équipe auxerroise et l'étendue de sa performance. Littéralement étouffés par leurs adversaires, les Espagnols concèdent un premier but au Finlandais Teenu Tainio à la 19e minute, avant de souffrir encore plus au fil du temps, jusqu'à ce que, à la 48e minute, un débordement prodigieux de Djibril Cissé, suivi d'un centre parfait, trouve la tête de Lachuer pour le but de la qualification. Ouf, enfin un club français qualifié pour les huitièmes de finale !...

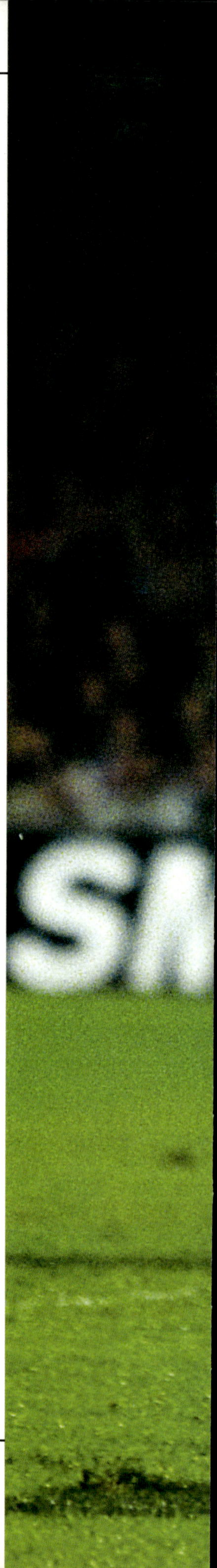

ANDERSON
9
8
6

FORTIS

Jean-Claude Darcheville fut le grand bonhomme du match retour entre le RSC Anderlecht et Bordeaux. Auteur de deux buts, il permet à l'équipe girondine de revenir de Belgique avec un résultat honorable (2-2) mais nettement insuffisant, car c'est sur ses terres que la formation d'Élie Baup a laissé passer sa chance.

orange

Fiorèse a beau vouloir prêter main forte à son partenaire Heinze, l'Argentin du PSG est inconsolable. Le club parisien échoue face au Boavista Porto.

Quand Charles-Edouard Coridon ne sait plus où donner de la tête face à Derlei, c'est tout le RC Lens qui perd le nord contre les Portugais du FC Porto.

LA CHUTE

La jeune équipe d'Auxerre n'a pas pesé lourd contre les mastodontes de Liverpool, même si Boumsong sut s'opposer au surpuissant Heskey.

Point de salut sur la scène européenne lorsque l'on n'est pas capable de faire la loi chez soi. C'est une des vérités premières des joutes continentales. Aussi, lorsque le Finlandais Sami Hyypiä déroule sa foulée pour sortir de son camp, on sent qu'il peut faire des dégâts. Il s'avance, étranger, semble-t-il, à l'agitation autour de lui. Murphy, son partenaire du milieu, s'active, comme à l'accoutumée. Le capitaine des Reds de Liverpool lui adresse un regard en coin que l'autre prend pour une invitation. Nous sommes à la 73e minute au Stade de l'Abbé-Deschamps. Il y a un moment maintenant que les joueurs de Gérard Houllier sont sortis de leur réserve après s'être contentés de ficeler les attaquants bourguignons. Murphy ne se laisse pas oublier. Cet homme d'action a déjà donné des ailes à Owen, voilà maintenant qu'il lance Hyypiä vers la lumière. Le capitaine de Liverpool ose une frappe rasante. De celles que l'on tente lorsque l'on n'est pas un habitué des tirs de précision. Et pourtant, Fabien Cool n'y peut rien. Le Finlandais vient de marquer le premier but qu'ait jamais inscrit Liverpool en France. Le but qui permet aux Reds d'alimenter leurs plus belles espérances et qui détruit d'un seul coup tous les plans échafaudés par Guy Roux pour permettre aux siens de représenter la France au plus haut niveau. Auxerre s'incline donc à domicile, mais les Bourguignons n'ont pas démérité. Toutes leurs tentatives, tous leurs espoirs sont venus se fracasser contre une défense anglaise bâtie comme une forteresse. « Une défense de fer, comme le dira Guy Roux. Pourtant, les deux équipes étaient proches l'une de l'autre et on s'est hissé à notre meilleur niveau, l'efficacité en moins. Mais, comme les statistiques le prouvent, Liverpool est très, très fort à l'extérieur. »

Les statistiques sont également implacables lorsqu'il s'agit d'analyser les chances de qualification d'une formation qui a perdu 1-0 à domicile à l'aller. Pas plus de 9 %. C'est très peu ! C'est le challenge que doit relever l'AJ Auxerre en se rendant à Liverpool. Là aussi, l'Histoire ne plaide pas en sa faveur. Elle répète sans cesse la même litanie. « Quand tu joues à Anfield Road, tu perds ! » Paris, Strasbourg, Saint-Étienne et déjà Auxerre l'ont appris à leurs dépens. Pourtant, les Bourguignons n'ont plus rien à perdre. Il ne leur faut penser qu'à la conquête. « On ne doit penser qu'à ça, avoue Fabien Cool. Gagner ! » Plus facile à dire qu'à faire.

Néanmoins, ils jouent crânement leurs chances dans le chaudron d'Anfield, activé par les chants de 35 000 partisans. Ils contrôlent le jeu, maîtrisent le ballon, donnent l'impression d'être dominateurs… mais sans pouvoir marquer. Comme le temps passe, on devine quelques essoufflements coupables. Les autres s'enhardissent au fil de la rencontre. Ils savent qu'ils tiennent le bon bout. Et, par deux fois, très vite, après l'heure de jeu, ils frappent de façon inéluctable. C'est d'abord le génial Michael Owen qui récupère, à la 67e minute, la balle sur une talonnade astucieuse de Murphy et qui s'en va battre Fabien Cool au terme d'un duel qui tourne à l'avantage du petit blondinet britannique. C'est ensuite Murphy lui-même qui, décidément au four et au moulin, ajuste du pied droit une frappe lourde des 25 mètres. Liverpool inscrit son second but, pour ne pas faire mentir l'Histoire. Voilà, c'est net ! Auxerre se retire à son tour de la scène européenne et le football français doit se résoudre à voir jouer les autres… sans aucun de ses représentants.

Double page suivante : c'est l'instant où Auxerre craque à Liverpool, lorsque le génial Owen prend à défaut la vigilance de Fabien Cool.

PlayStation
4
AFC

10
Station.2

L'Italien Chiesa tenta en vain d'empêcher Deco de réaliser un festival.

UNE RASADE DE PORTO

José Mourinho a de la classe. Son élégance naturelle le pousse à adopter sans cesse une attitude digne et soignée.

Le Portugal s'y est accoutumé, l'Europe, maintenant, apprend à le connaître. Car on ne peut pas dire que l'entraîneur du FC Porto ait marqué les esprits du temps où il était joueur. D'ailleurs, il rechigne toujours à parler de cette époque, très courte au demeurant, où il évolua à Belenenses sous les ordres de son père.

À vingt-quatre ans, tout est déjà plié et le jeune homme, originaire de Setubal, rejoint Bobby Robson au Sporting Portugal. C'est Robson, au Sporting puis au FC Porto et au Barça, qui lui a tout appris du métier d'entraîneur, dont il dit aujourd'hui qu'il y est entré comme on entre en religion. En revanche, Louis Van Gaal, dont il fut également l'adjoint au FC Barcelone, n'a pas eu sur lui la même influence que Robson.

Mais de cela, il ne veut pas parler. « C'est de l'histoire ancienne. » Toujours cette dignité un peu raide qui lui interdit certaines bassesses. Il lui suffit désormais de faire la démonstration de son savoir-faire en parcourant l'Europe victorieusement avec une équipe qui lui va comme un gant.

Après Varsovie, après l'Austria de Vienne, après Lens, après Denizilspor, après le Panathinaikos d'Athènes, c'est au tour de la Lazio Rome de Mancini de découvrir cet entraîneur racé et son équipe de Porto, qui finit par enivrer tous ses adversaires par son amour prononcé de l'offensive.

Pourtant, au Stade Das Antas de Porto, c'est la formation romaine qui frappe la première, dès la 5e minute, par Claudio Lopez. Les 45 000 supporters portugais n'en reviennent pas. Ils croient revivre le cauchemar des quarts de finale aller, où le Panathinaïkos était venu s'imposer ici 1 but à 0. Mais, cette fois, José Mourinho a très soigneusement préparé son affaire. Il n'y a aucune raison majeure de s'affoler.

D'ailleurs, dans les cinq minutes qui suivent, le milieu défensif Maniche remet les deux équipes à égalité. La méthode Mourinho commence à payer. La machine se met en route et, dans les buts portugais, l'expérimenté Vitor Baia, véritable monument du football national, se régale à voir évoluer ses partenaires.

La défense, commandée par le capitaine Jorge Costa, laisse très peu de libertés au duo Claudio Lopez-Simone Inzaghi, et le milieu à quatre (Da Costa, Deco, Maniche et Alenitchev) récupère tout ce qui traîne, alimentant constamment les deux voltigeurs de pointe (Elder Postiga et Derlei).

Tout fonctionne à merveille, et quand Derlei donne l'avantage à son équipe, à la 27e minute, José Mourinho devine que l'affaire est désormais bien engagée. Derlei frappe une seconde fois peu après le début de la seconde mi-temps (50e) et Elder Postiga, sept minutes plus tard, donne au succès portugais une ampleur (4-1) qui paraît largement suffisante pour envisager le déplacement romain en toute quiétude. « Si nous sommes concentrés et bien organisés, nous nous qualifierons, déclare Mourinho, qui reste fidèle à ses principes. De toute façon, nous jouerons pour gagner ! »

L'entraîneur du FC Porto annonce la couleur. Il ne craint personne. Jusqu'ici, son équipe n'a perdu que deux fois en déplacement, à Varsovie et à Lens, mais après avoir largement dominé les débats à l'aller. Par conséquent, la Lazio Rome ne fait pas peur à José Mourinho et à sa troupe.

L'affrontement romain est musclé. Et l'arbitre français, M. Veissière, n'hésite pas à renvoyer aux vestiaires le défenseur romain Cesar et l'attaquant portugais Helder Postiga (45e).

À dix contre dix, les deux équipes paraissent calmées. Mais, intraitable, Vitor Baia arrête un penalty, Porto remplit son contrat, assure sa qualification pour la finale en obtenant un bon résultat nul.

Celtic Glasgow-Boavista Porto

Un larcin de Larsson

Lorsque le Belge Valgaeren, sous pression, commet l'erreur de marquer contre son camp, Jaime Pacheco se dit immédiatement que le Celtic ne s'en remettra jamais. Il a tort, l'entraîneur de Boavista. Car, dès la minute qui suit (48e), le Suédois Larsson remet les pendules à l'heure.
Plus rien ne change dans la première manche de cette demi-finale qui ne laisse pas de grands souvenirs, si ce n'est au capitaine portugais Ricardo. Propulsé à la fois par l'envie de ramener un bon résultat de Glasgow et par la rage de se voir infliger un penalty douteux par l'arbitre belge M. De Bleeckere, le gardien de but de Boavista réalise l'exploit d'arrêter le tir de Larsson. Pacheco pousse alors un gros soupir de soulagement. On verra de quel bois on se chauffe à Boavista, dans ce quartier chic de Porto où quelques-uns des grands d'Europe ont un jour laissé des plumes.
À quarante-quatre ans, Pacheco aimerait que sa carrière d'entraîneur soit aussi riche que celle du joueur qu'il a été. Maintes fois retenu dans la sélection portugaise, il en était devenu un des pivots avant de se retirer à Paços Ferreira, où il endossait la double tunique de l'entraîneur et du joueur. Après une dizaine d'années d'apprentissage du métier d'entraîneur, il prend en mains la destinée du Boavista Porto, à qui il espère offrir cette Coupe de l'UEFA.
Avant cela, il faut pourtant battre ce Celtic de Glasgow, qui n'a pas encore perdu un match depuis le début de la compétition et qui peut se targuer d'avoir sorti le Celta Vigo, Stuttgart et Liverpool. Rien que du beau monde !
Pacheco y pense sans doute lorsqu'il fait sa conférence d'avant match. Ses hommes sont très attentifs. En homme simple qu'il est, il emploie toujours les mots les plus courants. Comme d'habitude, il porte des vêtements de jean. Rien à voir avec son collègue Mourinho du FC Porto, son frère ennemi.
Il commence d'ailleurs sur ce thème-là. « Pour la première fois dans l'histoire de la Coupe de l'UEFA, il peut y avoir deux équipes d'une même ville en finale. Pour ça, il nous faut venir à bout des Écossais. Après, nous aurons toutes nos chances… Que ce soit contre la Lazio, ce qui m'étonnerait, compte tenu du résultat de l'aller, ou plus sûrement contre ceux de Mourinho. Ceux-là, j'en fais mon affaire. Mais avant, attention au Celtic ! On peut avoir l'impression que la situation nous est plus favorable, mais je vous invite à la prudence. Les Écossais sont toujours redoutables en déplacement. Je n'ai pas à insister sur leur victoire, 2-0, à Liverpool au tour précédent. Alors, pas d'excès de confiance. Prudence… »
Les 12 000 spectateurs de Boavista paraissent rassurés. Pas seulement par le but ramené de Glasgow, mais plus sûrement par les deux ou trois occasions nettes que se sont offertes Pedro Santos ou Silva, à chaque fois contrariées par le gardien Douglas, en état de grâce.
À l'inverse, c'est Ricardo qui doit s'avouer vaincu à la 77e minute sur une tentative victorieuse de ce diable de Larsson. Le Suédois, toujours là au bon moment, pour tirer le Celtic de Glasgow d'un mauvais pas.
Pacheco fait la moue. Non seulement son Boavista ne va pas en finale, mais, comble de malheur, c'est José Mourinho, son rival, qui s'y retrouve après avoir éliminé la Lazio Rome. Décidément, Jaime Pacheco s'en voudra toujours !…

Larsson est vraiment l'attaquant providentiel du Celtic Glasgow. Déjà auteur du but égalisateur au match aller, c'est lui qui marque à Porto le but qui permet à l'équipe britannique de se qualifier pour la finale.

ntl:home
Digital TV

revigres

LA COUPE... DE PORTO

Un but de plus pour Porto, à la plus grande joie de son gardien Vitor Baia.

Il fait une chaleur étouffante. Les Écossais du Celtic ont du mal à s'y faire. Certains d'entre eux s'époumonent dans des courses éperdues à la poursuite d'un ballon insaisissable. Il faut dire que les gars de Porto s'évertuent à faire courir la balle à distance d'adversaires plutôt patauds et sans grande imagination. De leur côté, ils donnent l'impression de souffrir beaucoup moins de cette touffeur qui finit par agacer leurs rivaux.

Et, tandis que les uns font en sorte de bâtir des châteaux en Espagne en manigançant quelques schémas tactiques compliqués, les autres subissent réellement la loi portugaise en respirant de leurs bouches béantes l'air brûlant de la nuit sévillane. On ne voit d'ailleurs pas comment, dans ces conditions, les joueurs du Celtic peuvent s'y prendre pour compenser leurs lacunes techniques et se hisser au niveau de leurs adversaires. En vérité, seuls le Suédois Larsson, par sa générosité physique, et le Français Agathe, par sa vision éclairée du jeu, permettent d'entretenir l'illusion face à une formation portugaise beaucoup plus sûre de ses moyens et de sa force. Il faut tout le brio du gardien de but Douglas pour priver les Portugais d'un avantage qu'ils auraient largement mérité. Longtemps repoussée, l'échéance devient palpable juste avant la pause, après un beau raté de Baldé qui remet le FC Porto dans le sens de la marche en avant. Le Brésilien Deco, excellent et imaginatif depuis le début, qui n'en est pas à une espièglerie près, alerte Alenitchev sur sa gauche. Douglas s'en sort une première fois à son avantage mais ne peut rien sur la seconde tentative de Derlei, qui conclut ainsi la nette domination portugaise.

On se dit alors, de même que les 53 000 spectateurs de Séville, que la victoire ne peut pas échapper au FC Porto. Pourtant, le Celtic, avec ses faibles moyens, estime qu'il a de quoi brouiller les cartes. Ce qu'il fait dès la reprise avec ce centre interminable d'Agathe repris évidemment par l'inévitable Larsson. Vitor Baia en reste coi et Porto doit se résoudre à en remettre une couche en évitant désormais de ne pas prendre son rival au sérieux. Il ne s'est pas écoulé dix minutes que Deco, qui n'en finit pas de faire des facéties de génie dans la lourde défense écossaise, offre un but facile à Alenitchev (54e). Et voilà donc le FC Porto à la tête d'un avantage que personne ne peut trouver injuste. Injuste, sûrement pas, mais toujours contesté par ce diable de Larsson, obstiné, têtu et sans cesse revanchard. Trois minutes après le but d'Alenitchev, il se trouve que le Celtic bénéficie d'un corner que Thompson tire sans grande conviction. La balle vole au-dessus des têtes, jusqu'à ce que Larsson vienne placer victorieusement la sienne (57e). Décidément, celui-ci n'en fait qu'à sa tête. Il inscrit ainsi son quarante-quatrième but de la saison et son dixième au cours de cette campagne européenne. Absolument exceptionnel, compte tenu du peu de soutien dont il dispose dans son équipe. On a alors l'impression que ce nouveau coup de boule, à moins que ce ne soit un coup du sort, réduise à néant tout esprit d'initiative. Pas étonnant de la part du Celtic, mais plus surprenant de la part du FC Porto, qui se laisse glisser vers une prolongation qui peut lui coûter cher... D'autant que le Celtic semble maintenant revigoré et tout à fait disposé à jouer sa chance à fond, même après l'expulsion de Baldé (95e). Et c'est lui qui est tout près d'enlever le morceau sur un nouvel essai de Larsson (110e). Heureusement pour Porto, Douglas commet l'irréparable en se loupant devant Marco Ferreira (115e). Derlei, qui traîne par-là en profite pour offrir à son équipe et à tout le football portugais la première Coupe de l'UEFA de toute son histoire !

Quand le Brésilien Deco enclenche la surmultipliée, ils ne sont pas trop de deux pour espérer lui couper la route. Mais ni Lennon (à gauche), ni Mjällby (à droite), n'empêchèrent Porto de remporter la finale.

revigres
ntl:

SUR LE TOIT DU MONDE

Zinédine Zidane, comme à son habitude, tire les ficelles pour permettre à Ronaldo d'inscrire deux buts à l'Olimpia Asuncion afin d'offrir au Real Madrid une nouvelle Coupe intercontinentale.

Pour une fois, Osvaldo Dominguez Dibb, celui que tout le Paraguay surnomme « ODD », n'a pas poussé de gueulante. Il s'est contenté de dire à ses joueurs qu'ils n'étaient pas à la hauteur. Et, pour une fois, il avait raison, « ODD ». Rien à voir avec sa grosse colère quelques jours auparavant, lorsqu'il avait injurié chacun d'entre eux pour avoir été incapable d'offrir le titre de champion du Paraguay à l'Olimpia Asunción, l'année de son centenaire.

Le président Dibb, dont on dit qu'il descend d'un prince arabe, a des méthodes radicales pour diriger son club. Il traite les hommes comme du bétail, les remplace au gré de son humeur, et leur fait bien comprendre qu'il est le seul maître à bord. Pumpido l'a fort bien admis. Car c'est lui, l'ancien gardien de but de la grande équipe d'Argentine championne du monde en 1986, que le bouillant Dibb a choisi pour mener sa troupe vers les sommets. À quarante-cinq ans, la vie a appris à Pumpido qu'il faut savoir faire le dos rond et il sait quand il ne faut pas s'opposer à « El Presidente ». Il lui a seulement fait remarquer qu'il n'y avait pas grand-chose à espérer face aux stars du Real Madrid, venus, à Yokohama, avec la ferme intention de ramener la Coupe intercontinentale en Espagne, l'année où l'on célèbre les cent ans du club le plus célèbre du monde.

En prenant les devants, Pumpido a désamorcé la bombe Dibb. C'est vrai qu'il y a un monde entre les étoiles du Real et les besogneux Paraguayens de Pumpido qui n'ont que leur courage à opposer à leurs adversaires. Lorsqu'ils jouent sans pression, ceux-là sont, en effet, irrésistibles. Le ballon vole de pieds en pieds, dessine des arabesques, tourne autour de leurs adversaires. Pas pour les ridiculiser, mais plutôt pour témoigner du génie collectif.

C'est l'impression ressentie autour du terrain de Yokohama, là où les Japonais avaient assisté, quelques mois plus tôt, au triomphe de la sélection brésilienne en finale de la Coupe du monde face à l'Allemagne (2-0). Cette fois, dans le stade, la tension est moindre, les enjeux moins importants. Le Real joue sans complexe dans le registre où il excelle, celui de la créativité où chacun se fait plaisir pour aller de l'avant et participer à un plus grand déballage offensif. C'est le festival du blanc. Car les joueurs de Madrid sont parés de la tunique qui les a rendus célèbres depuis un siècle. Certains les comparent aux Harlem Globe Trotters. Une fois de plus, le Real joue avec son rival comme le chat avec la souris. Il le taquine, lui fait apprécier sa technique et son savoir, lui fait prendre conscience de sa médiocrité et de ses lacunes. L'autre s'accroche comme il peut pour ne pas sombrer complètement. Il s'abandonne corps et âme dans une défense acharnée, confie ses intérêts aux seules parades du gardien Tavarelli, qui multiplie les exploits.

Le Real aurait dû marquer six fois, huit fois, dix fois… Au lieu de cela, il se contente d'inscrire deux buts. Le premier par l'inévitable Ronaldo, qui signe son arrivée au Real par une première réalisation décisive, et le second par le jeune et blond Guti, qui tient à s'affirmer comme un prétendant à un poste de titulaire indiscutable. C'est peu, sans doute, mais suffisant pour permettre au Real Madrid de s'installer une fois de plus sur le toit du monde en remportant sa troisième Coupe intercontinentale, après celle de 1960 (aux dépens du Penarol de Montevideo) et celle de 1998, arrachée aux Brésiliens de Vasco de Gama (2-1).

À l'inverse du fougueux « ODD », Florentino Pérez, le président de la Maison Blanche, pouvait être fier de ses joueurs, qui venaient de lui offrir, en 2002, un troisième trophée international, après la Ligue des champions et la Supercoupe d'Europe.

adidas
SIEMENS
mobile
TOPPER
Diario
TOPPER

RONALD'OR

« Il Fenomeno » est de retour. Ce surnom magique que l'on croyait enfoui à jamais dans les archives du football est réapparu comme par enchantement. Une sorte de miracle façon « phénix qui renaît de ses cendres ». Ronaldo Ballon d'or, personne n'aurait misé un yen au début de l'année 2002. Mais il a fallu un Mondial asiatique de feu pour que le Brésilien retrouve une nouvelle dimension.

Retour en arrière. Le 12 avril 2000, Ronaldo foule à nouveau officiellement une pelouse, après une grave blessure au genou survenue cinq mois plus tôt. Mais de cette finale de Coupe d'Italie entre la Lazio et l'Inter, on ne retient qu'une image. Celle, terrible et douloureuse, de l'attaquant intériste criant sa douleur après l'amorce d'un fatale dribble. Ronaldo s'écroule, le visage déchiré. Autour de lui, les joueurs, y compris ses adversaires de la Lazio, sont paniqués. Ils ont compris la gravité de la situation. Le genou du Brésilien a cédé une nouvelle fois, moins de dix minutes après son entrée en jeu. En larmes, « Il Fenomeno » quitte le terrain sur civière. C'est le début d'une longue traversée du désert.

On le dit terminé pour le football. Il n'y a guère que lui pour croire qu'un jour, il flirtera de nouveau avec la gloire. Opéré par le professeur français Saillant, il entame sa rééducation avec l'obsession de redevenir un extraterrestre du football. Mais ce corps capricieux ne lui laisse aucun répit. L'année 2001, qui voit son retour tardif sur les pelouses, est émaillée de nombreuses petites blessures. Ronaldo s'accroche. Son objectif est clair : porter le maillot de la Selecção pour la Coupe du monde 2002.

Sportivement parlant, l'année ne démarre qu'en avril pour le Brésilien. Il retrouve le maillot de l'Inter, signe quelques jolis buts, mais perd le championnat italien *in extremis*. Felipe Scolari, le sélectionneur du Brésil, tente néanmoins le pari de l'emmener en Asie pour le Mondial. Le reste est un conte. Ronaldo inscrit huit buts et termine meilleur buteur de la compétition. Et surtout, il signe le seul but de la demi-finale contre la Turquie et le doublé de la finale face à l'Allemagne. Sur un plateau, il offre au Brésil sa cinquième Coupe du monde. Pas mal, pour un revenant !

Dans la foulée, le Real Madrid, dans sa logique de « starisation » annuelle, l'arrache à l'Inter Milan. Sacrilège, trahison pour les supporters italiens ! Le geste manque, en effet, d'une certaine classe. Ronaldo, en désaccord avec l'entraîneur intériste Hector Cuper, a choisi de quitter un club qui avait patiemment attendu son retour de blessure sans rechigner. La récompense est amère pour le président Moratti.

En raison d'une condition physique faible après de longues vacances post-Mondial, il faut attendre le début du mois d'octobre pour voir le nouveau numéro 11 madrilène. Sur son premier ballon touché, Ronaldo marque. Le stade Santiago-Bernabeu vit un rêve. Après trois mois sans jouer, le Brésilien inscrit même un doublé, comme il l'avait fait lors de sa dernière apparition sur un terrain. Et, histoire de terminer une boucle d'or, il marque même, en décembre, un but à Yokohama, le prestigieux théâtre de son doublé mondialiste, pour la finale de la Coupe intercontinentale entre le Real et l'Olimpia Asunción.

C'est globalement ce retour de nulle part que le jury de *France Football* a voulu saluer en attribuant ce quarante-septième Ballon d'or à Ronaldo. Il rend hommage à la persévérance et au courage d'un joueur revenu du fin fond d'un gouffre dans lequel beaucoup avaient déjà jeté les lourdes pelletées d'un enterrement de première classe : « J'ai vécu une année incroyable. On pourrait en faire un film », avoue Ronaldo.

Tel un ressuscité, le Brésilien est réapparu aux yeux du monde footballistique. Certes, ça n'est plus le même joueur. Moins rapide, moins explosif que le Ronaldo de 1997, année de son premier Ballon d'or, mais plus intelligent. Et peut-être plus dangereux. L'accélération ravageuse de sa jeunesse a fait place à une vision du jeu plus juste. La fusée Ronaldo a perfectionné son sens du collectif. À travers les épreuves endurées par l'homme, le joueur a gagné en maturité. C'est une deuxième carrière qui s'ouvre pour Ronaldo. Et déjà, elle trouve la gloire d'un Ballon d'or. Paradoxalement, cette belle histoire rêvée par tout un pays fend le cœur d'un autre Brésilien. Car, qui d'autre que Roberto Carlos pouvait venir concurrencer « Il Fenomeno » ? Le défenseur ailé du Real Madrid a quasiment tout gagné dans l'année. Champion d'Europe, champion du monde des clubs et des nations, il échoue pourtant d'un rien dans la succession de Matthias Sammer, dernier défenseur vainqueur d'un Ballon d'or, en 1996. « Roberto Carlos méritait ce Ballon d'or au moins autant que moi », avoue même confusément Ronaldo. Il est vrai que Roberto Carlos incarne un nouveau type de joueur. À la vitesse d'une Mobylette, le latéral brésilien utilise son couloir gauche sur toute la longueur avec un sens offensif aigu. De surcroît, sa frappe est unique au monde. La puissance y défie la précision et provoque de véritables cauchemars chez les gardiens de but. Malgré tout cela, Roberto Carlos repart bredouille. C'est un verdict qui peut paraître injuste. Dans ce duel 100 % brésilien, c'est l'attaquant qui l'emporte, comme souvent. Ce Ballon d'or est un pari pour l'avenir. Celui de retrouver définitivement « Il Fenomeno ». Et la plus grande preuve de sa justesse serait que Ronaldo décroche une nouvelle fois la récompense… dès l'année 2004 !

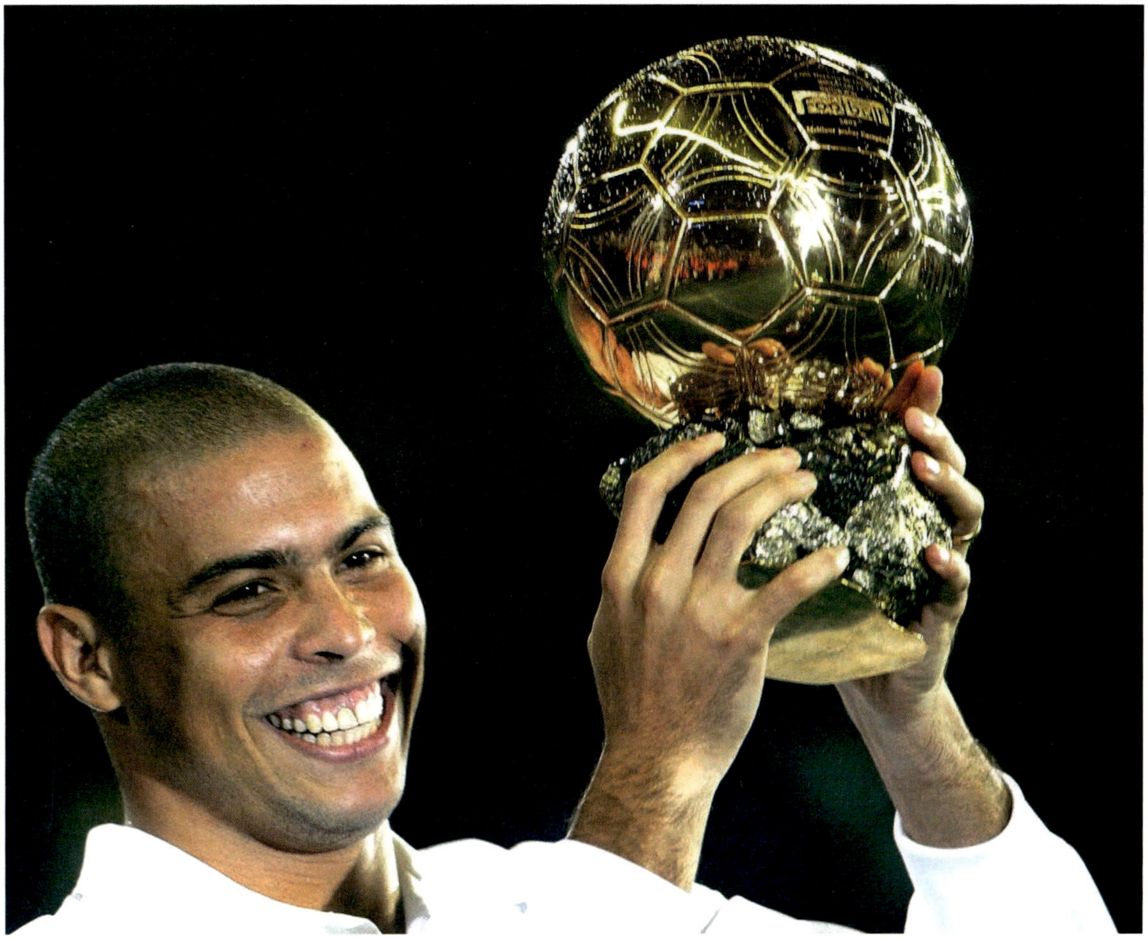

Le Brésilien Ronaldo est un habitué des récompenses, mais ce second Ballon d'Or le rend encore plus heureux car il vient ponctuer définitivement une longue période de blessures et de doutes.

DU PIRES TOUT CRACHÉ

Formidable saison pour Arsenal et ses Frenchies qui peuvent fêter leur triomphe. Pires a de l'allure la Cup à la main !

James Beattie fait la moue. L'attaquant des Saints s'approche du gardien Niemi. Celui-ci est déjà dans son match, concentré, renfrogné. L'autre le tire de son univers. « C'est mauvais signe, lui dit-il.

– Quoi, mauvais signe ? interroge Niemi, visiblement agacé.

– On a tiré le mauvais vestiaire.

– Le mauvais vestiaire… tu rigoles…

– Ouais, le vestiaire des perdants ! »

Dans le camp de Southampton, ce n'est pas l'euphorie. Il y a cette histoire de vestiaire qui taraude bien l'esprit de certains mais, plus sérieusement, c'est la raclée 6-1 reçue il y a dix jours en championnat qui inquiète la plupart des joueurs. Ce jour-là, les Gunners d'Arsenal avaient fait parler la poudre et les Saints s'étaient retrouvés en enfer. Cette fois, plus question de laisser les Gunners ajuster leur grosse artillerie. La prudence est de rigueur.

On sent très vite que Le Millenium Stadium de Cardiff, dont le toit s'est refermé autour de la pelouse comme une huître, ne va pas être le théâtre d'un spectacle digne de la Cup, tant les intentions sont prudentes. Même si, côté Arsenal, on sait que la vivacité doit être un élément déstabilisant pour l'adversaire, beaucoup plus apathique, plus soucieux de sa défense que de porter la contestation loin de ses bases. Pas étonnant que ce soit Thierry Henry, le plus insolent des Gunners, qui donne le ton à ce débat dès la 28e seconde en prenant le large sur une profonde ouverture de Ljungberg, qui sème le doute et le trouble dans les rangs des Saints de Southampton. Titi Henry ne se soucie pas des états d'âme de ses adversaires, il file à l'anglaise, manque de perdre son maillot dans sa fuite – car l'un de ses gardes-chiourme s'y est agrippé –, ne cherche pas à profiter de cette faute flagrante et tire du pied droit, juste pour permettre au gardien Niemi de faire apprécier sa clairvoyance. Il a, bien plus tard, l'occasion de faire l'étalage d'un talent que tout le monde lui reconnaît désormais. Les Gunners savent qu'il ne leur reste que cette seule occasion pour sauver une saison au cours de laquelle ils ont frôlé tous les exploits mais qui ne leur a pas valu de récompense jusqu'ici. Et ce ne sont pas les absences conjuguées de Vieira, leur métronome, de Cygan, leur tour de défense, et de Campbell, leur gaillard d'avant, qui devraient les empêcher de mettre leurs projets à exécution.

Mais, pour faire du spectacle, il faut être deux. Et Southampton n'est vraiment pas disposé à entrer dans ce jeu-là. Il s'ensuit des actions décousues, toujours orchestrées par les joueurs d'Arsenal où Freddie Ljungberg se montre en grande forme. Bergkamp veut manifester sa présence en se créant une réelle occasion de but, mais c'est toujours Ljungberg qui bouge le plus. D'ailleurs, c'est après s'être fait contrer qu'il permet à Robert Pires d'hériter de la balle dans la surface pour ajuster un tir victorieux. Cette fois, Niemi n'y peut rien. La mi-temps est proche, Arsenal a pris l'avantage, Southampton n'a pas encore complètement craqué. Bref, tout le monde paraît content.

La seconde mi-temps n'est pas plus palpitante que la précédente. Toujours le même scénario. Les Gunners qui poussent, les Saints qui refusent à la fois de croire en leur bonne étoile et limitent leurs ambitions à éviter de prendre une raclée. Seul, le gardien Niemi frôle la perfection. Même si, dans les ultimes minutes, Seaman fait encore la démonstration de sa vaillance, et Ashley Cole joue les pompiers de service dans les arrêts de jeu. Il est un peu paradoxal de voir qu'Arsenal, si brillant tout au long de la saison, obtient son seul trophée dans la souffrance. C'est mieux, sans doute, qu'il y a deux ans, lorsque la victoire lui avait échappé face à Liverpool.

O2

MPION
RANCE
Ligue 1 Orange
2002-2003
© 2002 LFP ®

CHAMPIONNAT DE FRANCE

OL : LA SECONDE TOURNÉE DU PATRON

Sonny Anderson peut quitter l'Olympique lyonnais l'âme en paix. Il vient d'offrir un second titre consécutif à l'OL et tire sa révérence dans un Championnat de France qu'il a marqué de toute sa classe.

Après plusieurs années d'errance, l'Olympique lyonnais a entrouvert la porte du paradis, avant de s'y engouffrer avec la frénésie de ceux qui sont enfin touchés par la grâce.
Le titre de la saison dernière, longtemps espéré, farouchement attendu, venait comme la récompense de sérieux efforts. Il était l'aboutissement du travail de toute une équipe, animée, activée par un président à l'ambition avouée, qui a décidé de diriger son club ainsi qu'une véritable entreprise. Le pari était osé. Il a réussi... Aussi, après cet éblouissement, il était important, capital même, de confirmer le nouveau statut d'un club qui a la prétention de devenir la locomotive du football hexagonal afin de s'affirmer dans le paysage continental au même titre que tous les « Grands » d'Europe. Cela passait logiquement par la confirmation d'une certaine autorité sur le Championnat de France, et devait nécessairement s'accompagner de la conquête d'une deuxième couronne. Ce qui n'était pas le plus simple. Car chacun sait qu'en matière de sport, le plus dur n'est pas d'accéder au sommet de la hiérarchie, c'est de s'y installer durablement. À Lyon, compte tenu de l'investissement du président Aulas et de ses exigences, il n'était pas question de passage météorique à la tête du peloton français. Il fallait viser un deuxième titre et mettre tout en œuvre pour faire de sa conquête une visée prioritaire.
Comme il n'est pas courant que le champion de France reparte en campagne sans l'homme du sacre (Santini), Lyon ne partait pas forcément avec une assurance tous risques. Ne serait-ce que dans l'affirmation de la psychologie du groupe, ainsi que dans la poursuite d'une méthode qui venait de faire ses preuves.
L'homme qui arrive pour succéder à Jacques Santini n'est plus un débutant. Paul Le Guen est jeune, certes, mais il a déjà fait ses preuves. Il est fin, intelligent, cultivé et, par sa classe, son discours, sa vision moderne de l'univers du football, il symbolise encore plus l'ambition grandissante et l'image nouvelle voulue à Lyon par le président Aulas. Mais il joue à l'évidence un jeu dangereux. En cas d'échec, c'est lui que l'on rendra responsable du fiasco. Il le sait pertinemment et il relève ce défi avec le courage et l'assurance d'un *condottiere.* « En arrivant à Lyon, avouera-t-il, je savais que la succession allait être difficile et qu'il fallait que j'essaie de continuer sur la lancée de Jacques Santini. » Il n'arrivait pas dans un club en situation d'échec en se mettant dans la position du sauveur providentiel. Il devait, au contraire, poursuivre l'œuvre ébauchée magnifiquement par d'autres, avec le souci de lui donner encore plus de consistance et de lustre. Le challenge est délicat et Paul Le Guen s'en tire avec les honneurs.
Avec un effectif de champions très peu remanié, le nouvel entraîneur lyonnais prend le temps de considérer sa troupe dans ses moindres détails. Il veut pouvoir en tirer le meilleur en exploitant les qualités de chacun pour le bien de la collectivité. Et c'est comme ça que l'OL de Le Guen fait apprécier un visage résolument offensif. Non pas que ce soit chez lui la seule méthode digne d'intérêt, mais ce système s'imposait de lui-même en fonction des individualités dont il disposait. « Au début, je ne suis jamais parti avec l'idée de faire jouer mon équipe avec trois milieux offensifs. Ce n'est pas comme ça que je raisonne... Moi, j'ai

toujours parlé de meilleure équipe possible à partir des joueurs que j'avais à ma disposition. » Ainsi Le Guen réussit-il à imposer son équipe aux toutes premières places du championnat quasiment à la mi-saison, non sans avoir traversé une période de turbulences après les éliminations successives dans la Ligue des champions, la Coupe de l'UEFA et même en Coupe de France (en trente-deuxièmes de finale, face aux amateurs de Libourne-Saint-Seurin). Paul Le Guen aurait pu en être affecté, fragilisé, et être en quelque sorte désemparé devant une situation qu'il ne semblait plus vraiment maîtriser. Mais le soutien inconditionnel et permanent de Jean-Michel Aulas a permis à son entraîneur de faire face à cette tempête. « C'est au moment où je doutais le plus, où je craignais de ne pas pouvoir atteindre l'objectif fixé que j'ai toujours senti son soutien et sa confiance, et c'est vrai qu'il y a des moments où ça m'a fait du bien. Ce soutien m'a permis de repartir affronter le groupe alors que ça ne tournait pas tellement rond. »

C'est à ce moment-là, sans doute, que Le Guen s'affirme comme un bon entraîneur, doublé d'un tacticien avisé. Nous sommes au cœur d'un hiver rigoureux où l'OL semble souffrir plus que d'autres, et Le Guen décide de chambouler l'organisation de son équipe. Il sacrifie quelques cadres (Edmilson notamment), relance des garçons comme Deflandre et Violeau, définit un autre rôle (plus défensif) pour Dhorasoo, met en place un nouveau système avec trois milieux offensifs (Govou, Carrière et Juninho). La métamorphose est éclatante. L'Olympique lyonnais entame une remontée spectaculaire qui le fait passer de la dixième place (neuvième journée) à la deuxième en l'espace de quatre matches, puis à la première (dix-septième journée).

Désormais, l'OL peut afficher ses ambitions. Il ne descendra jamais plus bas que la cinquième place et s'installera durablement au sommet de la hiérarchie. On peut dire que rien n'échappera à Lyon à partir de la vingt-septième journée. Après une sévère défaite (2-0) à Monaco, l'un de ses concurrents les plus sérieux, Lyon balbutie encore son football à domicile face à Troyes (0-0) pour le compte de la vingt-septième journée, et enchaîne une série impressionnante de onze matches sans défaite, avec quatre victoires consécutives en déplacement (Auxerre, Nice, Bordeaux et Strasbourg), et les succès à domicile sur Rennes (4-1), Ajaccio (3-1), Le Havre (2-1).

Le résultat nul à Gerland contre Lille (0-0) n'affecte pas le rendement de l'équipe, qui s'impose ensuite, très largement, à Strasbourg (4-0), avant de venir à bout d'un PSG cyclothymique (1-0) et d'aller quérir à Montpellier, le 20 mai, au soir de l'avant-dernière journée, le point du match nul (1-1) qui assure avant l'heure le deuxième titre de champion à l'Olympique lyonnais.

Le plus dur a été fait, et Paul Le Guen peut être fier de lui. Cette couronne symbolise admirablement la réussite personnelle de ce jeune entraîneur qui n'a pas hésité à taper du pied dans la fourmilière pour imposer ses idées. Cela n'est pas si courant. « Je suis fier, dira-t-il à Laurent Campistron pour *France Football,* d'avoir tenu bon, d'avoir imposé mes idées et d'avoir su gérer un groupe de joueurs ambitieux. » N'est-ce pas là, après tout, la marque d'un GRAND entraîneur ?

Avec lui, l'Olympique lyonnais peut rêver maintenant de conquérir l'Europe. Ses structures, son organisation, son président, ses performances économiques dans le domaine du *merchandising,* son effectif, même amputé par le départ du magicien Sonny Anderson pour l'Espagne, peuvent lui permettre désormais de jouer dans la cour des Grands d'Europe afin de rejoindre dans le cœur des Français les inoubliables épopées de Saint-Étienne et de l'Olympique de Marseille.

À l'Olympique lyonnais, le mythe est en train de se mettre en place, l'histoire dira bientôt si le club qui a grandi entre Saône et Rhône est digne de figurer au sommet de la hiérarchie européenne, après avoir fait du football national son terrain de jeu idéal.

Au contact de Sonny Anderson, Sydney Govou a pu s'épanouir et gagner en maturité. Le jeune international a acquis une nouvelle dimension et ses qualités techniques devraient lui permettre de s'affirmer comme un des tout meilleurs attaquants européens.

RENAULT
TRUCKS

Avec Anderson, Edmilson et Caçapa, Juninho était le quatrième mousquetaire de la légion brésilienne de l'OL. Et certainement pas le moins doué, ni le moins habile techniquement.

Venu de Nantes, Éric Carrière s'est épanoui à Lyon, au point de devenir un des rouages essentiels du dispositif mis en place par Paul Le Guen.

LES DAUPHINS

Fernandao, le Brésilien de l'OM, n'est pas un joueur de salon. Il le prouve ici face au Monégasque Jérôme Rothen.

Jusqu'au bout, Monaco aura donné l'impression de pouvoir disputer le titre à l'Olympique lyonnais. Une équipe monégasque façonnée à la mode Deschamps. À la fois sérieuse, appliquée et déroutante. Le compromis idéal entre la rigueur et l'improvisation. Et bien des observateurs avisés de notre championnat s'accordent pour dire que la formation dirigée par Didier Deschamps est la plus impressionnante de la compétition. C'est au cœur de l'hiver, peu avant la mi-saison, que les Monégasques activent le turbocompresseur, après une période qui leur aura permis de roder leurs automatismes. Ils disputent ainsi treize matches entre le 1er décembre 2002 et le 2 mars 2003 sans connaître la moindre défaite. Ce qui leur permit d'engranger huit succès et cinq résultats nuls. 29 points dans leur gibecière sur un total maximal de 39. Absolument remarquable ! C'est à ce moment-là que les joueurs de la Principauté se positionnent comme de sérieux prétendants à la succession des Lyonnais au sommet de la hiérarchie nationale. Ensuite, la lutte fut plus âpre avec les deux équipes olympiques (Lyon et Marseille). On sait ce qu'il advint au final, avec un dernier match à Louis II qui sonne comme une apothéose contre Troyes. 6-0, avec deux buts de Prso, qui revient après plusieurs mois de galère, un but de Jérôme Rothen, le meilleur passeur du championnat avec treize passes décisives, et trois buts de Shabani Nonda qui lui assurent le titre de meilleur buteur (vingt-six réalisations), devant Pauleta (vingt-trois). Le bilan de Monaco est remarquable : meilleure attaque (soixante-six buts), meilleure différence de buts (trente-trois), meilleur buteur (Nonda), meilleur passeur (Rothen) avec la troisième place sur ce podium de Ludovic Giuly (huit passes décisives).

Ce que Monaco a démontré sur tous les terrains de France aurait bien pu être réduit à néant par une gestion déficiente et une situation économique catastrophique. Menacé, un temps, par une rétrogradation en Ligue 2, Monaco a pu sauver sa place après avoir présenté des garanties financières suffisantes.

En terminant troisième du championnat, à 3 points de Lyon et à 2 de Monaco, l'OM s'est qualifié pour le troisième tour préliminaire de la Ligue des champions, au terme d'une saison que l'on peut qualifier de surprenante. Pour être franc, on n'attendait pas les Marseillais à ce niveau de la compétition. Ils ont tiré le meilleur d'un groupe qui ne paraissait pas supérieur à Bordeaux, à Paris, à Auxerre, qui se retrouvent derrière à l'heure de faire les comptes. Tout le mérite en revient au nouvel entraîneur olympien, Alain Perrin, l'homme du miracle troyen, qui a su trouver les mots pour motiver sa troupe, et la méthode pour lui permettre de jouer dans la cour des plus grands, avec en prime un titre de champion d'automne. En fait, compte tenu d'un effectif plus rebelle que talentueux, plus acharné que délicat, plus approximatif que cohérent, souvent imprécis mais tellement déterminé et volontaire, on peut considérer que l'Olympique de Marseille a décroché une troisième place inespérée. On l'aurait plutôt vu terminer autour de la sixième place. Ce qui fait dire au volontaire Pérez : « En tout cas, on a réussi l'essentiel : faire mentir tous ceux qui ne nous voyaient pas finir à cette place-là. Si nous étions limités techniquement par rapport à certains de nos adversaires, en revanche, au mental, nous n'avions pas beaucoup d'équivalent ! » Tout est dit…

Double page suivante : en voilà deux qui font le bonheur de leurs clubs. Ludovic Giuly (à gauche) s'est imposé comme le patron véritable de Monaco, tandis que Johansen rayonne à Marseille.

Khalifa

adidas
LFP
GIRONDINS DE BORDEAUX
SIEMENS
mobile

Une fois n'est pas coutume, Pauleta fait la moue. Avec vingt-trois buts pour le compte des Girondins de Bordeaux, il est devancé par Nonda au classement des buteurs, et quitte la Gironde pour rejoindre le PSG.

LES VALEURS SÛRES

Une fois de plus, Bordeaux échoue au pied du podium, quatrième à 1 point de l'OM. Comme en 1997, en 2000 et en 2001. Cela devient une habitude. Hélas, pas la meilleure. Car, on peut considérer qu'avec leur expérience, leur effectif, leurs capacités, les Girondins peuvent prétendre à mieux. Ils sont capables, en effet, de jouer les tous premiers rôles. Encore faut-il qu'ils prennent conscience de leurs moyens et qu'ils y adaptent des ambitions à la hausse. Ils sont, c'est vrai, une des valeurs les plus sûres de notre championnat. Avec eux, jamais d'accès de fièvre ni de grosses déceptions.

Encore que l'on puisse se demander, cette fois, si leur début de championnat calamiteux ne les a pas privés d'une des deux premières places, et, par-là, d'une participation à la Ligue des champions. Ce qui aurait assuré pour la trésorerie du club une grosse bouffée d'oxygène. Toutefois, nombreux sont ceux qui considèrent que le titre conquis il y a quatre ans n'était pas le fait du hasard, ni de circonstances favorables. Il parachevait, pour une fois, l'œuvre d'une équipe qui, à l'inverse de ce qu'elle fait communément, avait su doser ses efforts sur la durée afin d'exprimer un talent dans la continuité. Depuis, celui-ci s'exerce par intermittence, selon des phases durant lesquelles les Girondins montrent leur vrai visage. Celui d'un champion en puissance. Lequel est encore plus percutant avec le canonnier Pauleta (vingt-trois buts), dauphin de Shabani Nonda au classement des buteurs. Cela fait trois saisons que le Portugais figure dans le tiercé des meilleurs réalisateurs. Chapeau !

Auxerre, c'est l'anti-Bordeaux. On ne l'attend jamais et, pourtant, le groupe dirigé par Guy Roux termine régulièrement aux avant-postes. C'est une constante de notre championnat et cette régularité dans les performances conforte ce club dans ses structures, son organisation, la subtilité de son recrutement et l'importance de son centre de formation. Auxerre, c'est toujours l'assurance d'un positionnement sur le terrain irréprochable et l'application de méthodes infaillibles concoctées par Guy Roux. À l'arrivée, cela nous donne la défense la plus imperméable (seulement vingt-neuf buts encaissés). Dommage que l'attaque (treizième, avec trente-huit buts) ne soit pas au diapason, malgré l'efficacité de Djibril Cissé (quatorze buts) et l'éclosion de l'étonnant Benjani (sept buts). À la décharge des attaquants auxerrois, on peut déplorer que l'équipe d'Auxerre soit la seule à ne pas avoir bénéficié du moindre penalty !

Lens présente sensiblement le même profil qu'Auxerre. Stabilité, formation, rigueur. Pas de vagues ni de coups d'éclat sensationnels. Une défense de fer (trente et un buts) et une attaque correcte (quarante-trois buts) leur assurent une honnête huitième place au classement. Le sérieux de l'entraîneur, Joël Muller, les infrastructures d'un centre d'entraînement remarquable, la rigueur de l'organisation et le soutien inconditionnel d'un public en or sont les garants d'une permanence au sommet de l'élite. Encore que Lens soit à même de prétendre à beaucoup mieux que la huitième place !

Nantes termine juste derrière Lens, neuvième. Ce n'est pas terrible, certes, mais après un début de championnat catastrophique, la remontée nantaise a pris des allures de chevauchée fantastique, avec une présence à domicile tout à fait remarquable (onze victoires) et, hélas, un peu plus de mauvaises performances en déplacement (dix défaites). C'est une équipe jeune, donc perfectible, qui aura eu le mérite d'assurer au club, qui vient de fêter ses soixante ans, sa quarantième saison parmi l'élite. Demain, Angel Marcos passe le relais à Loïc Amisse, un pur produit de la famille nantaise qui aura la tâche d'apprendre l'ambition à sa jeune troupe.

Double page suivante : quand Moreira fait de l'équilibre dans l'espace, c'est tout le Racing Club de Lens qui se régale à voir évoluer un véritable artiste.

HERO
orange
HERO
HERO

La défense nantaise n'est pas réputée pour être la plus hermétique du championnat. Mais lorsqu'on voit Yepes s'envoler au-dessus de la mêlée, on ne donne pas cher des chances de Rigobert Song.

LES RÉVÉLATIONS

Véritable révélation à la pointe de l'attaque de Guingamp, Didier Drogba a séduit tous les observateurs. C'est à Marseille, désormais, qu'il va exprimer ses talents de buteur.

Sochaux (cinquième), Guingamp (septième) et Nice (dixième) constituent incontestablement les bonnes surprises du championnat.

Sochaux, huitième avec 46 points la saison dernière, présente un bilan en nette amélioration par rapport à l'exercice précédent. Passée sous la houlette de Guy Lacombe, venu de Guingamp, l'équipe sochalienne a progressé de trois places au classement, avec un bonus de 8 points. Ce qui n'est pas négligeable…

C'est essentiellement à domicile que la formation dirigée par Lacombe a démontré des capacités insoupçonnées. Elle est la seule, parmi les vingt concurrents de la Ligue 1, à avoir préservé son invincibilité à domicile. Pas un seul revers pour les Sochaliens au bout des dix-neuf rencontres disputées dans leur fief du Stade Bonal. Tout confondu, ils n'ont concédé que huit défaites, aussi bien que Lyon, le champion de France. À l'évidence, c'est grâce à sa défense, la deuxième du championnat (trente et un buts encaissés), que Sochaux a fait la preuve d'une stabilité et d'une assurance qui ont pu décontenancer bon nombre de ses adversaires.

Il est d'ailleurs symptomatique que le joueur le plus emblématique de Sochaux soit Benoît Pedretti, un homme du milieu, qui se complaît dans les tâches obscures, mais sans qui l'équilibre de l'ensemble serait instable. Il est à la fois l'âme et le catalyseur de cette formation sochalienne qui a rarement déçu ses supporters tout au long de la saison. À dix-neuf ans, Benoît Pedretti jouait encore avec l'équipe CFA de Sochaux. Trois saisons plus tard, il est le leader du groupe de Guy Lacombe, au point que le sélectionneur national, Jacques Santini, le retienne régulièrement pour endosser le maillot bleu de l'équipe de France. Un bonheur que Pedretti partage avec ses copains de la jeune formation doubiste, qui pourrait ne plus se satisfaire, demain, de la cinquième place obtenue cette saison.

Bien qu'ayant perdu son entraîneur Guy Lacombe, parti dans le Doubs pour faire le bonheur de Sochaux, Guingamp a confirmé avec Bertrand Marchand ce que nous pressentions en fin de saison dernière. Avec une pléiade de jeunes éléments pleins de qualités (Drogba, Malouda, Guillaume, Yahia, Talhaoui…), encadrés par le sérieux et l'expérience des Carnot, Michel, Le Crom, entre autres, Guingamp est passé d'une très « vilaine » seizième place à une septième position beaucoup plus conforme à ses moyens et à ses ambitions. Encore que cette équipe, souvent irrésistible dans son jardin du Roudourou, ait fait preuve d'une fragilité coupable à l'extérieur (dix défaites) que l'on peut mettre sur le compte d'une certaine fragilité ainsi que d'une anxiété dues à la jeunesse de l'ensemble. Néanmoins, la performance générale de l'équipe bretonne, symbolisée par la réussite de son buteur Drogba (troisième du classement avec dix-sept buts, derrière Nonda et Pauleta), n'est pas passée inaperçue. Comme chaque médaille a son revers, Didier Drogba, courtisé par les « Grands » du championnat, abandonne ses copains de Guingamp pour rejoindre l'effectif d'Alain Perrin, à Marseille.

Monté de D2 en compagnie d'Ajaccio et de Strasbourg, Nice a été le plus performant des trois. Auteur d'un début de championnat ahurissant, le groupe niçois se surprenait lui-même, tant ses performances sans cesse renouvelées forçaient l'admiration de tous.

Longtemps leaders de la compétition, les Niçois de Gernot Rohr n'auront pas pu soutenir leurs formidables efforts jusqu'au bout. Ce qu'ils avaient réalisé jusque-là tenait du prodige. Et ce qu'ils firent par la suite était plus conforme aux capacités réelles d'un groupe courageux, certes, mais limité, tant au plan de la qualité que du nombre, par rapport aux grosses cylindrées. Leur dixième place est un réel exploit.

Côtes d'Armor
EAG
adidas
LOSC

Après un départ en fanfare, l'équipe de Nice a terminé la saison à un rang beaucoup plus conforme à ses possibilités, se faisant déborder notamment par une formation de Sochaux très ambitieuse. C'est un peu l'image que nous laisse le Niçois Varrault, obligé d'employer les grands moyens pour s'opposer à la percée du Sochalien Mathieu.

PEUGEOT
25

LES DÉCEPTIONS

À Paris, le talent incontestable de Ronaldinho n'a pu s'exprimer que par bribes. C'est pour cela sans doute que le célèbre numéro 10 brésilien a décidé de tourner le dos à Paris et à la France.

Avec le Paris-Saint-Germain, c'est souvent la même rengaine. On attend, on espère, on guette le moindre frémissement, mais on est souvent déçu. Les années se suivent et se ressemblent. Elles nous laissent toujours sur notre faim. Mais, il faut bien l'avouer, cette saison a sans doute été la plus décevante, la plus médiocre de toutes ces dernières années. Et le PSG, qui n'a rien gagné depuis 1998, doit se contenter d'une piètre onzième place.

Cinquième attaque (quarante-sept buts), sixième défense (trente-six buts), Paris affiche un bilan des plus moyens, avec une trop grande fragilité en déplacement (quatre victoires seulement et neuf revers), compte tenu d'un des effectifs les plus riches et les plus étoffés de la compétition. Le seul record dont le PSG peut faire état est celui des cartons rouges. L'équipe parisienne est, en effet, celle qui a généré le plus grand nombre d'expulsés, treize, au cours de la saison. Cela est symptomatique de l'extrême nervosité d'un groupe très agacé, sans doute, de constater qu'il était incapable d'évoluer au niveau qui aurait dû être le sien. À qui la faute ?

Il est certain que les incessantes orientations tactiques, la difficulté à trouver la plus élémentaire des stabilités ont sans doute égratigné la confiance et la sérénité de ceux-là mêmes qui auraient dû constituer les cadres de l'équipe. Ronaldinho, a priori le joueur le plus brillant de notre championnat, n'a délivré son talent que par bribes et son opposition, à peine voilée, avec son entraîneur est révélatrice du climat malsain qui pouvait peser autour de l'équipe parisienne. « Nous avions une équipe pour faire mille fois mieux », a raison de dire Heinze au sortir d'une saison insipide. Le bilan de Laurent Perpère demeure vierge, celui de Luis Fernandez également. Et pourtant, l'entraîneur parisien a eu les coudées franches pour bâtir l'effectif de son choix. À ce titre, on ne peut pas dire que les Ronaldinho, Pochettino, Heinze, Cristobal, André Luiz, Cardetti, Hugo Leal, Fiorèse, Paulo Cesar et autres aient donné satisfaction à la fois à leur employeur et à leurs supporters. Dommage ! Il reste maintenant au tandem Graille-Halilhodzic à donner à Paris une équipe digne de son renom. Le challenge est délicat.

Sans atteindre le degré de déception du PSG, Bastia s'est contenté d'une participation médiocre dans la seconde moitié du peloton. À la différence près que l'effectif corse était loin de pouvoir concurrencer celui de Paris, à tous les points de vue. Compte tenu de ses moyens, l'équipe corse a évolué cahin-caha, sans ambition, sans espoir, avec de trop grandes faiblesses, loin de ses bases, pour pouvoir espérer grand-chose. Et Bastia a terminé sa saison sur une série de onze matches sans la moindre victoire. En finissant ainsi dans la difficulté, avec cinq défaites et six résultats nuls, les Corses ne pouvaient rien espérer de mieux.

Lille (quatorzième) et Rennes (quinzième) présentent un profil sensiblement identique. Celui de deux équipes en quête d'une nouvelle identité. Très difficile à manœuvrer chez elle, l'équipe lilloise a été beaucoup plus fragile en déplacement (une seule victoire pour dix défaites), alors que la formation bretonne, à peine plus dominatrice sur ses terres qu'à l'extérieur, a longtemps côtoyé l'enfer avant de s'extirper de la relégation sous la houlette du sauveur Halilhodzic, venu à sa rescousse au plus fort de la période de turbulences vécue par Bergeroo. Le sauvetage assuré, « coach-Vahid » s'est engagé avec Paris. Ainsi va le destin de ces équipes condamnées à galérer afin d'éviter la désillusion d'une descente aux enfers. Sur le fond, on peut être tout de même déçu par le comportement de ces deux formations, si l'on se réfère à leur passé, qu'il soit récent ou bien plus lointain.

Double page suivante : après être parvenu à extraire Rennes du fin fond du championnat pour assurer sa survie en Ligue 1, Vahid Halilhodzic débarque à Paris avec des idées bien arrêtées pour donner de l'ambition à un club qui a trop souvent déçu ces derniers temps.

RONALDINHO
10

REVEILLERE
21
CONFORAMA

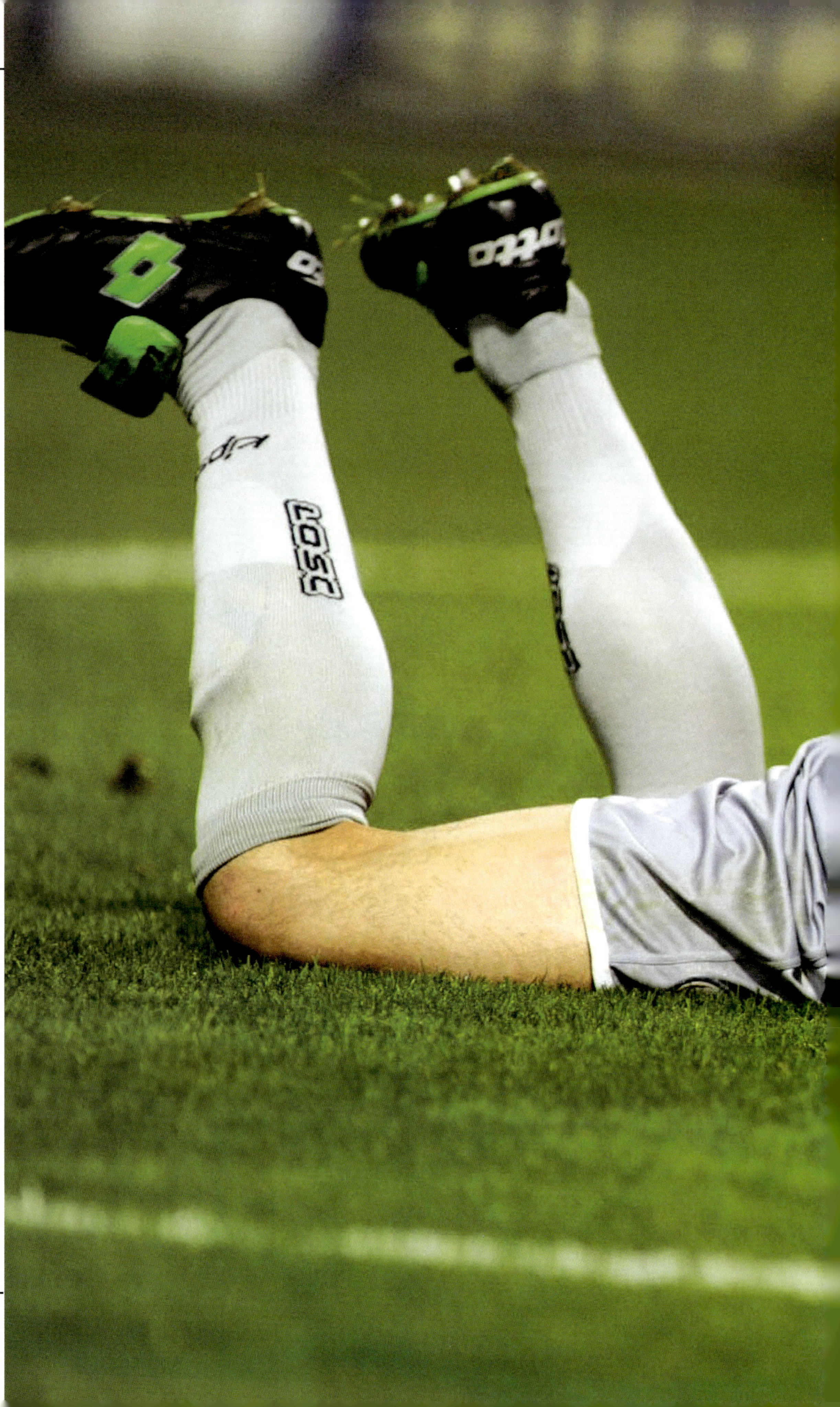

Dans les buts de Lille, le nouvel arrivant, Malicki, acteur de huit matches seulement, ne peut pas être rendu responsable d'un bilan très mitigé.

LFP
kipsta
LOSC

asics

Ljuboja, auteur de neuf buts, a été le meilleur réalisateur d'une équipe strasbourgeoise qui n'en finit pas de se chercher.

LES BESOGNEUX

Nice constituant en quelque sorte l'exception qui confirme la règle, on doit admettre, à la lumière des performances de Strasbourg et d'Ajaccio, que l'on ne se fait pas aussi facilement que cela une place au soleil de la Ligue 1. Ajaccio, champion de D2, et Strasbourg, son dauphin, ont pu mesurer le fossé existant entre les deux championnats. Certes, ni l'une ni l'autre de ces deux formations n'a eu les moyens de faire son marché pour nourrir un effectif à peine plus costaud que précédemment. Elles ont fait avec les moyens du bord. Encore plus modestes pour les Corses que pour les Alsaciens. D'ailleurs, à la fin de l'exercice, le classement respectif de ces deux formations reflète assez fidèlement leur potentiel. Il est indéniable que le groupe strasbourgeois, très peu remanié mais avec un essaim de bons joueurs (Martins, Ljuboja, Bassila, Deroff, Camadini, Ehret, Fischer, Beye...), s'en est mieux sorti que l'équipe insulaire, plus déterminée et volontaire que géniale.

Avec un total de 45 points, Strasbourg arrache une treizième place peu conforme au standing espéré pour l'équipe de la capitale de l'Europe. Et si son animation du secteur offensif s'est avérée satisfaisante (quarante buts, mieux que Nice, Nantes et Auxerre, à une longueur seulement de l'OM), sa défense, en revanche, a souvent pris l'eau (cinquante-quatre buts encaissés), aussi bien à La Meinau (avec vingt-trois buts, il s'agit de la défense la plus perméable à domicile) qu'en déplacement.

Ajaccio, de son côté, présente un bilan aussi médiocre. Dix-septième des deux côtés. C'est d'ailleurs le classement final de cette équipe corse qui n'a évité la chute que pour un tout petit point. Courbis n'a donc pas fait de miracle à la tête d'une équipe insulaire qui doit envisager de sérieux renforts pour éviter de connaître les galères de la saison qui vient de s'achever. On sait que les Corses ont du courage à revendre, mais cela ne suffit plus quand on entre en compétition avec des équipes plus argentées et mieux structurées.

Le cas de Montpellier est légèrement différent, car l'équipe de Loulou Nicollin n'est pas issue, elle, de la division inférieure. Elle guerroyait déjà la saison précédente avec les besogneux de la Ligue 1 où elle avait pris la treizième place d'un classement à dix-huit concurrents. Cette année, avec un nombre de points identique (40), elle échoue à la seizième place d'un classement à vingt, après avoir longtemps joué avec le feu. Ce qui a coûté la tête de son entraîneur emblématique, Michel Mezy, débarqué au soir de la douzième journée au profit de Gérard Bernardet, l'adjoint devenu « boss ». On imagine d'ailleurs les tourments qui ont dû être ceux de Louis Nicollin au moment où il prenait la décision de sacrifier son « ami » Mezy pour tenter de sauver ce qui pouvait encore l'être. À ce moment-là, Montpellier accusait un retard de 9 points sur le premier relégable, et Bernardet estimait alors que « rester en Ligue 1 relèverait du miracle ». À quarante-six ans, Gérard Bernardet, qui n'était parti que pour assurer l'intérim avant le recrutement d'un coach plus huppé, s'appuie sur un trio d'anciens (Carotti, Rouvière et Serge Blanc) pour encadrer un groupe de jeunes dont la moyenne d'âge est de vingt et un ans. Et le miracle se produit. L'équipe compense ses lacunes techniques par « de la vigueur, la prise de risques et l'ambition ». Désormais, celui qui devait faire de l'intérim a appris l'ambition. Il reste à la tête de la formation héraultaise avec ses deux potes, Pascal Bails et Ghislain Printant, en essayant d'être mieux que les pompiers de service qu'ils ont été forcés d'être pour éteindre le feu qui couvait dans la maison montpelliéraine.

Bernard Diomède, arrivé en cours de saison (15 matches disputés), a apporté sa pierre à l'édifice ajaccien grâce à sa vision du jeu et sa technique affinée qui en firent en son temps un international à part entière et un champion du monde.

Géant
22

Le Tallec donne l'impression de devoir se contorsionner pour contrôler une balle capricieuse. C'est, semble-t-il, tout le parcours de son équipe du Havre qui est résumé dans cette image-symbole.

LES CONDAMNÉS

Fin de saison terrible pour Le Havre, battu huit fois au cours des neuf dernières journées du championnat. Une série implacable qui a précipité la chute des Normands alors qu'ils avaient donné l'impression, tout au long de la saison, qu'ils pourraient se maintenir parmi l'élite, eux qui avaient été du wagon de la montée précédente avec Ajaccio, Strasbourg et Nice. Mais on commence à avoir l'impression que Le Havre se familiarise avec cette politique de l'ascenseur qui lui fait faire des va-et-vient entre les deux divisions.

Pourtant, les structures du club paraissent acceptables. Elles ne sont pas pires que d'autres qui font désormais des séjours prolongés en Ligue 1. Un encadrement de qualité, une saine gestion de la formation qui a permis l'éclosion des espoirs Anthony Le Tallec et Florent Sinama-Pongolle, chouchoutés par le Liverpool de Gérard Houllier, il n'a manqué qu'un état d'esprit un peu plus guerrier pour être mobilisé jusqu'au bout par la survie en Ligue 1, alors que l'on a ressenti comme un certain détachement lorsque les esprits des uns et des autres s'étaient faits, semble-t-il, à l'idée que le maintien était assuré bien avant l'heure. Personne n'avait prévu, en effet, que la saison s'achèverait de façon aussi pitoyable. Mais quand on s'incline neuf fois chez soi, à Jules-Deschaseaux (sur dix-neuf matches), que l'on se fait méchamment chahuter à l'extérieur (seulement trois succès), que l'on présente une des attaques les plus timorées de la compétition (vingt-sept buts marqués), on ne peut pas décemment envisager de rester parmi l'élite. Et pourtant, il n'a manqué qu'un seul tout petit point aux Normands pour se sauver, comme Ajaccio…

Dur retour à la réalité pour Sedan qui, avec le onzième budget du championnat, la réalisation d'un centre d'entraînement remarquable, de gros efforts consentis pour la formation, n'imaginait pas quitter l'élite nationale après quatre années d'une présence parfois très brillante. Mais une entame de championnat très fiévreuse, précédant un hiver calamiteux, avec une série de dix revers en douze matches ont condamné l'entraîneur Henri Stambouli, remplacé au soir de la vingt-troisième journée par Dominique Bathenay.

Le sauvetage espéré par le président Pascal Urano n'a pas eu lieu. Avec la plus mauvaise défense du championnat (cinquante-neuf buts) et des revers successifs face à quelques concurrents directs concernés par la survie, Sedan a gâché trop d'occasions à domicile pour se tirer d'affaire. Dommage, car cette équipe sympathique laisse entrevoir parfois des capacités intéressantes !

À Troyes, on n'a jamais digéré le départ pour Marseille d'Alain Perrin. Et, orpheline de son maître à penser, l'équipe troyenne a réalisé une saison désastreuse, sanctionnée par un bilan insipide : 31 points, sept victoires mais aucune à l'extérieur, vingt-trois buts inscrits par l'attaque la plus faible du championnat, qui a disputé vingt-deux de ses trente-huit rencontres sans marquer le moindre but. Cela a précipité la chute de Jacky Bonnevay, remplacé dès le mois de décembre par Faruk Hadzibegic, dont le rôle a été confirmé pour les deux années à venir et qui avoue une « grande sérénité face à l'avenir, car nous ferons confiance au centre de formation pour repartir sur de bonnes bases ». Apparemment, des finances saines et une politique toute en sagesse devraient permettre à Troyes de se servir de la Ligue 2 comme d'un nouveau tremplin.

Le Havre, Sedan et Troyes descendent en Ligue 2. Toulouse et Metz retrouvent les meilleurs et le Mans monte en Ligue 1 pour la première fois de son histoire.

TOUT FAIR
2

Ici, le Troyen Karim Ziani a beau devancer le Bordelais Bruno Basto, ce n'est pas pour autant que Troyes a fait la course devant les Girondins. Bien au contraire, l'équipe troyenne termine avec le bonnet d'âne du championnat.

Le Sedanais Ducourtioux pose son regard au loin et voit s'éloigner l'élite du football français.

SFR
COUPE

COUPE DE FRANCE

9
SFR
SFR
2002
2003
www.fff.fr
SFR

BORDEAUX DÉTROUSSE LES MERLUS

Darcheville n'a pas marqué mais Bordeaux a éliminé Lorient. Cela vaut bien les félicitations de Guel.

La couronne lui allait pourtant bien. Et nul doute qu'il s'était habitué à la porter. Mais la belle histoire a pris fin et Yvon Pouliquen a dû se résigner. L'entraîneur lorientais vivait une vraie saga d'amour avec la Coupe de France. Deux campagnes victorieuses consécutives avec Strasbourg puis Lorient l'avaient fait roi de la compétition. Et le parcours entamé avec les Merlus pour cette troisième épopée avait confirmé son penchant naturel pour la glorieuse Coupe. Mais l'incroyable série du Breton s'est brisée à Bordeaux, après quatorze succès de rang.
Il faut avouer que, après avoir écarté Lille et Nantes, les Lorientais ont à faire à un nouveau calibre de l'élite. Les Girondins, en pleine renaissance, ont de surcroît un avantage psychologique de poids, né d'une déroutante victoire en finale de la Coupe de la Ligue la saison passée face à ces mêmes adversaires (3-0). Le genre de souvenir qui risque de vous donner un léger complexe de supériorité. Mais dans sa quête d'un doublé Coupe-Championnat, devenu possible après une deuxième partie de saison remarquable, Bordeaux s'évertue à contourner le piège de l'arrogance. En face, Lorient s'est fixé une priorité absolue : n'offrir aucun espace aux attaquants adverses. Il faut dire que, au sein du redoutable quatuor offensif bordelais, on connaît particulièrement deux anciens de la maison : Pascal Feindouno et Jean-Claude Darcheville. Les deux ex-Lorientais sont, eux aussi, tenants du titre et se voient bien voler à leur ancien entraîneur le trophée. D'autant que leur association avec le Brésilien Savio et le Portugais Pauleta offre un rendement exceptionnel.
Pascal Feindouno est d'ailleurs le plus entreprenant des Bordelais, avec un premier coup de tête trop mou pour inquiéter Audard. Dans la foulée, le crâne de Pauleta s'avère plus puissant, mais Guel sauve sur la ligne. C'est ensuite au tour de Jean-Claude Darcheville de causer des misères à ses anciens coéquipiers. L'unique buteur de la finale victorieuse du Stade de France tente sa chance, à deux occasions, sans pouvoir tromper Audard. Les Bordelais, inefficaces, s'arment de patience. Ils savent que, en usant leur adversaire, ils parviendront à faire au moins une fois la différence.
En début de seconde période, Feindouno s'essaie à nouveau dans les airs, sans plus de réussite. Le chute de Lorient viendra en fait d'un ballon perdu par une montée audacieuse de Malik Diop à l'heure de jeu. Le Russe Alexei Smertine, à l'affût, reprend le ballon au Sénégalais, avant d'alerter Savio sur son côté gauche. Le centre puissant du Brésilien au second poteau est repris de la tête par Feindouno, qui trouve le cadre breton. Yvon Pouliquen peut en sourire : « Le but de Feindouno est un petit clin d'œil du destin », avoue-t-il d'ailleurs.
Une fois le barrage fissuré, les Bordelais n'ont plus qu'à porter le coup de grâce. Savio, servi dans une position très proche du hors-jeu par Pauleta, achève Audard en fin de match. L'aventure se termine pour Yvon Pouliquen. Darcheville et Feindouno seraient presque désolés du mauvais tour qu'ils viennent de jouer. Presque seulement, car cette Coupe, c'est aussi la leur.

Martigues-Paris-Saint-Germain

Paris, malgré l'enfer

Ambiance hostile au stade Francis-Turcan de Martigues. Le Paris-Saint-Germain débarque en territoire ennemi. Dans la malsaine rivalité qui oppose depuis plusieurs années le club de la capitale à celui des Bouches-du-Rhône, on atteint des sommets de bêtise. Le contexte s'y prête largement, car le PSG fait son retour dans les environs de Marseille moins d'une semaine après avoir étrillé l'OM au Vélodrome en championnat (3-0). Les supporters du Sud ont la rancœur tenace et les soi-disant fans multiplient les actes d'animosité envers l'équipe parisienne. Dans ses buts, le gardien Jérôme Alonzo est la cible régulière de jets de piles, de téléphones portables et même de bouts de parpaing biseautés. Au moment d'effectuer une touche, Cristobal reçoit, lui, un gobelet sur la tête. Sans oublier la protection rapprochée autour de Luis Fernandez, qui cristallise sur lui la haine ambiante. Trois gardes du corps ainsi qu'un bouclier en Kevlar assurent sa sécurité pendant toute la rencontre.

Heureusement, sur le terrain, les joueurs ont compris qu'il s'agissait de football et non de guerre. Les Martegaux, pensionnaires du National et exemplaires d'opiniâtreté et d'engagement, mettent en difficulté le club de Ligue 1. Bousculé, le Paris-Saint-Germain peine à trouver toutes ses marques pour le 1 500e match de son histoire et doit attendre la première demi-heure pour inquiéter enfin les « Sang et Or » du Sud. Mais à la frappe puissante d'Ogbeche qui frôle le poteau, Bekrar répond par un coup franc dangereux qui fuse devant le but parisien sans trouver preneur. Le duel à distance Ogbeche-Bekrar se poursuit avant la mi-temps, quand le Martégal alerte d'une frappe écrasée Alonzo, après un coup de tête non cadré du Parisien.

À la reprise, le PSG passe la vitesse supérieure. Jérôme Leroy voit sa tête décroisée heurter le poteau de David Klein après un bon centre de Fiorèse. Les deux Parisiens combinent à nouveau à un quart d'heure de la fin. Fiorèse, lancé par Leroy sur le côté gauche, temporise et crochète Tatarian, avant de déposer la balle sur la tête de Ronaldinho, lancé de loin. Le Brésilien pique le ballon et ouvre la marque, au grand désespoir des 8 000 spectateurs. Pour Claude Dambury, chargé avec réussite pendant plus d'une heure du marquage du buteur, la déception est grande : « Je l'ai lâché une fois, ça nous a coûté cher. »

Moralement, les Martegaux accusent le coup et manquent de sombrer sur un coup franc puissant de Pedron qui rase la cage adverse et sur une volée d'Hugo Leal qui s'écrase sur la barre transversale. Les hommes de Roland Gransart ont vaillamment résisté mais doivent finalement s'avouer vaincus devant le talent de Ronaldinho. Ils peuvent toujours se consoler en se disant qu'ils ne sont pas les seuls dans cette compétition.

Angoulême-Auxerre

Angoulême invaincu... mais éliminé

Guy Roux a raison d'être prudent et mesuré. Excessivement parfois, mais à juste titre. Quand il lance, avant le match d'Auxerre face à Angoulême : « Lorsqu'on est favori, on a tout à craindre », ça n'est pas uniquement pour minimiser le potentiel de son équipe, mais aussi pour rappeler que la Coupe de France est un traquenard pour les clubs de l'élite. Que peut bien espérer le quatorzième de National face à l'une des armadas de Ligue 1 ? Tout, justement !

Délocalisé à Poitiers, ce quart de finale déséquilibré a pourtant bien failli avaler l'AJ Auxerre. Il faut dire que les Angoumoisins ont pris plaisir à s'offrir le scalp de plus costauds qu'eux : Châteauroux et Guingamp ont ainsi quitté par la petite porte la compétition, face à l'équipe d'Hervé Goursat. L'entraîneur charentais, mécontent, d'ailleurs, de devoir jouer le match à plus de 100 kilomètres de ses bases, se verrait bien disputer à nouveau une demi-finale de Coupe de France après celle perdue en 1979 sous le maillot d'Angoulême. Et il s'en est fallu de très peu que l'exploit ne devienne réalité, tant les Auxerrois ont lamentablement peiné à se qualifier.

Les Bourguignons, privés de Kapo, sont surpris, dès le début de rencontre, par l'opposition phy-

Richard Massolin, le brillant défenseur central d'Angoulême, monte une garde vigilante devant Benjani, l'attaquant d'Auxerre, qui reste muet.

sique que leur imposent leurs adversaires. En attaque, la paire Cissé-Benjani manque d'automatisme, le Zimbabwéen ayant le plus souvent servi de doublure à la star auxerroise pendant sa blessure. De plus, Richard Massolin, ex-Gueugnonnais, prend à cœur son rôle de garde du corps de la fusée Cissé. Sans vraiment le coller, le Martiniquais attend à distance respectable son adversaire pour anticiper ses courses. L'AJA, gênée par la rigueur charentaise, ne parvient finalement à développer son jeu qu'en fin de première période, sans néanmoins se montrer très incisive.

La seconde mi-temps s'avère plus délicate pour Angoulême. Mais dans les cages, Stéphane Lucas assure le show. Le gardien angoumoisin a préparé la rencontre sans pression. Il faut avouer qu'il en a vu d'autres, lui qui a joué au Stade de France lorsqu'il portait le maillot du Red Star et a même connu la cathédrale basque de San Mamès lors de son passage en Espagne à Oviedo. À trois occasions, il repousse des tentatives de Cissé, avouant même que « ses tirs ne sont pas si forts que ça ». Gonflé, le bougre ! À un quart d'heure de la fin, son homologue bourguignon, Fabien Cool, lui donne la réplique sur un coup franc de Bernard, dévié de la tête par Giublessi.

La performance de Lucas pousse Auxerre à une prolongation dangereuse, car source de remotivation pour Angoulême. La preuve en est rapidement apportée avec un débordement à grandes enjambées de Gilles Fabien, suivi d'un centre qu'Abdoulaye ne peut reprendre. Stéphane Lucas achève son œuvre en stoppant des tentatives de Cissé, de Benjani et de Fadiga. Avec le soutien des 11 000 spectateurs, Angoulême résiste courageusement aux derniers assauts auxerrois. C'est donc aux tirs au but que se fera la décision. Ça tombe bien pour les Charentais, déjà tombeurs de Tours et de Guingamp dans ce périlleux exercice.

Stéphane Lucas, qui avait stoppé les frappes des Guingampais Kouassi et Fabbri, trouve cette fois moins de réussite. Le tir de Benjani, touché mais qui franchit malgré tout la ligne de but, en est un symbole douloureux. Les réussites de Fadiga, de Mexès et de Jaurès, associées à l'échec de Forest, et la parade de Cool sur Durosier scellent le sort des Angoumoisins. L'aventure s'arrête brutalement et paradoxalement : Angoulême est éliminé, alors qu'il est invaincu. Guy Roux avait bien raison de rester prudent.

Schiltigheim-Rennes

Sacré Schilik !

Plus fort que Calais ! Les Schilikois ont manqué d'un rien l'exploit le plus retentissant de l'histoire de la Coupe de France, trois ans après la fabuleuse épopée des Calaisiens. Pendant plus d'une heure, Schiltigheim, un club de CFA 2, l'équivalent du cinquième niveau national, a tenu une qualification historique pour les demi-finales face à une pâle équipe rennaise.

Au coup de sifflet final, la détresse des amateurs témoigne de l'espoir suscité par une prestation héroïque. Dans l'ambiance exaltée du stade de La Meinau, réquisitionné pour les 25 000 supporters alsaciens, les rôles se sont inversés. Les petits sont devenus des géants ; les favoris réduits au rôle de faire-valoir.

L'aventure prend fin sur un goût d'inachevé, un sentiment d'impuissance. Après Troyes, Beauvais et Toulouse, c'est Rennes qui aurait dû s'incliner face à l'audace de ces chauffeurs-livreurs, étudiants et autres marchands ambulants...

Le statut d'amateur ne pèse pas bien lourd quand la volonté et la confiance ne font qu'un. José Guerra a pris soin de bien préparer psychologiquement l'épreuve. Lors de balades au calme avec ses troupes, il converse avec chacun de ses hommes, un par un, dans l'intimité de la confidence. La méthode fonctionne à merveille et donne des ailes aux soi-disant petits. Dès la 3e minute, La Meinau, maquillé de vert et blanc, entre en transe. Lemarchand profite d'une longue touche d'Arnould pour déborder sur le côté gauche. Son centre à ras de terre passe insolemment devant la cage, avant que Spiewak, posté au deuxième poteau, le convertisse en but (1-0). Schiltigheim explose de joie et quitte pour un moment l'ombre de l'imposant voisin strasbourgeois. Pour Rennes, privé de nombreux joueurs blessés, le calvaire commence. Vahid Halilhodzic est dépité : « On n'a pas le droit de prendre ce but, je ne comprends pas comment c'est arrivé. » L'entraîneur bosniaque n'est pas plus rassuré quand un ballon qui traîne dangereusement passe au-dessus d'un but complètement vide. Lemarchand, qui vient de manquer le K.-O., a l'occasion de se faire pardonner quelques instants plus tard. Le Schilikois amortit un centre de Spiewak mais frappe au-dessus du but rennais. Les Bretons, miraculés, ne doivent quelques lueurs de jeu qu'à leur attaquant Piquionne, le seul capable d'honorer son statut de professionnel. Mais l'abnégation des Petits Poucets est un poids encombrant, à l'image du sauvetage de Mounawar qui dévie un tir de Piquionne, seul après s'être débarrassé du gardien Michel. Le duo défensif bas-rhinois Loison-Mounawar est impressionnant de présence et de fiabilité. Malgré la lutte physique que Rennes tente d'imposer, le danger sur le but alsacien est mince, en dehors de quelques balles aériennes que Sébastien Michel se délecte de capter.

L'impuissance bretonne pèse sur les nerfs de tous. Trop excités par le déroulement du match, les adjoints d'Halilhodzic sont expulsés en fin de première mi-temps. Le coach bosniaque fait gronder les murs de La Meinau à la pause : « Vous me faites honte, vous bafouez le football ! » lance-t-il à des joueurs peu fiers. Néanmoins, leur expérience leur permet de redresser la tête en seconde mi-temps. Michel s'interpose sur une frappe de Didot puis devant Frei, qui avait profité d'une remise de la tête de Piquionne. Il faut pourtant attendre la 74e minute pour assister au premier mouvement collectif digne de ce nom. Arnaud Le Lan, lancé par Echouafni, s'enfonce dans le dos de la défense sur le côté gauche. Le centre au deuxième poteau de l'ex-Lorientais, tenant du trophée, est repris victorieusement par Maoulida (1-1). Alors qu'il n'y a vraiment pas de raison de pavoiser, l'attaquant rennais se lance dans une danse indécente.Quelques instants plus tard, le moral des Alsaciens chute encore d'un cran avec l'expulsion sévère de Wolhgemuth. Conquérant en début de rencontre, le Sporting Schilikois doit s'en remettre à la résistance. Mais c'est trop pour cette troupe fatiguée. À deux minutes de la fin, Sorlin expédie un coup franc sur la tête de Piquionne. L'attaquant saute sur l'occasion pour offrir la victoire aux Rennais (1-2). Schiltigheim est vaincu mais reste digne, à l'image du discours de son capitaine Weber : « On quitte la Coupe la tête haute, c'est ce qu'on voulait. Tout ça, ça n'a été que du bonheur. » Du bonheur, certes, mais bien amer...

Panique dans la défense rennaise lorsque Lemarchand, l'attaquant de Schiltigheim, tire. Bourillon arrive un peu tard, mais c'est tout de même Rennes qui finit par passer.

SFR
SFR
TF1
adidas
adidas
adidas

LE RONALDINHO SHOW

Quand Ronaldinho fait son récital, Meriem et Feidouno sont impuissants.

En deux coups de patte, il a mis les Bordelais à genoux, avant de les enterrer... Deux éclairs de génie signés Ronaldinho. Le Brésilien du Paris-Saint-Germain est un OVNI du football. Ses coups d'éclat sont capables d'illuminer une rencontre et de propulser son équipe dans une autre galaxie. Ses adversaires n'ont que leurs yeux pour regarder...

Le PSG profite, lui, de l'aubaine pour avancer, malgré les embûches de son actualité. Quelques jours avant cette demi-finale, la nouvelle tombe subitement : le président Laurent Perpère sera démis de ses fonctions en fin de saison. Il coule avec le bateau Fernandez et un unique espoir : décrocher un trophée au terme d'un mandat au palmarès tristement vierge. Autant dire que la Coupe de France prend la forme d'une véritable bouée de sauvetage. Une sorte de baroud d'honneur pour sauver la face.

Le PSG confirme son aptitude à se mettre souvent dans les conditions psychologiques les plus inconfortables au plus mauvais moment. Et pourtant, malgré le contexte incertain, les Parisiens ont livré contre Bordeaux la prestation la plus appliquée de la saison.

Il fallait au moins ce sérieux pour contrarier des Girondins euphoriques qui débarquent au Parc des Princes sur une série d'invincibilité à l'extérieur qui dure depuis janvier. Elie Baup a enfin trouvé la formule offensive adéquate. Dans la ligne de mire de l'homme à la casquette, un objectif brille de mille feux : devenir le premier entraîneur à gagner les trois trophées français (Championnat, Coupe de la Ligue et Coupe de France). Mais un élément perturbateur va mettre à bas cette quête prestigieuse, un obstacle nommé Ronaldinho.

Durant le premier quart d'heure du match, le Brésilien subit, comme tous ses coéquipiers parisiens, la maîtrise bordelaise. Aucune occasion ne vient inquiéter le gardien, Frédéric Roux, jusqu'à cette 20e minute fatale et un coup de folie de Marc Planus. Le jeune défenseur girondin tente un insensé dribble sur Ronaldinho à une trentaine de mètres de ses buts. Mais la prise de risque est sans filet, puisque personne ne le couvre à l'arrière. Le Brésilien s'en réjouit et lui chipe le ballon. L'accélération tonitruante laisse tout le monde sur le carreau. Le retour à grandes enjambées d'Afanou s'avère vain face à la série de dribbles du petit génie, qui décoche un tir rapide de 15 mètres. La balle file sèchement au ras du poteau devant un Roux désabusé (1-0). Le festival peut commencer.

Affectés, les Bordelais accusent nettement le coup. La partie s'équilibre et Paris s'avère beaucoup plus efficace dans les couloirs pour contrarier les montées adverses.

Dans les cages, Jérôme Alonzo est au diapason du Brésilien. Une superbe parade sur un tir de Feindouno annihile une chance bordelaise d'égaliser. L'horizon s'assombrit davantage encore en début de seconde période, quand Caneira récolte un carton rouge après avoir stoppé Fiorèse dans la position de dernier défenseur. En infériorité numérique, Elie Baup se résigne à sortir Darcheville et à laisser Pauleta seul en pointe. Le combatif Portugais oblige d'ailleurs Alonzo à s'illustrer brillamment suite à une frappe dangereuse.

Mais Ronaldinho décide de donner le coup de grâce. Lancé en profondeur par Fiorèse, le Brésilien ajuste un bijou de lob à l'entrée de la surface de réparation. Roux ne peut que regarder le ballon lui filer au-dessus de la tête (2-0). Le toucher de balle exceptionnel de Ronnie a fait mouche. Il peut aller célébrer ce but d'anthologie en empoignant le poteau de corner telle une rock star qui s'agrippe à son micro. Ronaldinho chante sa joie à un Parc des Princes en feu. Toute la classe du Brésilien s'est exprimée dans ce geste somptueux.

SFR

L'affaire proprement réglée frôle même le cauchemar pour les Bordelais. Sans un ultime arrêt de Frédéric Roux, Ronaldinho aurait pu s'offrir un troisième but personnel. L'ensemble de sa prestation n'en est évidemment pas affecté. Le PSG avance vers sa septième finale de Coupe de France. Sur un air de samba...

Auxerre-Rennes

Cissé, double détente

Il se dresse magistralement. Droit comme un I majuscule, il va chercher un ballon impossible. Une détente venue d'ailleurs le propulse haut, très haut. Au-delà même des mains de l'immense gardien de Rennes, Petr Cech. Et sa tête envoie la balle au fond des filets. « Il », c'est l'arme fatale d'Auxerre, Djibril Cissé. Le buteur bourguignon vient de crucifier le Stade Rennais et son gardien dans le temps additionnel. Le scénario est d'ailleurs d'une cruauté inouïe. Tout au long de la saison, Cech n'a cessé de sauver son équipe. En multipliant les parades décisives, il a maintenu à flot un club à la dérive, luttant pour son maintien et s'accrochant désespérément à la Coupe de France. Et le voilà qui vient de commettre une bourde énorme qui élimine Rennes : « C'est de ma faute. Je veux prendre le ballon sans risque, je l'attends. Je n'ai pas vu arriver Cissé. C'est le pire moment de ma carrière. » Que s'est-il donc passé dans la tête du brillant gardien tchèque pour qu'il commette cette erreur ? Ce centre de Benjani, contré par Escudé, aurait dû terminer sans heurts dans ses gants. Mais malgré son mètre quatre-vingt-dix-sept, Cech est allé moins haut que la tête de Cissé. Et Rennes est redescendu sur terre...
Quelle déception pour ces Bretons courageux ! La première période appartient néanmoins davantage aux Bourguignons. Les spectateurs du stade de l'Abbé-Deschamps s'en réjouissent.

Tandis que Ronaldinho fait son show, derrière, il faut toute la vigilance de l'Argentin Heinze pour empêcher le buteur Pauleta de marquer.

SFR

Depuis deux ans, le tirage au sort les avait systématiquement oubliés. Et le dernier match de Coupe de France disputé à Auxerre avait vu la qualification de l'AJA aux dépens de Lille, dirigé à l'époque par Vahid Halilhodzic.
L'entraîneur bosniaque est donc de retour. Il arpente cette fois la touche rennaise avec l'envie de réaliser un sacré coup. Pour cela, il assure ses arrières en imposant un marquage individuel « à l'auxerroise » sur Kapo. Le jeune Jacques Faty s'y colle sans complexe et avec réussite.
Mais l'envie bourguignonne est débordante. Ainsi, il faut un imposant Cech pour repousser une reprise à bout portant de Mathis, après dix-huit minutes de jeu. Le symbole de cette abnégation se retrouve dans Philippe Mexès. Le défenseur central de l'AJA participe à tous les coups chauds. Le voilà qui expédie une reprise de volée hors du cadre et exhorte ses coéquipiers à se dépasser. Le jeu en vaut la chandelle. C'est un billet pour le Stade de France qui patiente dans la balance. Alors, Mexès entreprend de la faire pencher du côté bourguignon. Quelques minutes avant la mi-temps, il intercepte une balle dans sa zone de défense. Sa remontée ultrarapide perturbe les Rennais. D'un long coup de pied, il envoie Cissé sur orbite. Dans la plus pure lignée des accélérations « cissesques », la flèche blanche perfore Arribagé et Escudé. Cissé pique son ballon au-dessus de Cech, sorti de ses cages pour fermer les angles. Le lob semble un peu court. Mais Djibril Cissé poursuit sa course, au coude à coude avec Escudé. Le tacle rageur de l'attaquant auxerrois envoie la balle dans le but (1-0).
Pour Rennes, c'est le déclic. Le match prend une nouvelle dimension, car le calcul n'a plus sa place dans les débats. Arnaud Le Lan, toujours volontaire dans la bataille, manque de surprendre Fabien Cool sur un centre-tir vicieux. Si le gardien d'Auxerre s'en sort bien sur cette action, il est, en revanche, moins en réussite à l'heure de jeu. Alors que Mexès pense avoir écarté le danger en taclant superbement Piquionne, lancé au but, le ballon revient grâce à un centre de Delaye. Olivier Sorlin se jette au second poteau. Cool, légèrement en retard, dévie du pied mais voit la balle toucher le poteau et franchir la ligne (1-1).
Rennes s'est refait une santé morale. Olivier Sorlin part même vers un doublé. Mais un splendide tacle de Radet neutralise l'attaque bretonne. Alors que Rennes semble en mesure de créer la sensation, une mauvaise nouvelle tombe sous la forme d'un carton rouge. Maoulida, entré en jeu après le but égalisateur, tacle un peu trop franchement Perrier-Doumbé et doit retourner aux vestiaires. Il reste quinze minutes à tenir pour les joueurs d'Halilhodzic, qui visent dès lors la prolongation et même les tirs au but. Avec un gardien comme Cech, l'épreuve leur apparaît favorable.
Paradoxalement et ironiquement, c'est au contraire cet atout qui va les trahir. Sa négligence et sa nonchalance permettent à l'élastique Cissé de marquer ce but si rageant (2-1). Cech reste hagard, Arribagé tombe à genoux, les mains sur le visage. Noyé dans la déception, le capitaine rennais se garde d'adresser le moindre reproche à son gardien de but. Le Tchèque s'est trop bien illustré tout au long de la saison pour porter sur ses épaules le poids de l'élimination. Il est bien plus juste de dire que l'homme décisif du match s'appelle Djibril Cissé.

Djibril Cissé peut être fier de lui. Auteur des deux buts de l'AJ Auxerre, il a été le grand artisan de la qualification de son équipe pour la finale de la Coupe de France au détriment de Rennes, qui a chèrement défendu ses chances.

UN GRAND « BOUM »

Ronaldinho n'en revient pas. Malgré tout son talent et malgré le but inscrit par Hugo Leal, c'est l'AJ Auxerre qui gagne.

La détonation résonne fortement dans l'enceinte parabolique du Stade de France. Un coup de tonnerre assourdissant signé Jean-Alain Boumsong. Le massif défenseur auxerrois vient de faire voler en éclats les espoirs parisiens. D'une frappe surpuissante à bout portant, il offre la Coupe de France à l'AJA à la dernière minute et enfonce un Paris-Saint-Germain plus maudit que jamais.

Pourtant, presque deux heures plus tôt, cette finale était partie sous les meilleurs auspices pour les hommes de Luis Fernandez, qui vit là son dernier match sur le banc. Au terme de deux saisons et demie rocambolesques, le bouillant entraîneur parisien peut offrir la Coupe de France comme cadeau d'adieu à des supporters sevrés de titre depuis cinq saisons. Autant dire une éternité pour le club de la capitale.

Conscients de l'importance de cet ultime rendez-vous, les joueurs parisiens entament parfaitement la rencontre. Sous une pluie battante, ils dictent le jeu à des Auxerrois trop empruntés. La fluidité de leurs mouvements contraste avec l'apathie des Bourguignons, apparemment tétanisés par l'enjeu. La preuve, Djibril Cissé, bien seul en attaque, ne touche son premier ballon qu'après un gros quart d'heure de jeu. Entre-temps, Ronaldinho a déjà fait souffler la braise sur le but de Fabien Cool avec un coup franc qui est allé lécher le haut de la transversale dès la quatrième minute. L'artiste brésilien, désaxé dans une surprenante position de faux ailier gauche, semble en verve pour ce qui s'apparente, pour lui aussi, à son dernier match sous le maillot parisien. La rumeur l'envoyant en Espagne ou en Angleterre, l'occasion est belle de partir sur un coup d'éclat. À la 20e minute, son centre pour Jérôme Leroy est proche de faire mouche, mais le tir à ras de terre du milieu parisien est effleuré par Cool. Suffisamment pour faire rebondir le ballon et l'expédier au-dessus du but. Un sacré coup de chance pour le portier auxerrois. L'alerte est néanmoins sérieuse et prémonitoire. À peine deux minutes plus tard, Ronaldinho profite d'un une-deux avec Leroy pour déstabiliser la défense. Le centre du Brésilien, repoussé tant bien que mal par Boumsong, est repris instantanément par Hugo Leal. Le tir du tibia du Portugais fuse jusque dans les filets auxerrois et donne un avantage mérité au PSG (1-0).

Sanctionnée par cette entame de match timide, l'AJA peine à réagir. Elle souffle même un grand coup quand Cristobal manque le K.-O. sur un tir enveloppé au ras du but. Quelques minutes avant la mi-temps, c'est au tour des Parisiens de se sentir soulagés, suite à un dégagement aérien manqué d'Alonzo repris par Mathis sur le poteau. Une occasion franche, la première pour Auxerre, qui sonne un timide début de révolte des joueurs de Guy Roux. Dans les vestiaires, l'entraîneur bourguignon n'hésite pas à élever la voix. Un coup de gueule nécessaire qui met du temps à porter ses fruits. Car à la reprise, c'est à nouveau Ronaldinho qui fait trembler Cool avec un coup franc plongeant qui frôle cette fois-ci le montant auxerrois.

Les minutes qui passent jouent en faveur des Parisiens, toujours bien organisés. Leur seul tort pourrait être cette incapacité à tuer le match par un deuxième but qui scierait définitivement les jambes de leurs adversaires. C'est au contraire la jambe d'un Parisien qui inverse le sort du match. À la 66e minute, Hugo Leal tente de récupérer un ballon aux devants de Philippe Mexès. Mais le pied du Portugais vient heurter la cuisse du défenseur auxerrois. Pour l'arbitre, M. Layec, il n'y a pas de doute : le geste du Parisien s'apparente à

une agression. C'est donc d'un carton rouge qu'il le sanctionne. Buteur expulsé, le Portugais ne comprend pas. La décision arbitrale semble, en effet, très sévère, car s'il y a bien une jambe levée, Hugo Leal a néanmoins largement freiné son geste avant de heurter maladroitement son adversaire. Plus que le tournant du match, cette expulsion est un virage à 180 degrés. Les Parisiens, en infériorité numérique, commencent à reculer, alors que Guy Roux décide d'aider Cissé en lui adjoignant les services de Benjani.
Dix minutes après le coup de Trafalgar de M. Layec, la sanction tombe. Radet intercepte un ballon et alerte Cissé d'un lob astucieux. Dans un geste désespéré, Heinze tente une interception en ciseaux. Sans réussite. À l'instinct, Cissé se jette au point de penalty pour reprendre la balle. La volée du tibia de l'attaquant auxerrois trompe Alonzo et relance une partie devenue folle (1-1).
Le PSG entre alors en résistance. Et manque même le coup du siècle, à trois minutes de la fin. Francis Llacer, bien alerté par Paulo Cesar dans une position favorable, croise trop sa frappe du gauche. À la dernière minute, le ciel s'abat sur la tête des Parisiens. Un coup de massue qui part d'un coup franc de Lachuer. Le ballon expédié dans la surface de réparation est repris de la tête par Boumsong. Jérôme Alonzo a beau réaliser une splendide parade, le danger n'en demeure pas moins présent. Benjani récupère la balle et la transmet à Kapo, dont le tir est repoussé par Heinze. La boule de flipper repasse sous le nez de Boumsong, qui ne se pose aucune question. Sa frappe explose la lucarne parisienne et envoie l'AJA au septième ciel (1-2). « Un match à l'image de notre saison », avouent en cœur Luis Fernandez et Jérôme Alonzo. Une finale à ranger, en effet, dans le rayon « désillusions » du PSG. Une de plus...

La réputation de Boumsong en tant que buteur est encore à démontrer. C'est pourtant lui qui vient d'asséner le coup de grâce aux Parisiens.

Force
adidas
SFR
SFR
adidas

COUPE DE LA LIGUE

PAN... SUR LE BEC DES CANARIS !

Bastien est un homme du milieu actif qui s'applique à remonter le plus de ballons possibles à destination d'Adebayor, le double buteur messin.

Angel Marcos, l'entraîneur argentin de Nantes est remonté comme une pendule. Il a quitté la pelouse en maugréant. « Depuis que je suis ici, je n'ai jamais vu un tel match. » Il veut parler de faillite, de gâchis. Lorsqu'il rejoint ses joueurs à l'intérieur des entrailles du stade de La Beaujoire, ils ont tous la tête basse. Il n'a même pas envie de s'adresser à eux directement. Ils savent bien, d'ailleurs, ce qu'il pourrait leur dire et lui, l'entraîneur, n'ignore pas non plus qu'ils ne doivent pas être fiers d'eux. Il n'est pas nécessaire d'en rajouter. Il lâche simplement, en allant rejoindre la presse qui ne va pas manquer de le mettre sur le gril : « Je ne vois pas comment on pouvait le gagner, ce match ! » Puis, il ajuste ses fines lunettes d'argent, et tourne les talons. Il en a gros sur le cœur, Marcos. Lui qui avait imaginé que son équipe pourrait faire de cette Coupe de la Ligue un objectif prioritaire doit faire le deuil de ses ambitions. Il maugrée en avançant de sa démarche saccadée : « Et pourtant, le tirage au sort ne nous avait pas paru défavorable. »

A priori, non. Metz est en train de guerroyer dans les combats d'arrière-garde de la Ligue 2 en visant un retour rapide parmi l'élite et ne se focalisait pas, semble-t-il, sur cette Coupe de la Ligue. Mais Metz est un spécialiste de l'épreuve, qu'il a déjà remportée une fois en 1996 et dont il a disputé une autre finale, malheureuse celle-là, en 1999. Donc, Metz n'aurait jamais dû être pris à la légère par les joueurs du FC Nantes Atlantique.

C'est ce que devait penser Angel Marcos en avançant maintenant vers les journalistes. Il ne laisse d'ailleurs à personne le soin d'ouvrir les débats et il prend la parole avec son formidable et sympathique accent argentin .

« On aurait pu jouer dix heures, on ne l'aurait jamais gagné, ce match contre Metz. Je n'ai jamais constaté une telle faillite collective. La preuve, on était incapable d'aligner trois passes. » Il reprend son souffle, s'éclaircit la voix et poursuit avec la même détermination : « Depuis que je suis ici, je n'ai jamais vu un tel match, d'une tristesse inouïe. Pas un seul de mes joueurs n'a évolué à 70 % de sa valeur. Dans un tel contexte, qui voulez-vous battre ? » Cependant, Angel Marcos est un seigneur. Il n'oublie pas qu'en face, il y avait une équipe, et des gars qui en voulaient plus. « Bien sûr, la victoire messine est totalement justifiée et méritée. Mais je peux vous dire que, si j'avais joué ce match, je ne fermerais pas l'œil de la nuit. »

Tandis que les Nantais n'en finissent pas de ressasser leurs regrets en laissant échapper leur mauvaise humeur, les Messins, eux, sont sur un nuage. Ils ont fait la démonstration qu'ils possédaient un duo d'attaque de toute première force avec Niang et Adebayor. Des gars imprévisibles, vifs, rapides et très adroits. Cela a suffi à faire exploser par deux la défense nantaise. Deux buts du seul Adebayor, deux buts en l'espace de quatre minutes, en toute fin de match. Un penalty à la 83e minute, et le but du triomphe quelques secondes plus tard. Par ailleurs, les Lorrains peuvent se féliciter de n'avoir pas concédé encore le moindre but après avoir éliminé, tour à tour, Niort, Martigues, et surtout Bordeaux, juste avant Nantes. Un beau carton. C'est d'ailleurs ce succès contre Nantes que Jean Fernandez veut mettre en évidence quand il dit : « Ce n'est pas tous les jours que l'on peut venir gagner ici. Ce n'est pas rien. Ici, c'est un bastion du football, ne l'oublions pas. Mais, nous, nous avons du talent. Et ça, j'en suis sûr ! »

FC METZ
LA POSTE
bouygues
Telecom

LA POSTE
adidas
Bouygues

Dans la bouche de Jeannot Fernandez, ce compliment à l'intention de sa troupe prend une saveur particulière. Il sait qu'elle peut aller encore très loin et réserver quelques surprises…

Saint-Étienne-Marseille

L'OM lave plus blanc…

C'est là une affiche qui, en d'autres temps, aurait enflammé le pays. Deux monstres face à face. Deux monuments du football français. Mais si l'un tente de se reconstruire, et si possible sur le long terme, autour de quelques idées fortes d'Alain Perrin, le second est encore un chef-d'œuvre en péril qui rêve, à l'occasion d'événement comme celui-là, à sa gloire passée. Son public ne le trahit pas. Il s'efforce de toujours raviver la flamme dans ce chaudron de Geoffroy-Guichard où l'on mijote encore une drôle de tambouille qui n'a que de vagues relents de la cuisine d'autrefois.
Ils sont tout de même plus de 30 000 à croire à l'impossible exploit, à s'imaginer que la vague verte peut encore déferler avec sa puissance dévastatrice pour emporter tout sur son passage. Elle se forme sans doute et, dans un mouvement de houle et de ressac, elle agite le vaisseau marseillais. Mais rien à voir avec la tempête annoncée. Les Stéphanois s'appliquent à réciter une vraie leçon de football, tandis que leurs adversaires, plus sereins, plus confiants, prennent le temps d'attendre, de laisser les autres s'impliquer à chaque instant un peu plus, avec l'intime conviction de pouvoir en venir à bout le moment opportun. D'ailleurs, le match est propret entre une équipe marseillaise sérieuse et appliquée et une formation stéphanoise qui veut donner l'illusion qu'elle peut traiter d'égal à égal avec sa rivale.

À tous ceux qui doutaient de lui, le Brésilien Fernandao vient d'apporter la meilleure réponse qui soit en inscrivant à Saint-Étienne le premier des deux buts marseillais.

Mais, au bout du compte, on ne voit guère d'issue favorable tant que Marseille se contente de juguler les actions de sa rivale. Il faut effectivement que le Brésilien Fernandao réussisse à marquer de la tête à la 32e minute pour que la rencontre prenne un peu plus de couleurs. Comme s'il était nécessaire que les Stéphanois soient menés au score pour oser quelques actions audacieuses. Oh ! rien de vraiment transcendant, mais l'expression d'un savoir indéniable pas toujours soutenu par cette détermination et cette spontanéité qui font les beaux destins.

Frédéric Antonetti le déplore. Lui, le Corse au tempérament de feu, regarde son équipe trop sage, trop sérieuse, trop bien sous tous rapports. Il la voudrait plus enjouée, plus imprévisible. « Il faut un peu de folie dans ces rencontres, dit-il. On n'a pas su pousser l'OM dans ses derniers retranchements. »

C'est vrai que l'Olympique de Marseille semble avoir la mainmise sur la partie. Sans génie, certes ; mais avec suffisamment de maturité pour s'opposer à toute manœuvre délictueuse. Comme celle qui consiste, pour Antonetti, à jeter dès le début de la seconde mi-temps le Brésilien Alex dans le combat. Celui-ci a de quoi surprendre tout le monde, par son insouciance, sa créativité, sa démesure, le peu de respect qu'il a de la discipline de groupe et de

Il n'y a pas eu photo entre Gueugnon, sociétaire de la Ligue 2, et Monaco, prétendant au titre de champion de France. Cinq à zéro, c'est la correction infligée par les Monégasques à leurs pauvres adversaires. Et ce n'est pas N'Gambi qui nous contredira, lui qui a toutes les peines du monde à museler le feu follet Camara.

la collectivité. C'est précisément au moment où il aurait dû semer son petit grain de folie que l'OM marque une seconde fois par Sakho (52e), qui, alerté par Fernandao, se joue de la vigilance de Janot pour assurer l'avenir de son équipe dans cette Coupe de la Ligue.
Ensuite, c'est la débauche d'énergie côté stéphanois. Chacun y va de son couplet en espérant être le sauveur de la famille. Un baroud d'honneur, certes sympathique, mais trop souvent désordonné pour trouver le moindre aboutissement. Car, pour sa part, Marseille conserve jusqu'au bout la maîtrise de la partie. Et Frank Leboeuf, capitaine comblé, peut analyser avec son sens habituel de la logique : « Nous avons été sérieux derrière, actifs au milieu et créatifs devant. Bref, nous avons fait le métier très sérieusement, sans jamais sous-estimer Saint-Étienne. »

Gueugnon-Monaco

Le maître des Forges...

Depuis toujours, à Gueugnon, les joueurs du cru se sont forgé une solide réputation de guerriers. On les appelle « les forgerons », en souvenir du temps où la plupart d'entre eux travaillaient encore dans les forges de cette bourgade de Saône-et-Loire. Désormais, ils font autre chose, mais ils continuent de jouer au foot et ils y jouent bien. Même si la Ligue 2, cette année, leur laisse quelques regrets. Équipe jeune, inexpérimentée, trop pressée d'en découdre, qui navigue dans les bas-fonds de son championnat avec le seul souci d'éviter la relégation.
« On lutte pour ne pas descendre en National », avoue le « vieux » Amara Traoré. À trente-sept ans, celui qui symbolise vraiment l'âme des « forgerons » estime que cet affrontement avec Monaco peut servir de révélateur à la jeune génération, histoire de lui faire prendre conscience de sa valeur, de ses devoirs. Car ici, au fin fond de la Bourgogne, les 9 000 habitants de Gueugnon vivent au rythme des performances des « forgerons ». Tout le monde se souvient de la fabuleuse aventure de l'an 2000, lorsque Gueugnon s'était payé la dépouille du PSG en finale de cette Coupe de la Ligue (2-0). « On l'a gagnée une fois, pourquoi pas deux... », avancent les plus optimistes. Et voilà que l'on promet l'enfer aux nantis de Monaco.
« Les Monégasques vont découvrir l'esprit ouvrier, confie Traoré. Celui qui nous permet de nous battre avec la tête et la hargne. On va aller les chercher partout aux quatre coins du terrain. On va aller là où ils ne nous attendent pas. On va les défier ! »
À les entendre, Monaco n'a qu'à bien se tenir. Mais toutes ces menaces n'ont pas eu pour effet de chambouler les plans de Didier Deschamps. Pas besoin de Giuly et de Rothen pour affronter Gueugnon. Au repos tous les deux. « On va faire jouer les jeunes, dit Deschamps. On verra bien ! »
Et c'est vrai que c'est une bande de gamins qui débarque au stade Jean-Laville de Gueugnon. Ici, personne ne connaît Evra, Carole, El Fakiri, Hislen, Lanteri. « Mais c'est la réserve qu'ils ont envoyée. On va les broyer... » Voilà ce que l'on peut entendre aux abords du stade juste avant la rencontre.
Deux heures plus tard, le ton a changé. Monaco a inscrit cinq buts. Les « forgerons » se sont fait corriger sans ménagement par cette formation, enthousiaste, précise, encore plus déterminée que sa rivale. « Il aurait peut-être mieux valu que Monaco aligne sa meilleure équipe, confie Gilles Perrin, le président gueugnonnais. On ne les aurait peut-être pas sous-estimés. »
Avec son équipe de bambins, Monaco donne la leçon. Et comme un fait exprès, c'est l'un des glorieux anciens des « forgerons » qui trahit les siens, un quart d'heure après l'ouverture des hostilités. C'est, en effet, le gardien Trivino, le capitaine de surcroît, qui va faire une énorme boulette et permettre à El Fakiri d'inscrire le premier but monégasque. À partir de ce moment, c'est la débandade...
D'erreurs individuelles graves à de graves déficits collectifs, les joueurs de Gueugnon sombrent corps et âme. Après le but d'El Fakiri, ils en prennent quatre autres : Squillaci (40e), Nonda

(47e), Gallardo (75e), Lanteri (84e). Le compte est bon. 5-0, comme en 1991, en demi-finale de la Coupe de France. Le maître des Forges, c'est bien Monaco. Et Deschamps peut savourer son triomphe en faisant remarquer : « C'est la preuve qu'avec l'apport de jeunes joueurs, enthousiastes, entreprenants, bien encadrés par des anciens, comme Nonda et Gallardo, on n'a pas besoin de trente-cinq pros dans un groupe ! »

Sochaux-Lille

L'école de la patience

Les Sochaliens sont jeunes. Une bande de garnements doués qui savent déjà beaucoup de choses mais ont encore beaucoup à apprendre. Ce quart de finale contre Lille leur a sans doute été d'un enseignement précieux dans la mesure où il leur aura révélé sans cesse qu'il était plus utile de faire preuve de patience et de pondération que d'effervescence. À vingt ans, ce n'est guère évident. Et pourtant !...

D'abord, comme ils empoignent la rencontre avec pour objectif de faire mordre la poussière rapidement à leurs adversaires, ils se prennent à espérer un dénouement rapide et favorable. Mais la réussite, les circonstances et l'adversité leur jouent toujours quelques mauvais tours. Pieds de nez à leur talent et à une aisance collective qui n'échappent à personne. D'autres auraient perdu leur sang-froid et leur lucidité dans cette déferlante d'assauts contrariés. Mais pas eux…

Sur son banc, Guy Lacombe, l'entraîneur, s'agite avec nervosité. Ce formidable éducateur, révélé par sa faconde et surtout par son exceptionnel pouvoir de communication avec ses troupes, sait qu'il n'a rien, encore, à leur reprocher. S'il s'impatiente, il reconnaît, en revanche, à ses jeunes joueurs la faculté de conserver une lucidité de vieux briscards. À les voir se démener sans jamais aboutir, il craint de les voir s'épuiser ou de se lasser. Sans compter qu'un seul et unique coup du sort assassin peut ébranler tout le système. Mais de cela, il n'en parle pas. Il se lève, va et vient, s'accroupit, lisse sa moustache, aboie quelques ordres qui se perdent dans le brouhaha. Le temps passe…

Wimbée, le gardien lillois, n'est pas né, lui, de la dernière pluie. Il considère l'agitation générale comme quelque chose de tout à fait ordinaire. Il sait, d'expérience, qu'il lui suffit de faire son boulot pour finir par écœurer quelques impatients. Il a déjà détourné une tête de l'expérimenté Saveljic (17e), puis il a vu un OVNI lui passer au-dessus de la tête, avant de venir défier Pagis dans un face-à-face d'opérette qui pousse l'autre à l'imprécision.

Voilà pour une première mi-temps où Lille s'est contenté de voir venir et Sochaux, de remettre sans arrêt l'ouvrage sur le métier.

Lacombe craint la lassitude et le désespoir. Il recadre certaines choses, encourage plutôt qu'il ne critique. Et le combat reprend. Toujours selon le même schéma. Sochaux qui pousse et Lille qui repousse. Quand ce n'est pas Wimbée, c'est le poteau… comme sur cette tentative de Trapasso (48e). Mais Gregory Wimbée ne compte pas pour du beurre. La preuve, quand il exécute un arrêt décisif sur une tentative de Santos (66e), ou bien quand il sort fort judicieusement et avec beaucoup d'audace au-devant de Frau (92e).

Mais nous sommes déjà en prolongation et Sochaux n'a toujours pas marqué, Lille joue à dix depuis la 80e minute et l'expulsion de Delpierre, et Guy Lacombe regrette que ses jeunes attaquants n'aient pas réussi à porter l'estocade en seconde mi-temps. Car maintenant, tout peut arriver, même le pire…

Pourtant, il est dit que l'on est aussi à l'école de la patience. Après que Tall est venu tutoyer la transversale (95e), après que Santos est venu se heurter à Wimbée (96e), après que Pagis a frappé à nouveau la barre (97e), c'est Sylvain Monsoreau qui finit par libérer les siens (105e). Monsoreau, le défenseur, profite de la seule erreur de Wimbée qui se loupe sur un dégagement consécutif à un corner. Sochaux reçoit donc son diplôme de patience. Ce que confirme le buteur. « On a su être patients. Notre victoire est vraiment méritée. »

Tafforeau arrive un peu tard pour contrer l'élégant Frau, mais Lille résistera longtemps avant de s'incliner pendant la prolongation sur un but du Sochalien Monsoreau.

Creyf's
Lion

PRSO, LE HÉROS

Ah ! qu'il est beau, ce duel entre le Monégasque Prso et le Marseillais Van Buyten. C'est Dado Prso qui a le dernier mot dans ce combat des chefs.

Le Stade Vélodrome bruit de tous ces échos qui donnent à penser que l'événement est d'importance. Parfois, le vacarme est assourdissant. C'est comme ça que l'Olympique de Marseille se prépare aux grands affrontements. Il y a les bruits, c'est vrai, mais il y a aussi les couleurs, cette ambiance si particulière qui fait que l'on revient ici avec un mélange d'appréhension et de plaisir. On en redemande. La foule, aussi.

Dans l'antre du stade, les sons arrivent un peu plus sourds, étouffés par la gangue de béton. Les joueurs monégasques les entendent tout de même. Ils se concentrent, échangent des paroles d'encouragement. Il y a du défi dans leurs regards. Pour Monaco, encore plus que pour d'autres, il n'est jamais facile de venir jouer ici. Quelques épisodes peu glorieux remontent à la surface. Certaines gifles résonnent encore dans le tunnel de la honte… Dans ce camp-ci, personne ne les a oubliées. Pourtant, nul ne s'aviserait d'évoquer ne serait-ce que quelques bribes de ce vilain passé.

Encore une fois, Didier Deschamps a dit les mots qu'il faut. Dans ces moments-là, sa formidable expérience de compétiteur permet d'alimenter un discours qui enrichit toute sa troupe. Chacun connaît son rôle à la perfection. Le groupe est soudé, homogène. Il est devenu ce que son jeune entraîneur attendait de lui. Il lui ressemble en quelque sorte, avec en plus quelques élans sublimes d'un génie qui n'était pas forcément l'attribut principal de Deschamps joueur. Pour le reste, il est fait de solidité, de solidarité, de sérieux, de coups d'éclat, de puissance et de vivacité toujours savamment contrôlée. Une équipe qui fait trembler l'adversaire tout en lui arrachant ses louanges.

En face, l'OM joue gros sur cette partie. Une façon comme une autre d'avoir la sensation de pouvoir sauver toute une saison sur un seul match. Car la victoire, cette fois, ouvrirait les portes de la finale du Stade de France. Et alors, à Marseille, personne ne peut imaginer que l'OM pourrait être défait… Reste donc à battre cette équipe de Monaco !

L'affrontement est électrique. Ils se sont défié du regard dans le boyau de ciment qui s'ouvre dans la lumière. Histoire de prendre un petit ascendant psychologique sur l'adversaire. Rien de bien méchant. Tout cela est fort bien connu des uns et des autres. La rencontre est tendue, âpre. Les Marseillais paraissent moins déliés que leurs adversaires, mais ils ont peut-être plus d'envie. Non pas plus d'audace et de cran, mais un peu plus d'agressivité. Cela les rend moins précis. Leurs actions semblent hachées, parfois approximatives. Les Monégasques, en revanche, font preuve, très rapidement, d'une plus grande sérénité. On les sent déterminés, sûrs de leurs forces, soucieux d'expérimenter sur le terrain tout leur savoir et leur virtuosité. On s'applique toujours, depuis les lignes arrière, à déclencher des relances vives et précises. La balle leur appartient. Et, par moments, on a l'impression que les Marseillais s'époumonent dans la conquête d'un ballon insaisissable.

Ce n'est pas pour autant que Monaco joue sur du velours. Les coups de boutoir marseillais font penser, à chaque fois, à un abordage. Et, bien que trop souvent imprécises, leurs actions n'en sont pas moins dangereuses. D'ailleurs, toute la première mi-temps est le reflet de cette opposition de styles. Le match semble bloqué, et l'on devine que c'est celui marquant le premier qui enlève le morceau. C'est Monaco. Dès le retour des vestiaires. Trois minutes après la reprise des hostilités, sur une action où le collectif prime sur l'énergie, ponctuée par un but de Dado Prso.

PUMA
Creyf's
Nestlé
Lion
LA POSTE

Un attaquant de grande lignée, trop longtemps blessé, qui retrouve toutes ses facultés, avec en plus la force du renouveau. La souffrance et le doute ont forgé chez cet homme un alliage puissant qui le rend irrésistible. Prso, héros de Monaco !

Sochaux-Metz

Triomphants lionceaux

On n'aimerait pas être dans le peau de Jeannot Fernandez avant ce match-là. Fernandez, c'est celui qui a façonné le mieux toute la « classe-biberon » de Sochaux, toute cette jeunesse qui, avec Pedretti, Frau, Pagis, Boudarène..., n'en finit pas d'affirmer son ambition. Mais aujourd'hui, Fernandez n'est plus avec « ses » petits. Il est dans l'autre camp. Pour ce sentimental, la situation n'est sans doute pas simple. Car il vient, avec sa nouvelle troupe du FC Metz, pour mettre à la raison cette équipe de Sochaux qu'il a aimée très fort. Et il lui faut s'imposer ici, à Bonnal, dans ce stade où il a vécu tant de joies et de satisfactions avec la montée en Ligue 1 en fin de saison dernière. Mais l'heure n'est pas au sentimentalisme. Jean Fernandez a revu tout le monde, il a serré des dizaines de mains, distribué quelques bises de-ci, de-là, mais lorsqu'il s'enferme avec ses joueurs de Metz dans le vestiaire dédié aux visiteurs, il tient le discours que ses hommes attendent. Il parle d'honneur, du combat de David contre Goliath...

Car, aujourd'hui, c'est Metz, le petit, le sociétaire de la Ligue 2, qui vient rendre visite au présumé plus fort, pensionnaire de l'élite. Fernandez veut oublier le passé l'espace d'une rencontre, gagner ici, se qualifier pour la finale et puis s'en retourner en Lorraine avec la satisfaction du devoir accompli en avouant, en partant, qu'il regrettait tout de même que ce soit au détriment d'une équipe et d'un club qu'il aimait beaucoup. Bref, l'attitude d'un vrai professionnel !

Les 20 000 spectateurs de Bonnal ne l'ont pas oublié. Ils lui réservent un accueil chaleureux et lui les remercie avec ce sourire empreint de gentillesse et de bonté. Quelques signes de la main et déjà sa voix explose pour replacer, indiquer, signifier de nouvelles orientations. Il est l'homme qui doit mettre Sochaux à la raison.

Lorsque Proment, à la 27e minute, donne l'avantage à Metz, Fernandez, sans le vouloir, intellectualise l'événement. Il fait en sorte de ne pas montrer trop d'exubérance, mais sa joie est profonde. Il savoure entièrement son bonheur... sur le banc des visiteurs.

Il est d'autant plus satisfait que son équipe joue bien. Comme il l'espérait. Mais il reste tant à faire, et il sait qu'il a tout à redouter de cette jeune équipe sochalienne qui ne s'avoue jamais vaincue... Malgré ça, c'est lui et le FC Metz qui virent en tête à la mi-temps. C'est le moment où il faut mettre sa troupe en garde contre un excès de confiance. « Gare à la reprise ! »

Et il a raison, Fernandez, car dès les premières minutes du second round, c'est Frau, le buteur patenté des Sochaliens, qui remet les pendules à l'heure. Frau le démon, Frau qu'il redoutait comme la peste, et dont il pensait avoir démonté le mécanisme de la mise en route. Et Frau qui marque une deuxième fois pour Sochaux (69e). Fernandez demande encore plus d'abnégation à ses hommes. Il les invite à regrouper leurs forces et à aller de l'avant, à se montrer solidaires et à ne pas céder au découragement. Le génial Adebayor veut aller encore au-delà des souhaits de son entraîneur. Il s'active plus que de raison et récolte deux cartons qui l'expédient prématurément au vestiaire. Pour Metz, la situation paraît désespérée.

Pourtant, Fernandez veut bien encore y croire. Et Niang, l'autre attaquant de pointe, lui donne raison en réussissant l'égalisation dix minutes avant la fin. En infériorité numérique, Metz ne veut pas abdiquer... Jusqu'à l'ultime minute. Jusqu'à ce que le jeune Sylvain Monsoreau se transforme en buteur (99e), en sauveur, comme en quarts de finale contre Lille. Fernandez écrase une larme. Il est battu, certes, mais la victoire de Sochaux, c'est aussi un peu la sienne...

Le Sochalien Sylvain Monsoreau est jeune, et il a du talent. C'est encore lui qui sauve la mise de Sochaux en débloquant la situation à la toute dernière minute du choc contre les Messins de Fernandez.

Creyf's
Nestlé
Lion
LFP

A POSTE
LFP

Ludovic Giuly, en bon capitaine qu'il est, a montré la voie à ses partenaires en marquant deux fois. Désormais, il peut savourer un bonheur légitime en brandissant la Coupe devant les 72 000 spectateurs du Stade de France.

TRIOMPHE PRINCIER...

Facile, trop facile, la victoire de Monaco. Un cas d'école pour la jeune classe de Sochaux, qui n'a jamais supporté la pression, qui s'était fait une montagne de cette finale et qui s'est fait gentiment mais sûrement remettre à sa place par les « maîtres » monégasques. On a beau être jeune, doué, ambitieux, il reste qu'il manque toujours quelque chose au moment de faire les comptes devant celui qui, en plus d'être aussi fort que vous, sait maîtriser son émotivité. Le score, 4-1 à l'avantage de Monaco, n'est sans doute pas le reflet de la différence de valeur entre les deux formations. Il est plus certainement révélateur de la capacité d'une équipe à jouer un match de cette importance, alors que l'autre n'en a pas encore la faculté.

Monaco a du talent et de la bouteille, Sochaux n'a que du talent. Le reste est à venir. Guy Lacombe ne dit pas autre chose lorsqu'il analyse la faillite de sa jeune troupe. « Nous manquions un peu trop d'expérience au plan individuel. Mais même avec un très bon Sochaux, je ne crois pas que l'on aurait gagné cette rencontre. Je pense que mes joueurs ont été un peu tétanisés par l'importance de l'événement. Au final, c'est un match qui devrait nous aider à apprendre, car nous avons une équipe jeune, au contraire de Monaco, qui présentait une équipe d'expérience. En clair, nous avons reçu une leçon en termes d'agressivité et de collectif. »

L'expérience de Didier Deschamps a sans doute déteint sur ses joueurs, notamment sur les cadres de l'équipe. Ainsi, Ludovic Giuly, spontané et rapide, parvient aujourd'hui à canaliser parfaitement son caractère explosif et arrive à maturité. Ainsi, Dado Prso, revenu de blessure, a pris le temps de se refaire une belle santé et a peaufiné sa technique sans rien perdre de son exceptionnel abattage physique. Ainsi, Shabani Nonda, au contact des autres, a nettement amélioré son positionnement sur le terrain. Ainsi, Jérôme Rothen réussit à mettre sa vitesse, sa technique et sa grande qualité de « centreur » au service de son équipe. Bref, tout un ensemble qui arrive à maturité au bon moment.

La plupart des observateurs reconnaissent qu'avec cette équipe monégasque, le danger peut venir de partout. Sitôt qu'elle prend possession de la balle, c'est la catastrophe pour l'adversaire. Et lui laisser l'initiative, c'est s'exposer à de dangereuses désillusions.

Angel Marcos, l'entraîneur argentin de Nantes, ne tarit pas d'éloges sur cette équipe monégasque qui représente, pour lui, la perfection dans l'organisation et le collectif. « Prenez, par exemple, Marquez et Bernardi, dit-il, ce sont des travailleurs de l'ombre, mais ils sont les liens indispensables avec les milieux offensifs. Derrière, l'axe central Rodriguez-Squilaci est ce que l'on fait de mieux dans le domaine de la solidité et de la sécurité. Sans oublier les latéraux (Evra, El Fakiri), qui sont monstrueux. Et le gardien, et ceci et cela... » En quelques mots, pour résumer, à Monaco, il y a de la rigueur derrière, de la fantaisie au milieu et de la force et de la vitesse devant.

C'est trop pour une équipe sochalienne en devenir qui fait son *mea-culpa* et jure qu'on ne l'y reprendra plus. Mais le mal est fait...

Le mal, c'est quatre buts à un rythme presque régulier. Le premier (57ᵉ) part de derrière. Transmission de Marquez pour El Fakiri, qui s'engouffre dans la surface sochalienne et centre en retrait, presque d'instinct. À la réception, Ludovic Giuly fait apprécier toute sa lucidité. Enchaînement contrôle et volée du pied droit qui expédie le ballon dans l'angle opposé. Net et sans bavure...

Le deuxième (61ᵉ) intervient à la suite d'un corner ajusté par Rothen depuis l'angle droit.

La balle est reprise de la tête par Nonda, qui prolonge sur Squillaci, dont la reprise frontale fait mouche.

Six minutes plus tard, la réussite est, cette fois, au rendez-vous, lorsque Oruma laisse filer le ballon pour l'opportuniste Nonda, au cœur de la défense sochalienne. Frappe en pivot de l'attaquant congolais de Monaco. Richert repousse bien le tir de Nonda, mais Prso récupère et marque du pied droit sans la moindre opposition. Et de trois !...

Le quatrième, sans doute le plus beau, est l'œuvre conjointe de Gallardo (entré deux minutes plus tôt, à la 76e) et de Giuly. La passe en profondeur de l'Argentin est un modèle de précision entre Monsoreau et Saveljic. Ludovic Giuly la récupère et, du plat du pied droit, attend astucieusement la venue vers lui du gardien Richert, avant d'effectuer un petit lob parfait.

Quatrième but et domination écrasante d'une équipe monégasque souveraine face à une rivale dépassée par les événements, les circonstances et les hommes, mais qui réussit malgré tout à sauver l'honneur deux minutes avant la fin sur un penalty transformé par Saveljic.

Ludovic Giuly, capitaine comblé, pouvait enfin savourer la victoire et un triomphe personnel après deux échecs en finale de cette Coupe de la Ligue (le premier en 1996 avec Lyon face à Metz, et le second, cinq ans plus tard, avec Monaco contre Lyon). « Je ne voulais pas louper cette finale-là après en avoir déjà perdu deux. Je me suis concentré différemment, je ne me suis pas mis la pression et cela a payé. On voulait tous cette victoire, cela s'est vu, je crois, sur le terrain et on en est très heureux ! »

Jérôme Rothen saute l'obstacle Raschke de son ample foulée et Monaco fait un véritable cavalier seul devant Sochaux. Dommage !

Double page suivante : Dado Prso est aux anges. Il vient de conclure par un formidable but le triomphe monégasque.

25
creyt's

Bouygues
Telecom

LES FILLES SE PRENNENT AU JEU

En terrassant l'Angleterre dans un match de barrage décisif, les filles de l'équipe de France viennent de gagner leur billet pour la Coupe du monde en Chine. Allez, les filles !...

Samedi 16 novembre 2002, à Saint-Étienne. Le stade Geoffroy-Guichard retrouve des couleurs. Pas le traditionnel vert qui aurait une fâcheuse tendance à se défraîchir depuis un moment ; mais plutôt un joli bleu. Un bleu au féminin. Car ce sont bien les filles qui font danser et chanter, cet après-midi-là, les 23 000 spectateurs venus assister à une rencontre historique : « Merci, les Bleues, merci, les Bleues, merci. » Les joueuses de l'équipe de France viennent de composter leur ticket pour la Chine, terre d'accueil de la Coupe du monde 2003. L'épreuve qui se tient au mois de septembre est un rêve devenu réalité pour un football féminin français en pleine croissance.
Pour accéder à ce privilège, les Françaises viennent de sortir l'Angleterre en match de barrage, après avoir écarté, deux mois plus tôt, les redoutables Danoises. Restait à confirmer les espoirs en écartant l'Angleterre, réputée pour son jeu axé principalement sur le physique et l'utilisation de longs ballons. Bref, tout le contraire du jeu français, plutôt technique et fin. Dans cette opposition de style, les petites tricolores avaient franchement peur de mal faire, de déraper sur la dernière marche d'un escalier tortueux parfaitement dompté jusque-là.
Mais à Londres, pour le match aller, les Bleues font preuve d'une qualité qu'on ne leur connaissait pas : le réalisme. Un but, un seul, signé Marinette Pichon, offre une victoire importantissime. La première Française à évoluer dans le prestigieux championnat américain inscrit son quarante-quatrième but en sélection, peut-être le plus décisif, tant il ouvre des perspectives aux filles. Ce petit hold-up n'attendait plus qu'une confirmation à Saint-Étienne, un mois plus tard. Encore une fois solide, l'équipe d'Élizabeth Loisel ne rate pas l'occasion. Largement supérieures, les Françaises neutralisent leurs adversaires anglaises, ne leur laissant que très peu d'espaces et absolument aucune possibilité de but. Cette discipline et cette rigueur vont trouver une récompense à la 54e minute, quand une reprise lointaine du pied gauche fait exploser le « Chaudron Bleu ». Et c'est tout un symbole que cette frappe victorieuse soit l'œuvre de la capitaine tricolore, Corinne Diacre. Pour sa quatre-vingt-treizième sélection (un record à ce moment), Diacre envoie la France dans le top-16 mondial. Une sphère qui paraissait si éloignée quelques années auparavant ! Ce jour de septembre 1998, par exemple, quand la Norvège s'amusait à danser sur le petit maillot bleu pour une victoire écrasante 6-0. Aujourd'hui, la Norvège reste encore un modèle, mais la France est parvenue à réduire un abyssal fossé grâce à la prise de conscience de la Fédération française de football.
Le foot féminin se fait ainsi une place dans le paysage sportif national. Il lui reste à obtenir à présent les résultats nécessaires à son développement. Cette qualification est une juste récompense, largement appréciée : « Un grand jour » pour Élizabeth Loisel, « Une journée historique » pour Claude Simonet, président de la Fédération française. Mais cette qualification est aussi l'occasion d'effacer un douloureux souvenir et de gagner en maturité. Les Bleues se souviennent encore de cet Euro 2001 lamentable où elles avaient sombré dès les deux premiers matches de poule. La claque avait fait mal. Un an plus tard, à Saint-Étienne, la joue apparaît plus ferme. Les 40 000 filles licenciées du football français ont un beau coup à jouer. Leur terrain d'expression commence à dépasser le grand rectangle vert.

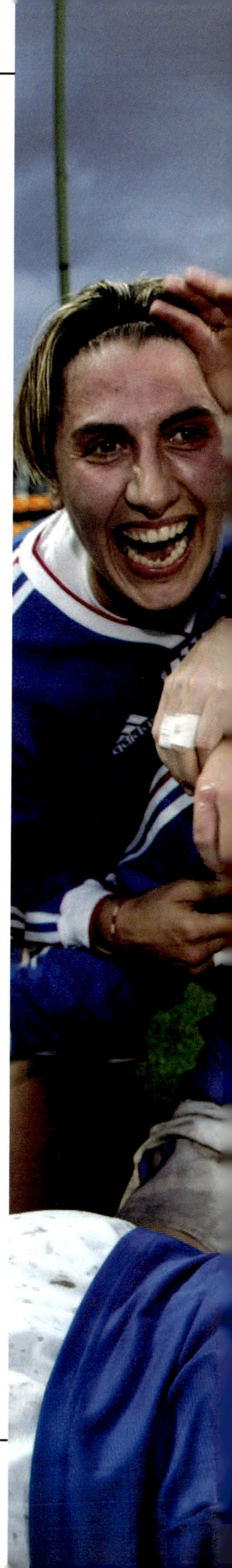

RÉSULTATS

COUPE DES CONFÉDÉRATIONS 2003

PREMIER TOUR

GROUPE A

1re journée

Le 18 juin 2003, à Saint-Denis (Stade de France)
Nouvelle-Zélande - JAPON : 0-3 (0-1). Spectateurs : 36 038. Arbitre : M. Codjia (BEN). Buts : Nakamura (12e, 75e), H. Nakata (65e). Avertissements : Oughton (73e) pour la Nouvelle-Zélande ; Alex (6e), Inamoto (37e) pour le Japon.
Nouvelle-Zélande : Utting - Oughton, Zoricich (cap.), Nelsen, Davis - Vicelich, Elliot - Coveny, Lines (Hickey, 70e) - Burton (Jackson, 73e), Killen (Bouckenooghe, 80e). Entr. : Waitt.
Japon : Narazaki - Yamada, Tsuboi, Miyamoto, Alex - H. Nakata (cap.), Inamoto, Endo, Nakamura - Takahara, Okubo. Entr. : Zico.

Le 18 juin 2003, à Lyon (Gerland)
FRANCE - Colombie : 1-0 (1-0). Spectateurs : 38 549. Arbitre : M. Cardoso (POR). But : Henry (39e s.p.). Avertissements : Mexès (10e), Henry (24e), Lizarazu (90e+1), Thuram (90e+4) pour la France ; Lopez (6e), Velasquez (38e), Becerra (78e), I. Cordoba (90e), Aristizabal (90e+4) pour la Colombie.
France : Coupet - Thuram, Mexès, Desailly (cap.), Lizarazu - Wiltord, Pedretti, Dacourt, Kapo (Pires, 61e) - D. Cissé (Govou, 77e), Henry (Marlet, 85e). Entr. : Santini.
Colombie : O. Cordoba - G. Martinez (Vallejo, 90e+2), Yepes, I. Cordoba (cap.), Bedoya - Patino (Arriaga, 66e), Velasquez, Lopez, Hernandez - Aristizabal, Becerra. Entr. : Maturana.

2e journée

Le 20 juin 2003, à Lyon (Gerland)
COLOMBIE - Nouvelle-Zélande : 3-1 (0-1). Spectateurs : 22 811. Arbitre : M. Batres (GUA). Buts : Lopez (60e), Yepes (75e), Hernandez (85e) pour la Colombie ; De Gregorio (27e) pour la Nouvelle-Zélande. Avertissements : G. Martinez (16e), Becerra (41e), I. Cordoba (61e) pour la Colombie ; Hickey (36e), Nelsen (38e), Killen (61e) Utting (68e) pour la Nouvelle-Zélande. Expulsion : Killen (70e) pour la Nouvelle-Zélande.
Colombie : O. Cordoba - G. Martinez, Yepes, I. Cordoba (cap.), Bedoya (Arriaga, 77e) - Velasquez (Patino, 8e), Lopez, Murillo (Valentierra, 46e) - Hernandez - Becerra, Aristizabal. Entr. : Maturana.
Nouvelle-Zélande : Utting - Oughton, Hay, Nelsen (cap.), Davis - Coveny (Smeltz, 84e), Vicelich, Elliott, Hickey - De Gregorio - Killen. Entr. : Waitt.

Le 20 juin 2003, à Saint-Étienne (Geoffroy-Guichard)
FRANCE - Japon : 2-1 (1-0). Spectateurs : 33 070. Arbitre : M. Shield (AUS). Buts : Pires (43e s.p.), Govou (66e) pour la France ; Nakamura (60e) pour le Japon. Avertissements : Govou (21e) pour la France ; Okubo (33e), Inamoto (42e) pour le Japon. Expulsion : Sagnol (90e+1) pour la France.
France : Barthez - Sagnol, Gallas, Boumsong, M. Silvestre - Pires (cap.), Dabo, Dacourt (Pedretti, 58e), Rothen (Wiltord, 67e) - Marlet (Henry 80e), Govou. Entr. : Santini.
Japon : Narazaki - Yamada, Tsuboi, Miyamoto, Alex - H. Nakata (cap.), Inamoto (K. Nakata, 74e), Endo, Nakamura (Ogasawara, 80e) - Takahara, Okubo. Entr. : Zico.

3e journée

Le 22 juin 2003, à Saint-Denis (Stade de France)
FRANCE - Nouvelle-Zélande : 5-0 (2-0). Spectateurs : 36 842. Arbitre : M. Moradi (IRN). Buts : Kapo (17e), Henry (20e), D. Cissé (70e), Giuly (90e+2), Pires (90e+3).
France : Landreau - Thuram, Mexès, Desailly (cap.), Lizarazu - Giuly, Wiltord (Pires, 76e), Pedretti (Dabo, 68e), Kapo - D. Cissé, Henry (Marlet, 74e). Entr. : Santini.
Nouvelle-Zélande : Utting - Davis, Hay (Smith, 81e), Zoricich (Oughton, 73e) (cap.), Nelsen - Hickey, Burton (Jackson, 68e), Elliott, De Gregorio, Bouckenooghe - Coveny. Entr. : Waitt.

Le 22 juin 2003, à Saint-Étienne (Geoffroy-Guichard)
Japon - COLOMBIE : 0-1 (0-0). Spectateurs : 24 541. Arbitre : M. Larrionda (URU). But : Hernandez (71e). Avertissements : Yamada (12e), H. Nakata (85e), Matsui (88e) pour le Japon ; Mera (5e) pour la Colombie.
Japon : Narazaki - Yamada, Tsuboi, Miyamoto, Alex - H. Nakata (cap.), K. Nakata, Endo (Oku, 85e), Ogasawara (Matsui, 85e) - Okubo (Nagai, 67e), Takahara. Entr. : Zico.
Colombie : O. Cordoba - G. Martinez, Mera, Yepes, Bedoya - Patino, Lopez, Diaz (Valentierra, 46e) - Hernandez - Aristizabal, Arriaga (Vallejo, 76e). Entr. : Maturana.

Classement final

	Pts	J	G	N	P	bp	bc	dif
1. FRANCE	9	3	3	0	0	8	1	+7
2. COLOMBIE	6	3	2	0	1	4	2	+2
3. Japon	3	3	1	0	2	4	3	+1
4. Nlle-Zélande	0	3	0	0	3	1	11	-10

En capitales, les deux pays qualifiés pour les demi-finales.

GROUPE B

1re journée

Le 19 juin 2003, à Saint-Étienne (Geoffroy-Guichard)
TURQUIE - États-Unis : 2-1 (1-1). Spectateurs : 16 944. Arbitre : M. Larrionda (URU). Buts : Okan Yilmaz (40e s.p.), Tuncay (70e) pour la Turquie ; Beasley (37e) pour les États-Unis. Avertissements : Ibrahim (68e) pour la Turquie ; Berhalter (22e), Donovan (39e), Califf (42e), Vanney (58e) pour les États-Unis.
Turquie : Ömer - Fatith Sonkaya, Alpay, Bülent Korkmaz (cap.), Ibrahim - Volkan, Selçuk, Ahmet Yildirim (Ergün, 43e) - Gökdeniz - Okan Yilmaz (Huseyin, 90e+2), Tuncay (Ibrahim Toraman, 81e). Entr. : Günes.
États-Unis : Howard - Hejduk (cap.), Califf, Berhalter (Twellman, 80e), Vanney - Armas, Convey - Beasley, Donovan, Lewis (Stewart, 78e) - Kirovski (Mathis, 60e). Entr. : Arena.

Le 19 juin 2003, à Saint-Denis (Stade de France)
Brésil - CAMEROUN : 0-1 (0-0). Spectateurs : 46 719. Arbitre : M. Ivanov (RUS). But : Eto'o (83e). Avertissements : Emerson (52e) pour le Brésil ; Djemba-Djemba (49e) pour le Cameroun.
Brésil : Dida - Belletti, Lucio, Juan, Kleber - Kleberson (Adriano de Souza, 79e), Emerson (cap.), Gil - Ricardinho - Ronaldinho, Adriano (Ilan 66e). Entr. : Parreira.
Cameroun : Kameni - Perrier-Doumbé, Mettomo, Song (cap.), Tchato - Geremi, Djemba-Djemba, Foé (Atouba, 64e), M'Bami, Idrissou (Job, 67e) - Eto'o (P. N'Diefi, 90e+5). Entr. : Schäfer.

2e journée

Le 21 juin 2003, à Saint-Denis (Stade de France)
CAMEROUN - Turquie : 1-0 (0-0). Spectateurs : 43 743. Arbitre : M. Amarilla (PAR). But : Geremi (90e+1 s.p.). Avertissements : Song (45e+1), Foé (75e), Mezague (80e) pour le Cameroun ; Servet (32e), Yildiray Bastürk (45e+1) pour la Turquie.
Cameroun : Kameni - Perrier-Doumbé, Mettomo, Song (cap.) - Geremi, Djemba-Djemba (Atouba, 70e), M'Bami, Tchato (Mezague, 78e) - Foé - Idrissou (Job, 56e) - Eto'o. Entr. : Schäfer.
Turquie : Rüstü (cap.) - Fatith Akyel, Servet, Deniz Baris, Ibrahim Toraman - Volkan (Gokdeniz, 60e), Selçuk, Ergün - Yildiray Bastürk - Tuncay (Huseyin, 89e), Okan Yilmaz (Necati, 76e). Entr. : Günes.

Le 21 juin 2003, à Lyon (Gerland)
BRÉSIL - États-Unis : 1-0 (1-0). Spectateurs : 20 306. Arbitre : M. Cardoso (POR). But : Adriano (22e). Avertissements : Belletti (70e), Juan (72e) pour le Brésil ; Cherundolo (63e), Stewart (72e), Bocanegra (79e) pour les États-Unis.
Brésil : Dida - Belletti (Maurinho, 71e), Lucio, Juan, Kleber - Kleberson, Emerson (cap.), Alex (Gil, 73e), Ricardinho - Ronaldinho, Adriano (Ilan 89e). Entr. : Parreira.
États-Unis : Howard - Cherundolo, Bocanegra, Berhalter, Gibbs (Convey, 77e) - Mastroeni (Twellman, 84e) - Klein (Lewis, 57e), Mathis, Stewart (cap.), Beasley - Donovan. Entr. : Arena.

3e journée

Le 23 juin 2003, à Lyon (Gerland)
États-Unis - Cameroun : 0-0. Spectateurs : 19 206. Arbitre : M. Shield (AUS). Avertissements : Convey (81e) pour les États-Unis ; Atouba (52e) pour le Cameroun.
États-Unis : Howard - Cherundolo, Califf, Bocanegra, Gibbs - Convey, Armas (cap.), Martino (Donovan, 54e), Lewis (Beasley, 81e) - Mathis, Kirovski (Stewart, 69e). Entr. : Arena.
Cameroun : Kweku - Bahoken (Geremi, 82e), Falemi, Mettomo (cap.), Njanka - Epallé, Emana, Mézague (M'Bami, 75e), Atouba, Idrissou - Job (Eto'o, 75e). Entr. : Schäfer.

Le 23 juin 2003, à Saint-Étienne (Geoffroy-Guichard)
Brésil - Turquie : 2-2 (1-0). Spectateurs : 29 170. Arbitre : M. Merk (ALL). Buts : Adriano (23e), Alex (90e+4) pour le Brésil ; Gökdeniz (53e), Okan Yilmaz (80e) pour la Turquie. Avertissements : Gilberto (59e), Lucio (62e), Ronaldinho (76e), Alex (90e) pour le Brésil ; Bülent Korkmaz (65e), Rüstü (90e+5) pour la Turquie. Expulsion : Ronaldinho (90e+5) pour le Brésil.
Brésil : Dida - Maurinho, Lucio, Juan, Gilberto (Kleber, 72e) - Kleberson, Emerson (cap.), Ricardinho (Alex, 64e) - Ronaldinho - Ilan (Gil, 62e), Adriano. Entr. : Parreira.
Turquie : Rüstü - Fatih Akyel, Alpay, Bülent Korkmaz (cap.), Ergün (Ibrahim Toraman, 73e) - Selçuk - Gökdeniz, Volkan (Okan Yilmaz, 36e ; Serkan, 88e), Ibrahim - Yildiray Bastürk, Tuncay. Entr. : Günes.

Classement final

	Pts	J	G	N	P	bp	bc	dif
1. CAMEROUN	7	3	2	1	0	2	0	+2
2. TURQUIE	4	3	1	1	1	4	4	0
3. Brésil	4	3	1	1	3	3	0	
4. États-Unis	1	3	0	1	2	1	3	-2

En capitales, les deux pays qualifiés pour les demi-finales.

DEMI-FINALES

Le 26 juin 2003, à Lyon (Gerland)
CAMEROUN - Colombie : 1-0 (1-0). Spectateurs : 12 352. Arbitre : M. Merk (ALL). But : P. N'Diefi (9e). Avertissements : Foé (23e), Kameni (37e), Tchato (43e), Djemba-Djemba (77e) pour le Cameroun ; I. Cordoba (49e), O. Cordoba (54e) pour la Colombie. Expulsion : Tchato (69e) pour le Cameroun.
Cameroun : Kameni - Njanka, Song (cap.), Mettomo, Tchato - Djemba-Djemba, M'Bami - Geremi, Foé (Mézague, 75e), Idrissou (Falemi, 90e) - P. N'Diefi (Atouba, 74e). Entr. : Schäfer.
Colombie : O. Cordoba - G. Martinez, I. Cordoba (cap.), Yepes, Bedoya (Murillo, 70e) - Velasquez (Becerra, 46e), Lopez - Valentierra, Hernandez, Patino - Aristizabal. Entr. : Maturana.

Le 26 juin 2003, à Saint-Denis (Stade de France)
FRANCE - Turquie : 3-2 (3-1). Spectateurs : 41 195. Arbitre : M. Larrionda (URU). Buts : Henry (11e), Pires (26e), Wiltord (43e) pour la France ; Gökdeniz (42e), Tuncay (48e) pour la Turquie. Avertissements : Pedretti (6e), M. Silvestre (44e), Kapo (75e), Giuly (82e) pour la France ; Fatih Akyel (35e), Bülent Korkmaz (75e) pour la Turquie.
France : Coupet - Thuram, Gallas, Desailly (cap.), M. Silvestre - Wiltord (Giuly, 78e), Pedretti, Dacourt, Pires (Kapo, 70e) - Govou (D. Cissé, 66e), Henry. Entr. : Santini.

Turquie : Rüstü (Ömer, 36e) - Fatih Akyel, Alpay, Bülent Korkmaz (cap.), Ibrahim - Selçuk (Volkan, 85e) - Gökdeniz, Yildiray Bastürk (Necati, 81e), Ergün - Tuncay, Okan Yilmaz. Entr. : Günes.

Match pour la troisième place

Le 28 juin 2003, à Saint-Étienne (Geoffroy-Guichard)
TURQUIE - Colombie : 2-1 (1-0). Spectateurs : 18 237. Arbitre : M. Shield (AUS). Buts : Tuncay (2e), Okan Yilmaz (86e) pour la Turquie ; Hernandez (63e) pour la Colombie. Avertissements : Servet (20e), Ibrahim (33e), Tuncay (57e), Ömer (89e) pour la Turquie ; G. Martinez (33e) pour la Colombie.
Turquie : Ömer (cap.) - Fatih Sonkaya (Selçuk, 60e), Deniz Baris, Servet, Ibrahim Toraman - Volkan (Ergün, 87e), Gökdeniz, Serkan, Ibrahim - Tuncay, Necati (Okan Yilmaz, 66e). Entr. : Günes.
Colombie : O. Cordoba - G. Martinez, I. Cordoba (cap.), Yepes, Bedoya - Velasquez, Lopez (Valentierra, 28e) - Hernandez, Patino - Becerra (Arriaga, 41e), Aristizabal. Entr. : Maturana.

FINALE

Le 29 juin 2003, à Saint-Denis (Stade de France)
FRANCE - Cameroun : 1-0 but en or (0-0 ; 0-0). Spectateurs : 51 985. Arbitre : M. Ivanov (RUS). But : Henry (97e). Avertissements : Dacourt (44e) pour la France ; M'Bami (89e) pour le Cameroun.
France : Barthez - Sagnol (Thuram, 76e), Gallas, Desailly (cap.), Lizarazu - Giuly, Pedretti, Dacourt (Kapo, 90e), Wiltord (Pires, 65e) - D. Cissé, Henry. Entr. : Santini.
Cameroun : Kameni - Perrier-Doumbé, Song (cap.), Mettomo, Atouba - M'Bami, Djemba-Djemba - Geremi, Mézague (Emana, 91e), Idrissou - P. N'Diefi (Eto'o, 67e). Entr. : Schäfer.

Buteurs
1. Henry (France), 4 buts.
2. Hernandez (Colombie), Pires (France), Nakamura (Japon), Okan Yilmaz et Tuncay (Turquie), 3.
7. Adriano (Brésil), Gökdeniz (Turquie), 2.
9. Alex (Brésil), Eto'o, Geremi et P. N'Diefi (Cameroun), Lopez et Yepes (Colombie), Beasley (États-Unis), D. Cissé, Giuly, Govou, Kapo et Wiltord (France), H. Nakata (Japon), De Gregorio (Nouvelle-Zélande), 1.

COUPES D'EUROPE

LIGUE DES CHAMPIONS

PREMIER TOUR PRÉLIMINAIRE

(aller : mercredi 17 juillet 2002 ; retour : mercredi 24 juillet)

Tampere (FIN) - PIUNIK EREVAN (ARM) : 0-4 et 0-2.
SKONTO RIGA (LET) - Barry Town (GAL) : 5-0 et 1-0.
Portadown (ILN) - BELSHINA BODRUISK (BLR) : 0-0 et 2-3.
Dudelange (LUX) - VARDAR SKOPJE (MAC) : 1-1 et 0-3.
Kaunas (LIT) - DYNAMO TIRANA (ALB) : 2-3 et 0-0.
Flora Tallinn (EST) - APOEL NICOSIE (CHY) : 0-0 et 0-1.
ZELJEZNICAR SARAJEVO (BOS) - IA Akranes (ISL) : 3-0 et 1-0.
HIBERNIANS PAOLA (MLT) - Shelbourne (IRL) : 2-2 et 1-0.
TORPEDO KUTAISI (GEO) - Torshavn (FER) : 5-2 et 1-0.
SHERIFF TIRASPOL (MOL) - Zhenis Astana (KAZ) : 2-1 et 2-3.

En capitales, les clubs qualifiés pour le deuxième tour préliminaire.

DEUXIÈME TOUR PRÉLIMINAIRE

(aller : mercredi 31 juillet 2002 ; retour : mercredi 7 août) :

DYNAMO KIEV (UKR) - Piunik Erevan (ARM) : 4-0 et 2-2.
SPARTA PRAGUE (RTC) - Torpedo Kutaisi (GEO) : 3-0 et 2-1.
F C BRUGES (BEL) - Dinamo Bucarest (ROU) : 3-1 et 1-0.
BOAVISTA PORTO (POR) - Hibernians Paola (MLT) : 4-0 et 3-3.
Sheriff Tiraspol (MOL) - GRAZ AK (AUT) : 1-4 et 0-2.
BRÖNDBY IF (DAN) - Dynamo Tirana (ALB) : 1-0 et 4-0.
MACCABI HAÏFA (ISR) - Belshina Bobruisk (BLR) : 4-0 et 1-0.
Vardar Skopje (MAC) - LEGIA VARSOVIE (POL) : 1-3 et 1-1.
Lilleström (NOR) - ZELJEZNICAR SARAJEVO (BOS) : 0-1 et 0-1.
Zilina (SVQ) - FC BÂLE (SUI) : 1-1 et 0-3.
Hammarby IF (SUE) - PARTIZAN BELGRADE (YOU) : 1-1 et 0-4.
ZALAEGERSZEGI (HON) - FC Zagreb (CRO) : 1-0 et 1-2.
Skonto Riga (LET) - Levski Sofia (BUL) : 0-0 et 0-2.
MARIBOR (SLV) - APOEL Nicosie (CHY) : 2-1 et 2-4.

En capitales, les clubs qualifiés pour le troisième tour préliminaire.

TROISIÈME TOUR PRÉLIMINAIRE

(aller : mardi 13 et mercredi 14 août 2002 ; retour : mardi 27 et mercredi 28 août.) :

Boavista Porto (POR) - AUXERRE (FRA) : 0-1 et 0-0.
RACING GENK (BEL) - Sparta Prague (RTC) : 2-0 et 2-4.
FEYENOORD ROTTERDAM (HOL) - Fenerbahçe (TUR) : 1-0 et 2-0.
MACCABI HAÏFA (ISR) - Sturm Graz (AUT) : 2-0 et 3-3.
Apoël Nicosie (CHY) - AEK ATHENES (GRE) : 2-3 et 0-1.
Sporting Portugal (POR) - INTER MILAN (ITA) : 0-0 et 0-2.
Partizan Belgrade (YOU) - BAYERN MUNICH (ALL) : 0-3 et 1-3.
Zalaegerszegi (HON) - MANCHESTER UNITED (ANG) : 1-0 et 0-5.
CELTIC GLASGOW (ECO) - FC Bâle (SUI) : 3-1 et 0-2.
Graz AK (AUT) - LOKOMOTIV MOSCOU (RUS) : 0-2 et 3-3.
MILAN AC (ITA) - Slovan Liberec (RTC) : 1-0 et 1-2.
ROSENBORG TRONDHEIM (NOR) - Bröndby IF (DAN) : 1-0 et 3-2.
Chakhtior Donetsk (UKR) - FC BRUGES (BEL) : 1-1 et 1-1 a.p. (1 t.a.b. à 4).
FC BARCELONE (ESP) - Legia Varsovie (POL) : 3-0 et 1-0.
Levski Sofia (BUL) - DYNAMO KIEV (UKR) : 0-1 et 0-1.
Zeljeznicar Sarajevo (BOS) - NEWCASTLE UNITED (ANG) : 0-1 et 0-4.

En capitales, les clubs qualifiés pour pour la première phase de la Ligue des champions.

PREMIÈRE PHASE DE POULES

Groupe A

Arsenal (ANG) - Borussia Dortmund (ALL) 2-0
Auxerre (FRA) - PSV Eindhoven (HOL) 0-0
PSV Eindhoven - Arsenal 0-4
Borussia Dortmund - Auxerre 2-1
Auxerre - Arsenal 0-1
PSV Eindhoven - Borussia Dortmund 1-3
Arsenal - Auxerre 1-2
Borussia Dortmund - PSV Eindhoven 1-1
Borussia Dortmund - Arsenal 2-1
PSV Eindhoven - Auxerre 3-0
Arsenal - PSV Eindhoven 0-0
Auxerre - Borussia Dortmund 1-0

Classement final

	Pts	J	G	N	P	bp	bc	dif
1. ARSENAL	10	6	3	1	2	9	4	+5
2. BORUSSIA	10	6	3	1	2	8	7	+1
3. Auxerre	7	6	2	1	3	4	7	-3
4. PSV	6	6	1	3	2	5	8	-3

Groupe B

FC Bâle (SUI) - Spartak Moscou (RUS) 2-0
FC Valence (ESP) - Liverpool FC (ANG) 2-0
Spartak Moscou - FC Valence 0-3
Liverpool FC - FC Bâle 1-1
FC Valence - FC Bâle 6-2
Liverpool FC - Spartak Moscou 5-0
FC Bâle - FC Valence 2-2
Spartak Moscou - Liverpool FC 1-3
Liverpool FC - FC Valence 0-1
Spartak Moscou - FC Bâle 0-2
FC Valence - Spartak Moscou 3-0
FC Bâle - Liverpool FC 3-3

Classement final

	Pts	J	G	N	P	bp	bc	dif
1. VALENCE	16	6	5	1	0	17	4	+13
2. BÂLE	9	6	2	3	1	12	12	0
3. Liverpool	8	6	2	2	2	12	8	+4
4. Spartak	0	6	0	0	6	1	18	-17

Groupe C

AS Roma (ITA) - Real Madrid (ESP) 0-3
RC Genk (BEL) - AEK Athènes (GRE) 0-0
Real Madrid - RC Genk 6-0
AEK Athènes - AS Roma 0-0
AEK Athènes - Real Madrid 3-3
RC Genk - AS Roma 0-1
Real Madrid - AEK Athènes 2-2
AS Roma - RC Genk 0-0
Real Madrid - AS Roma 0-1
AEK Athènes - RC Genk 1-1
RC Genk - Real Madrid 1-1
AS Roma - AEK Athènes 1-1

Classement final

	Pts	J	G	N	P	bp	bc	dif
1. REAL	9	6	2	3	1	15	7	+8
2. AS ROMA	9	6	2	3	1	3	4	-1
3. AEK	6	6	0	6	0	7	7	0
4. RC Genk	4	6	0	4	2	2	9	-7

Groupe D

Ajax Amsterdam (HOL) - Lyon (FRA) 2-1
Rosenborg Trondheim (NOR) - Inter Milan (ITA) 2-2
Inter Milan - Ajax Amsterdam 1-0
Lyon - Rosenborg Trondheim 5-0
Inter Milan - Lyon 1-2
Rosenborg Trondheim - Ajax Amsterdam 0-0
Lyon - Inter Milan 3-3
Ajax Amsterdam - Rosenborg Trondheim 1-1
Inter Milan - Rosenborg Trondheim 3-0
Lyon - Ajax Amsterdam 0-2
Ajax Amsterdam - Inter Milan 1-2
Rosenborg Trondheim - Lyon 1-1

Classement final

	Pts	J	G	N	P	bp	bc	dif
1. INTER	11	6	3	2	1	12	8	+4
2. AJAX	8	6	2	2	2	6	5	+1
3. Lyon	8	6	2	2	2	12	9	+3
4. Rosenborg	4	6	0	4	2	4	12	-8

Groupe E

Dynamo Kiev (UKR) - Newcastle United (ANG) 2-0
Feyenoord Rotterdam (HOL) - Juventus Turin (ITA) 1-1
Juventus Turin - Dynamo Kiev 5-0
Newcastle United - Feyenoord Rotterdam 0-1
Juventus Turin - Newcastle United 2-0
Feyenoord Rotterdam - Dynamo Kiev 0-0
Newcastle United - Juventus Turin 1-0
Dynamo Kiev - Feyenoord Rotterdam 2-0
Juventus Turin - Feyenoord Rotterdam 2-0
Newcastle United - Dynamo Kiev 2-1
Dynamo Kiev - Juventus Turin 1-2
Feyenoord Rotterdam - Newcastle United 2-3

Classement final

	Pts	J	G	N	P	bp	bc	dif
1. JUVENTUS	13	6	4	1	1	12	3	+9
2. NEWCASTLE	9	6	3	0	3	6	8	-2
2. Dyn. Kiev	7	6	2	1	3	6	9	-3
4. Feyenoord	5	6	1	2	3	4	8	-4

Groupe F

Olympiakos Le Pirée (GRE) - Bayer Leverkusen (ALL) 6-2
Manchester United (ANG) - Maccabi Haïfa (ISR) 5-2
Bayer Leverkusen - Manchester United 1-2
Maccabi Haïfa - Olympiakos Le Pirée 3-0
Manchester United - Olympiakos Le Pirée 4-0
Maccabi Haïfa - Bayer Leverkusen 0-2
Olympiakos Le Pirée - Manchester United 2-3
Bayer Leverkusen - Maccabi Haïfa 2-1
Maccabi Haïfa - Manchester United 3-0
Bayer Leverkusen - Olympiakos Le Pirée 2-0
Manchester United - Bayer Leverkusen 2-0
Olympiakos Le Pirée - Maccabi Haïfa 3-3

Classement final

	Pts	J	G	N	P	bp	bc	dif
1. MU	15	6	5	0	1	16	8	+8
2. BAYER	9	6	3	0	3	9	11	-2
3. Mac. Haïfa	7	6	2	1	3	12	12	0
4. Olympiakos	4	6	1	1	4	11	17	-6

Groupe G

Bayern Munich (ALL) - Deportivo La Corogne (ESP) 2-3
Milan AC (ITA) - Lens (FRA) 2-1
Deportivo La Corogne - Milan AC 0-4
Lens - Bayern Munich 1-1
Bayern Munich - Milan AC 1-2
Deportivo La Corogne - Lens 3-1
Milan AC - Bayern Munich 2-1
Lens - Deportivo La Corogne 3-1
Lens - Milan AC 2-1
Deportivo La Corogne - Bayern Munich 2-1
Milan AC - Deportivo La Corogne 1-2
Bayern Munich - Lens 3-3

Classement final

	Pts	J	G	N	P	bp	bc	dif
1. MILAN	12	6	4	0	2	12	7	+5
2. COROGNE	12	6	4	0	2	11	12	-1
3. Lens	8	6	2	2	2	11	11	0
4. Bayern	2	6	0	2	4	9	13	-4

Groupe H

Lokomotiv Moscou (RUS) - Galatasaray Istanbul (TUR) 0-2
FC Barcelone (ESP) - FC Bruges (BEL) 3-2
Galatasaray Istanbul - FC Barcelone 0-2
FC Bruges - Lokomotiv Moscou 0-0
Lokomotiv Moscou - FC Barcelone 1-3
Galatasaray Istanbul - FC Bruges 0-0
FC Barcelone - Lokomotiv Moscou 1-0
FC Bruges - Galatasaray Istanbul 3-1
FC Bruges - FC Barcelone 0-1
Galatasaray Istanbul - Lokomotiv Moscou 1-2
FC Barcelone - Galatasaray Istanbul 3-1
Lokomotiv Moscou - FC Bruges 2-0

Classement final

	Pts	J	G	N	P	bp	bc	dif
1. BARCELONE	18	6	6	0	0	13	4	+9
2. LOKOMOTIV	7	6	2	1	3	5	7	-2
3. Bruges	5	6	1	2	3	5	7	-2
4. Galatasaray	4	6	1	1	4	5	10	-5

Les deux premiers de chaque groupe qualifiés pour la deuxième phase. Les huit troisièmes sont reversés en seizièmes de finale de la Coupe de l'UEFA.

DEUXIÈME PHASE DE POULES

Groupe A

Newcastle United (ANG) - Inter Milan (ITA) 1-4
Bayer Leverkusen (ALL) - FC Barcelone (ESP) 1-2
Inter Milan - Bayer Leverkusen 3-2
FC Barcelone - Newcastle United 3-1
FC Barcelone - Inter Milan 3-0

Bayer Leverkusen - Newcastle United 1-3
Inter Milan - FC Barcelone 0-0
Newcastle United - Bayer Leverkusen 3-1
FC Barcelone - Bayer Leverkusen 2-0
Inter Milan - Newcastle United 2-2
Newcastle United - FC Barcelone 0-2
Bayer Leverkusen - Inter Milan 0-2

Classement final

	Pts	J	G	N	P	bp	bc	dif
1. BARCELONE	16	6	5	1	0	12	2	+10
2. INTER	11	6	3	2	1	11	8	+3
3. Newcastle	7	6	2	1	3	10	13	-3
4. Bayer	0	6	0	0	6	5	15	-10

Groupe B

AS Roma (ITA) - Arsenal (ANG) 1-3
FC Valence (ESP) - Ajax Amsterdam (HOL) 1-1
Arsenal - FC Valence 0-0
Ajax Amsterdam - AS Roma 2-1
Arsenal - Ajax Amsterdam 1-1
AS Roma - FC Valence 0-1
Ajax Amsterdam - Arsenal 0-0
FC Valence - AS Roma 0-3
Ajax Amsterdam - FC Valence 1-1
Arsenal - AS Roma 1-1
FC Valence - Arsenal 2-1
AS Roma - Ajax Amsterdam 1-1

Classement final

	Pts	J	G	N	P	bp	bc	dif
1. VALENCE	9	6	2	3	1	5	6	-1
2. AJAX	8	6	1	5	0	6	5	+1
3. Arsenal	7	6	1	4	1	6	5	+1
4. Roma	5	6	1	2	3	7	8	-1

Groupe C

Lokomotiv Moscou (RUS) - Borussia Dortmund (ALL) 1-2
Milan AC (ITA) - Real Madrid (ESP) 1-0
Borussia Dortmund - Milan AC 0-1
Real Madrid - Lokomotiv Moscou 2-2
Milan AC - Lokomotiv Moscou 1-0
Real Madrid - Borussia Dortmund 2-1
Lokomotiv Moscou - Milan AC 0-1
Borussia Dortmund - Real Madrid 1-1
Real Madrid - Milan AC 3-1
Borussia Dortmund - Lokomotiv Moscou 3-0
Milan AC - Borussia Dortmund 0-1
Lokomotiv Moscou - Real Madrid 0-1

Classement final

	Pts	J	G	N	P	bp	bc	dif
1. MILAN	12	6	4	0	2	5	4	+1
2. REAL	11	6	3	2	1	9	6	+3
3. Borussia	10	6	3	1	2	8	5	+3
4. Lokomotiv	1	6	0	1	5	3	10	-7

Groupe D

FC Bâle (SUI) - Manchester United (ANG) 1-3
Deportivo La Corogne (ESP) - Juventus Turin (ITA) 2-2
Manchester United - Deportivo La Corogne 2-0
Juventus Turin - FC Bâle 4-0
Manchester United - Juventus Turin 2-1
FC Bâle - Deportivo La Corogne 1-0
Juventus Turin - Manchester United 0-3
Deportivo La Corogne - FC Bâle 1-0
Manchester United - FC Bâle 1-1
Juventus Turin - Deportivo La Corogne 3-2
Deportivo La Corogne - Manchester United 2-0
FC Bâle - Juventus Turin 2-1

Classement final

	Pts	J	G	N	P	bp	bc	dif
1. MU	13	6	4	1	1	11	5	+6
2. JUVENTUS	7	6	2	1	3	11	11	0
3. FC Bâle	7	6	2	1	3	5	10	-5
4. Corogne	7	6	2	1	3	7	8	-1

Les deux premiers de chaque groupe qualifiés pour les quarts de finale.

QUARTS DE FINALE

(aller : mardi 8 et mercredi 9 avril 2003 ; retour : mardi 22 et mercredi 23 avril) :

REAL MADRID (ESP) - Manchester United (ANG) : 3-1 et 3-4.
JUVENTUS TURIN (ITA) - FC Barcelone (ESP) : 1-1 et 2-1 (a.p.).
Ajax Amsterdam (HOL) - MILAN AC (ITA) : 0-0 et 2-3.
INTER MILAN (ITA) - FC Valence (ESP) : 1-0 et 1-2.

En capitales, les quatre clubs qualifiés pour les demi-finales.

. ALLER

Le 8 avril 2003, à Madrid (Santiago-Bernabeu)
REAL MADRID (ESP) - Manchester United (ANG) : 3-1 (2-0). Spectateurs : 75 000. Arbitre : M. Frisk (SUE). Buts : Figo (12e), Raul (28e, 49e) pour le Real Madrid ; Van Nistelrooy (52e) pour Manchester United. Avertissements : G. Neville (64e), Van Nistelrooy (71e), Scholes (77e), Keane (90e+4) pour Manchester United.
Real Madrid : Iker Casillas - Michel Salgado, Hierro (cap.), Ivan Helguera, Roberto Carlos - Makélélé, Flavio Conceiçao - Figo, Raul, Zidane - Ronaldo (Guti, 84e). Entr. : Del Bosque.
Manchester United : Barthez - G. Neville (Solskjaer, 86e), Brown, R. Ferdinand, M. Silvestre (O'Shea, 58e) - Beckham, Butt, Scholes, Roy Keane (cap.), Giggs - Van Nistelrooy. Entr. : Ferguson.

Le 9 avril 2003, à Turin (delle Alpi)
Juventus Turin (ITA) - FC Barcelone (ESP) : 1-1 (1-0). Spectateurs : 48 783. Arbitre : M. Michel (SLQ). Buts : Montero (16e) pour la Juventus Turin ; Saviola (78e) pour le FC Barcelone. Avertissements : Birindelli (77e) pour la Juventus Turin ; Kluivert (58e), Gabri (69e) pour le FC Barcelone.
Juventus Turin : Buffon - Thuram, Montero, Ferrara, Zambrotta (Zalayeta, 67e) - Camoranesi, Tacchinardi, Tudor (Birindelli, 60e), Davids - Nedved - Del Piero (cap.) (Di Vaio, 82e). Entr. : Lippi.
FC Barcelone : Bonano - Gabri, Puyol, F.De Boer (cap.), Reiziger - Overmars (Luis Enrique, 83e), Xavi (Gerard, 74e), Motta, Riquelme (Mendieta, 63e) - Saviola, Kluivert. Entr. : Antic.

Le 8 avril 2003, à Amsterdam (Arena)
Ajax Amsterdam (HOL) - Milan AC (ITA) : 0-0. Spectateurs : 50 000. Arbitre : M. Hauge (NOR). Avertissements : Gattuso (35e), Ambrosini (67e) pour le Milan AC.
Ajax Amsterdam : Lobont - Trabelsi, Pasanen (De Jong, 74e), Chivu (cap.), J. O'Brien - Pienaar, Galasek (Sneijder, 67e), Yakubu, Maxwell - Ibrahimovic (Litmanen, 73e), Van der Vaart. Entr. : Koeman.
Milan AC : Dida - Simic, Nesta, Maldini (cap.), Costacurta - Rui Costa, Gattuso, Ambrosini, Seedorf (Serginho, 26e) - Chevtchenko (Rivaldo, 79e), F. Inzaghi (Tomasson, 73e). Entr. : Ancelotti.

Le 9 avril 2003, à Milan (San Siro)
INTER MILAN (ITA) - FC Valence (ESP) : 1-0 (1-0). Spectateurs : 52 623. Arbitre : M. Merk (ALL). But : Vieri (14e). Avertissements : C. Zanetti (71e), Pasquale (90e+3) pour l'Inter Milan ; Rufete (43e), Aimar (90e+4) pour le FC Valence. Expulsions : Emre (57e) pour l'Inter Milan ; Albelda (57e) pour le FC Valence.
Inter Milan : Toldo - J. Zanetti (cap.), Cordoba, Materazzi, Coco (Pasquale, 31e) - Sergio Conceiçao (Okan, 65e), C. Zanetti, Di Biagio, Emre - Vieri, Crespo (Cannavaro, 83e). Entr. : Cuper.
FC Valence : Canizares (cap.) - Réveillère, F. Ayala, Marchena, Carboni - Rufete (Mista, 80e), Albelda, Baraja, Vicente (Fabio Aurelio, 85e) - Aimar - Carew (Angulo, 68e). Entr. : Benitez.

. RETOUR

Le 23 avril 2003, à Manchester (Old Trafford)
MANCHESTER UNITED (ANG) - Real Madrid (ESP) : 4-3 (1-1). Spectateurs : 66 708. Arbitre : M. Collina (ITA). Buts : Van Nistelrooy (43e), Ivan Helguera (52e c.s.c.), Beckham (71e, 84e) pour Manchester United ; Ronaldo (12e, 51e, 59e) pour le Real Madrid. Avertissements : Veron (18e), Fortune (90e+3) pour Manchester United ; Figo (73e) pour le Real Madrid.
Manchester United : Barthez - Brown, R. Ferdinand, M. Silvestre (P. Neville, 79e), O'Shea - Roy Keane (cap.) (Fortune, 82e), Butt - Solskjaer, Veron (Beckham, 63e), Giggs - Van Nistelrooy. Entr. : Ferguson.
Real Madrid : Iker Casillas - Michel Salgado, Hierro (cap.), Ivan Helguera, Roberto Carlos - McManaman (Portillo, 69e), Makélélé - Guti, Zidane, Figo (Pavon, 88e) - Ronaldo (Solari, 67e). Entr. : Del Bosque.

Le 22 avril 2003, à Barcelone (Camp Nou)
FC Barcelone (ESP) - JUVENTUS TURIN (ITA) : 1-2 a.p. (0-0 ; 1-1). Spectateurs : 92 711. Arbitre : M. Poll (ANG). Buts : Xavi (66e) pour le FC Barcelone ; Nedved (53e), Zalayeta (115e) pour la Juventus Turin. Avertissements : Luis Enrique (76e), Gerard (106e), Motta (117e) pour le FC Barcelone ; Zambrotta (20e), Montero (21e), Davids (33e), Tacchinardi (94e), Buffon (117e) pour la Juventus Turin. Expulsion : Davids (79e) pour la Juventus Turin.
FC Barcelone : Bonano - Puyol, Andersson (Mendieta, 61e), F. De Boer, Reiziger (Gerard, 91e) - Overmars (Riquelme, 85e), Xavi, Motta, Luis Enrique (cap.) - Saviola, Kluivert. Entr. : Antic.
Juventus Turin : Buffon - Thuram, Ferrara, Montero, Zambrotta - Camoranesi (Birindelli, 46e), Tacchinardi, Davids - Nedved - Di Vaio (Zalayeta, 46e), Del Piero (cap.) (Tudor, 84e). Entr. : Lippi.

Le 23 avril 2003, à Milan (Giuseppe Meazza)
MILAN AC (ITA) - Ajax Amsterdam (HOL) : 3-2 (1-0). Spectateurs : 76 019. Arbitre : M. Mejuto Gonzalez (ESP). Buts : F. Inzaghi (30e), Chevtchenko (65e), Tomasson (90e+1) pour le Milan AC ; Litmanen (63e), Pienaar (78e) pour l'Ajax Amsterdam. Avertissements : Ambrosini (18e), Costacurta (62e) pour le Milan AC ; Pasanen (76e) pour l'Ajax Amsterdam.
Milan AC : Dida - Simic (Tomasson, 83e), Nesta, Maldini (cap.), Costacurta - Brocchi, Ambrosini, Rui Costa (Redondo, 85e), Kaladze (Rivaldo, 80e) - Chevtchenko, F. Inzaghi. Entr. : Ancelotti.
Ajax Amsterdam : Lobont - Trabelsi, Pasanen, Chivu (cap.), Van Damme (Litmanen, 46e) - Yakubu, Sneijder, O'Brien - Pienaar (De Jong, 84e), Ibrahimovic, Van der Meyde (Bergdölmo, 89e). Entr. : Koeman.

Le 22 avril 2003, à Valence (Mestalla)
FC VALENCE (ESP) - Inter Milan (ITA) : 2-1 (1-1). Spectateurs : 52 000. Arbitre : M. Nielsen (DAN). Buts : Aimar (7e), Baraja (51e) pour le FC Valence ; Vieri (5e) pour l'Inter Milan. Avertissements : Baraja (32e), Angulo (38e), Marchena (81e) pour le FC Valence ; Vieri (14e), Pasquale (26e), Toldo (38e), Di Biagio (65e), C. Zanetti (78e) pour l'Inter Milan.
FC Valence : Canizares (cap.) - Réveillère, F. Ayala, Marchena, Carboni (Fabio Aurelio, 79e) - Angulo, Baraja, Vicente - Aimar (Mista, 84e) - Juan Sanchez, Carew (Rufete, 73e). Entr. : Benitez.
Inter Milan : Toldo - Cordoba, Gamarra, Materazzi, Pasquale (Adani, 46e) - J. Zanetti (cap.), C. Zanetti, Di Biagio (Okan, 75e), S. Dalmat - Vieri (Recoba, 32e), Crespo. Entr. : Cuper.

DEMI-FINALES

(aller : mardi 6 et mercredi 7 mai 2003 ; retour : mardi 13 et mercredi 14 mai)

Real Madrid (ESP) - JUVENTUS TURIN (ITA) : 2-1 et 1-3.
MILAN AC (ITA) - Inter Milan (ITA) : 0-0 et 1-1.

En capitales, les deux clubs qualifiés pour la finale.

. ALLER

Le 6 mai 2003, à Madrid (Santiago Bernabeu)
REAL MADRID (ESP) - Juventus Turin (ITA) : 2-1 (1-1). Spectateurs : 74 000. Arbitre : M. Hauge (NOR). Buts : Ronaldo (23e), Roberto Carlos (73e) pour le Real Madrid ; Trezeguet (45e) pour la Juventus Turin. Avertissements : Birindelli (29e), Iuliano (31e), Zambrotta (35e), Conte (57e), Ferrara (79e) pour la Juventus Turin.
Real Madrid : Iker Casillas - Michel Salgado, Hierro (cap.), Ivan Helguera, Roberto Carlos - Makélélé, Guti - Figo, Zidane - Ronaldo (Portillo, 50e), Morientes (Solari, 79e). Entr. : Del Bosque.
Juventus Turin : Buffon - Thuram, Ferrara, Iuliano (Pessotto, 46e), Birindelli - Conte, Tudor (Camoranesi, 80e), Zambrotta - Nedved (Di Vaio, 82e), Del Piero (cap.) - Trezeguet. Entr. : Lippi.

Le 7 mai 2003, à Milan (San Siro)
Milan AC (ITA) - Inter Milan (ITA) : 0-0. Spectateurs : 77 049. Arbitre : M. Ivanov (RUS).
Milan AC : Dida - Costacurta, Nesta, Maldini (cap.), Kaladze - Gattuso (Redondo, 78e), Brocchi (Serginho, 73e), Seedorf - Rui Costa - Chevtchenko (Rivaldo, 81e), F. Inzaghi. Entr. : Ancelotti.
Inter Milan : Toldo - Cordoba, Materazzi, Cannavaro - J. Zanetti (cap.), Sergio Conceiçao (Guglielminpietro, 66e), Di Biagio, Emre, Coco (Pasquale, 85e) - Recoba (Kallon, 72e), Crespo. Entr. : Cuper.

. RETOUR

Le 13 mai 2003, à Milan (San Siro)
Inter Milan (ITA) - Milan AC (ITA) : 1-1 (0-1). Spectateurs : 76 854. Arbitre : M. Veissière (FRA). Buts : O. Martins (84e) pour l'Inter Milan ; Chevtchenko (45e) pour le Milan AC. Avertissements : Di Biagio (39e) pour l'Inter Milan ; F. Inzaghi (36e), Gattuso (36e), Rui Costa (40e), Kaladze (85e) pour le Milan AC.
Inter Milan : Toldo - Cordoba, Materazzi, F. Cannavaro - J. Zanetti (cap.), Sergio Conceiçao, C. Zanetti, Di Biagio (Dalmat, 46e), Emre - Recoba (O. Martins, 46e), Crespo (Kallon, 71e). Entr. : Cuper.
Milan AC : Abbiati - Costacurta, Nesta, Maldini (cap.), Kaladze - Gattuso, Pirlo (Brocchi, 88e), Seedorf - Rui Costa (Ambrosini, 65e) - Chevtchenko, F. Inzaghi (Serginho, 80e). Entr. : Ancelotti.

Le 14 mai 2003, à Turin (delle Alpi)
JUVENTUS TURIN (ITA) - Real Madrid (ESP) : 3-1 (2-0). Spectateurs : 67 299. Arbitre : M. Meier (SUI). Buts : Trezeguet (12e), Del Piero (43e), Nedved (73e) pour la Juventus Turin ; Zidane (89e) pour le Real Madrid. Avertissements : Montero (58e), Tacchinardi (64e), Nedved (83e) pour la Juventus Turin ; Flavio Conceiçao (23e), Michel Salgado (59e), Hierro (75e), Figo (86e) pour le Real Madrid.
Juventus Turin : Buffon - Thuram, Tudor, Montero, Birindelli (Pessotto, 60e) - Zambrotta, Tacchinardi, Davids (Conte, 89e) - Nedved - Del Piero (cap.), Trezeguet (Camoranesi, 77e). Entr. : Lippi.
Real Madrid : Iker Casillas - Michel Salgado, Hierro (cap.), Ivan Helguera, Roberto Carlos - Flavio Conceiçao (Ronaldo, 52e), Cambiasso (McManaman, 76e) - Figo, Guti, Zidane - Raul. Entr. : Del Bosque.

FINALE

Le 28 mai 2003, à Manchester (Old Trafford)
MILAN AC (ITA) - Juventus Turin (ITA) : 0-0 a.p. (3 t.a.b. à 2). Spectateurs : 63 215. Arbitre : M. Merk (ALL). Tirs au but réussis : Serginho, Nesta, Chevtchenko pour le Milan AC ; Birindelli, Del Piero pour la Juventus Turin.
Tirs au but manqués : Seedorf, Kaladze pour le Milan AC ; Trezeguet, Zalayeta, Montero pour la Juventus Turin. Avertissements : Costacurta (18e) pour le Milan AC ; Tacchinardi (69e), Del Piero (111e) pour la Juventus Turin.
Milan AC : Dida - Costacurta (Roque Junior, 66e), Nesta, Maldini (cap.), Kaladze - Gattuso, Pirlo (Serghinho, 71e), Seedorf - Rui Costa (Ambrosini, 87e) - Chevtchenko, F. Inzaghi. Entr. : Ancelotti.
Juventus Turin : Buffon - Thuram, Tudor (Birindelli, 42e), Ferrara, Montero - Tacchinardi, Davids (Zalayeta, 65e) - Zambrotta, Camoranesi (Conte, 46e) - Trezeguet, Del Piero (cap.). Entr. : Lippi.

Buteurs*
1. Van Nistelrooy (Manchester United), 12.
2. F. Inzaghi (Milan AC), 10.
3. Makaay (Deportivo La Corogne), Raul (Real Madrid), Crespo (Inter Milan), 9.
6. Koller (Borussia Dortmund), 8.
7. Henry (Arsenal), Saviola (FC Barcelone), 7.
9. Shearer (Newcastle United), Ronaldo (Real Madrid), 6.
11. Z. Ibrahimovic (Ajax Amsterdam), Gimenez et Rossi (FC Bâle), Kluivert (FC Barcelone), Ayegbeni (Maccabi Haïfa), Anderson (Lyon), Guti (Real Madrid), Giggs (Manchester United), Del Piero et Nedved (Juventus Turin), Carew (FC Valence), 5.
22. Diego Tristan (Deportivo La Corogne), Moreira (Lens), Djordjevic (Olympiakos Le Pirée), Babic (Bayer Leverkusen), Owen (Liverpool FC), Veron (Manchester United), Chevtchenko (Milan AC), Cassano (AS Roma), Di Vaio et Trezeguet (Juventus Turin), Baraja (FC Valence), 4.
33. H. Yakin (FC Bâle), Marcio Amoroso (Borussia Dortmund), Katan (Maccabi Haïfa), Chatskyh (Dynamo Kiev), Schneider (Bayer Leverkusen), Zidane (Real Madrid), Solskjaer (Manchester United), Tomasson (Milan AC), Vieri (Inter Milan), Ameobi (Newcastle United), Totti (AS Roma), Aimar et Juan Sanchez (FC Valence), 3.
46. Litmanen, Pienaar et Van der Vaart (Ajax Amsterdam), Gilberto Silva et Ljungberg (Arsenal), Centeno (AEK Athènes), Benjani (Auxerre), Ergic (FC Bâle), Dani, F. de Boer, Luis Enrique et Motta (FC Barcelone), Frings et Rosicky (Borussia Dortmund), Bruggink (PSV Eindhoven), Sonck (RC Genk), Khatskevitch (Dynamo Kiev), Victor (Deportivo La Corogne), Utaka (Lens), Berbatov, França et Juan (Bayer Leverkusen), Heskey (Liverpool FC), Carrière, Govou et Vairelles (Lyon), Figo et McManaman (Real Madrid), Beckham (Manchester United), Rivaldo (Milan AC), Di Bagio, O. Martins et Recoba (Inter Milan), Salihamidzic (Bayern Munich), Loskov et Obiorah (Lokomotiv Moscou), Bellamy (Newcastle United), Karadas (Rosenborg Trondheim), Montero, Tacchinardi et Zalayeta (Juventus Turin), Angulo, Fabio Aurelio et Mista (FC Valence), 2.
90. De Jong, Pasanen et Van der Meyde (Ajax Amsterdam), Bergkamp, Kanu, Vieira et Wiltord (Arsenal), Katsouranis, Lakis, Maladenis, Nikolaidis et Tsartas (AEK Athènes), Fadiga et Kapo (Auxerre), Atouba et Cantaluppi (FC Bâle), Cocu, Geovanni, Gerard, Mendieta, Overmars, Riquelme et Xavi (FC Barcelone), Englebert, Martens, Simons, Saeternes et Verheyen (FC Bruges), Robben, Rommedahl et Van der Schaaf (PSV Eindhoven), Badier, Cohen, Pralija et Zutautas (Maccabi Haïfa), Arif, Cihan Haspolatli, Fabio Pinto, Hasan Sas et Sarr (Galatasaray Istanbul), Bialkevitch (Dynamo Kiev), Capdevila et César Martin (Deportivo La Corogne), Alexandris, Antzas, Choutos, Giannakopoulos, Niniadis et Zetterberg (Olympiakos Le Pirée), D. Bakari, Blanchard, A. Coulibaly et Thomert (Lens), Zivkovic (Bayer Leverkusen), Baros, Br. Cheyrou, Diao, Hyypiä, Murphy et Smicer (Liverpool FC), Luyindula (Lyon), Celades, Michel Salgado, Portillo, Roberto Carlos, Tote (Real Madrid), L. Blanc, Brown, Forlan, G. Neville et Scholes (Manchester United), Seedorf et Serginho (Milan AC), Almeyda, Cannavaro, Cordoba, Emre et Morfeo (Inter Milan), Julio César, Ignachevitch, Mnguni et Yevseyev (Lokomotiv Moscou), Danichevsky (Spartak Moscou), Elber, Feulner, N. Kovac, Linke, Pizarro, Santa Cruz et Tarnat (Bayern Munich), Griffin, Hugo Viana, LuaLua, Solano et Speed (Newcastle United), Batistuta, Delvecchio et Emerson (AS Roma), Bombarda, Lurling, Pardo et Van Hooijdonk (Feyenoord Rotterdam), Brattbakk et Enerly (Rosenborg Trondheim), Birindelli, Camoranesi, Davids, Ferrara, Salas et Tudor (Juventus Turin), Curro Torres, Kily Gonzalez et Rufete (FC Valence), 1.

Ont marqué contre leur camp : Gilberto Silva (Arsenal) pour le Borussia Dortmund ; Zokora (RC Genk) pour le Real Madrid ; Kleine (Bayer Leverkusen) pour l'Olympiakos Le Pirée ; Butt (Bayer Leverkusen) pour l'Inter Milan ; Caçapa (Lyon) pour l'Inter Milan ; Ivan Helguera (Real Madrid) pour Mancheter United), Lynch (Manchester United) pour le Deportivo La Corogne ; Saarinen (Rosenborg Trondheim) pour l'Inter Milan ; Fink (Bayern Munich) pour Lens.

** Classement établi à partir des matches de la Première phase de groupe.*

COUPE INTERTOTO 2002

PREMIER TOUR
(aller : samedi 22 et dimanche 23 juin 2002 ; retour : samedi 29 et dimanche 30 juin) :

SC LOKEREN (BEL) - Georgia Tbilissi (GEO) : 3-1 et 2-3.
BATE BORISOV (BLR) - AB Copenhague (DAN) : 1-0 et 2-0.
FC ZURICH (SUI) - Brotnjo Citluk (BOS) : 7-0 et 1-2.
Dukla Trencin (SVQ) - SLAVEN BELUPO (CRO) : 3-1 et 0-5.
Kisped-Honved (HON) - JALGUIRIS VILNIUS (LIT) : 0-1 et 0-0.
SAINT-GALL (SUI) - B 68 Toftir (FER) : 5-1 et 6-0.
Enosis Paralimni (CHY) - BREGENZ (AUT) : 0-2 et 1-3.
Uniao Leiria (POR) - LEVADIA MAARDU (EST) : 0-3 (tapis vert) et 2-1.
FC La Valette (MAL) - TEUTA DURRES (ALB) : 1-2 et 0-0.
COLERAINE (ILN) - Saint Julia (AND) : 5-0 et 2-2.
MAREK DOUPNITSA (BUL) - Caersws (GAL) : 2-0 et 1-1.
Cementarnica Skopje (MAC) - HAFNARJÖRDUR (ISL) : 1-3 et 2-1.
Rijeka (CRO) - SAINT PATRICK ATHLETIC (IRL) : 3-2 et 0-1.
Constructorul Chisinau (MOL) - SYNOT STARE MESTO (RTC) : 0-0 et 0-4.
SANTA CLARA (POR) - Chirak Gumri (ARM) : 2-0 et 3-3.
HELSINGBORG IF (SUE) - Koper (SLV) : 1-0 et 0-0.
GLORIA BISTRITA (ROU) - US Luxembourg (LUX) : 2-0 et 0-0.
Artikel Brno (RTC) - AS ASHOD (ISR) : 0-5 et 1-1.
Zaglebie Lubin (POL) - DINABURG DAUGAVPILS (LET) : 1-1 et 0-1.
Obilic Belgrade (YOU) - FC HAKA VALKEAKOSKI (FIN) : 1-2 et 1-1.

En capitales, les clubs qualifiés pour le deuxième tour.

DEUXIÈME TOUR
(aller : samedi 6 et dimanche 7 juillet 2002 ; retour : samedi 13 et dimanche 14 juillet) :

SOCHAUX (FRA) - Jalguiris Vilnius (LIT) : 2-0 et 2-1.
Coleraine (ILN) - TROYES (FRA) : 1-2 et 1-2.
VILLARREAL (ESP) - Hafnarjördur (ISL) : 2-0 et 2-2.
LA GANTOISE (BEL) - Saint Patrick Athletic (IRL) : 2-0 et 1-3.
KRYLYA SOVETOV SAMARA (RUS) - Dinaburg Daugavpils (LET) : 3-0 et 1-0.
WILLEM II TILBURG (HOL) - Saint-Gall (SUI) : 1-0 et 1-1 (a.p.).
FC ZURICH (SUI) - Levadia Maardu (EST) : 1-0 et 0-0.
GLORIA BISTRITA (ROU) - Teuta Durres (ALB) : 3-0 et 0-1.
AS Ashod (ISR) - MAREK DOUPNITSA (BUL) : 1-1 et 0-1.
SLAVEN BELUPO (CRO) - Belenenses (POR) : 2-0 et 1-0.
FULHAM (ANG) - FC Haka Valkeakoski (FIN) : 0-0 et 1-1.
TEPLICE (RTC) - Santa Clara (POR) : 5-1 et 4-1.
VfB STUTTGART (ALL) - SC Lokeren (BEL) : 2-0 et 1-0.
TORINO (ITA) - Bregenz (AUT) : 1-0 et 1-1.
Munich 1860 (ALL) - BATE BORISOV (BLR) : 0-1 et 0-4.
FC SYNOT STARE MESTO (RTC) - Helsingborg IF (SUE) : 4-0 et 0-2.

En capitales, les clubs qualifiés pour le troisième tour.

TROISIÈME TOUR
(aller : samedi 20 et dimanche 21 juillet ; retour : samedi 27 juillet) :

Gloria Bistrita (ROU) - LILLE (FRA) : 0-2 et 0-1.
Synot Stare Mesto (RTC) - SOCHAUX (FRA) : 0-3 et 0-0.
NAC Breda (HOL) - TROYES (FRA) : 1-1 et 0-0.
VfB STUTTGART (ALL) - Pérouse (ITA) : 3-1 et 1-2.
FULHAM (ANG) - Aigaelo Athènes (GRE) : 1-0 et 1-1.
BOLOGNE (ITA) - BATE Borisov (BLR) : 2-0 et 0-0.
MALAGA (ESP) - La Gantoise (BEL) : 3-0 et 1-1.
Marek Doupnitsa (BUL) - SLAVEN BELUPO (CRO) : 0-3 et 1-3.
Krylya Sovetov Samara (RUS) - WILLEM II TILBURG (HOL) : 3-1 et 0-2.
FC Kaiserslautern (ALL) - TEPLICE (RTC) : 2-1 et 0-4.
Torino (ITA) - VILLAREAL (ESP) : 2-0 et 0-2 (3 t.a.b. à 4).
FC Zurich (SUI) - ASTON VILLA (ANG) : 2-0 et 0-3.

En capitales, les douze clubs qualifiés pour les demi-finales.

DEMI-FINALES
(aller : mercredi 31 juillet 2002 ; retour : mercredi 7 août) :

LILLE (FRA) - Aston Villa (ANG) : 1-1 et 2-0.
FULHAM (ANG) - Sochaux (FRA) : 1-0 et 2-0.
Villarreal (ESP) - TROYES (FRA) : 0-0 et 1-2.
VfB STUTTGART (ALL) - Slaven Belupo (CRO) : 2-1 et 1-0.
MALAGA (ESP) - Willem II Tilburg (HOL) : 2-1 et 1-0.
BOLOGNE (ITA) - Teplice (RTC) : 5-1 et 3-1.

En capitales, les six clubs qualifiés pour les finales.

FINALES
(aller : mardi 13 août 2002 ; retour : mardi 27 août) :

Lille (FRA) - VfB STUTTGART (ALL) : 1-0 et 0-2.
Villarreal (ESP) - MALAGA (ESP) : 0-1 et 1-1.
Bologne (ITA) - FULHAM (ANG) : 2-2 et 1-3.

En capitales, les clubs qualifiés pour le premier tour de la Coupe de l'UEFA.

COUPE DE L'UEFA

TOUR PRÉLIMINAIRE
(aller : mardi 13 et jeudi 15 août 2002 ; retour : jeudi 29 août) :

Vaduz (LIE) - LIVINGSTON (ECO) : 1-1 et 0-0.
Sliema Wanderers (MLT) - POLONIA VARSOVIE (POL) : 1-3 et 0-2.
ANORTHOSIS FAMAGOUSTE (CHY) - Grevenmacher (LUX) : 3-0 et 0-2.
Levadia Tallinn (EST) - MACCABI TEL-AVIV (ISR) : 0-2 et 0-2.
LEIXOES (POR) - Belasica Strumica (MCD) : 2-2 et 2-1.
STABAEK IF (NOR) - Linfield (ILN) : 4-0 et 1-1.
Sigma Olomouc (RTC) - FK SARAJEVO (BOS) : 2-1 et 1-2 (3 t.b. à 5).
ZIMBRU CHISINAU (MOL) - IFK Göteborg (SUE) : 3-1 et 2-2.
Klaksvik (FER) - FC UJPEST (HON) : 2-2 et 0-1.
MyPa Myllykosken (FIN) - ODENSE BK (DAN) : 1-0 et 0-2.
Dynamo Minsk (BLR) - CSKA SOFIA (BUL) : 1-4 et 0-1.
DYNAMO TBILISSI (GEO) - Levadia Tallinn (EST) : 4-1 et 1-0.
Spartak Erevan (ARM) - SERVETTE GENÈVE (SUI) : 0-2 et 0-3.
Shamrock Rovers (IRL) - DJURGARDENS IF (SUE) : 1-3 et 0-2.
VARTEKS VARAZDIN (CRO) - Dundalk FC (IRL) : 5-0 et 4-0.
FK GOMEL (BLR) - HJK Helsinki (FIN) : 1-0 et 4-0.
ABERDEEN (ECO) - Nistru Otaci (MOL) : 1-0 et 0-0.
AIK SOLNA (SUE) - Vestmannaeyjar (ISL) : 2-0 et 3-1.
RAPID BUCAREST (ROU) - Nova Gorica (SLV) : 2-0 et 3-1.
Domagnano (SAN) - VIKTORIA ZIZKOV (RTC) : 0-2 et 0-3.
Kairat Almaty (KAZ) - ÉTOILE ROUGE BELGRADE (YOU) : 0-2 et 0-3.
METALURG ZAPORIZHYA (UKR) - Birkirkara (MLT) : 3-0 et 0-0.
Bangor City (GAL) - SARTID SMEDEREVO (YOU) : 1-0 et 0-2.
Koba Senec (SVQ) - SIROKI BRIJEG (BOS) : 1-2 et 0-3.
SK Tirana (ALB) - NATIONAL BUCAREST (ROU) : 0-1 et 2-2.
Avenir Beggen (LUX) - IPSWICH TOWN (ANG) : 0-1 et 1-8.
Fylkir Reykjavik (ISL) - EXELCIOR MOUSCRON (BEL) : 1-1 et 1-3.
LITEX LOVECH (BUL) - Atlantas Klaipeda (LIT) : 5-0 et 3-1.
Encamp (AND) - ZENIT SAINT-PÉTERSBOURG (RUS) : 0-5 et 0-8.
Atyrau (KAZ) - MATADOR PUCHOV (SVQ) : 0-0 et 0-2.
Glentoran (ILN) - WISLA CRACOVIE (POL) : 0-2 et 0-4.
Prilep Pobeda (MAC) - FC MIDTJYLLAND HERNING (DAN) : 2-0 et 0-3.
NK PRIMORJE (SLV) - Zvartnots Erevan (ARM) : 6-1 et 0-2.
FK VENTSPILS (LET) - Lugano (SUI) : 3-0 et 0-1.
HAPOËL TEL-AVIV (ISR) - Partizan Tirana (ALB) : 1-0 et 4-1.
FERENCVAROS (HON) - AEL Limassol (CHY) : 4-0 et 1-2.
HAJDUK SPLIT (CRO) - GI Gotu (FER) : 3-0 et 8-0.

Brann Bergen (NOR) - FK SUDUVA (LIT) : 2-3 et 2-3.
AMICA WRONKI (POL) - Llansantfraid (GAL) : 5-0 et 7-2.
FC COPENHAGUE (DAN) - Lokomotiv Tbilissi (GEO) : 3-1 et 4-1.
Metalurgs Liepajas (LET) - FC CARINTHIE (AUT) : 0-2 et 2-4.

Les vainqueurs qualifés pour le premier tour.

PREMIER TOUR

(aller : mardi 17 et jeudi 19 septembre 2002 ; retour : mardi 1er et jeudi 3 octobre) :

BORDEAUX (FRA) - Matador Puchov (SLQ) : 6-0 et 4-1.
DENIZLISPOR (TUR) - Lorient (FRA) : 2-0 et 1-3.
PARIS-SG (FRA) - FC Ujpest (HON) : 3-0 et 1-0.
VIKTORIA ZIZKOV (RTC) - Glasgow Rangers (ECO) : 2-0 et 1-3.
Aberdeen (ECO) - HERTHA BERLIN (ALL) : 0-0 et 0-1.
Leixoes SC (POR) - PAOK SALONIQUE (GRE) : 2-1 et 1-4.
VITESSE ARNHEM (HOL) - Rapid Bucarest (ROU) : 1-1 et 1-0.
AUSTRIA VIENNE (AUT) - Chakhtior Donetsk (UKR) : 5-1 et 0-1.
NK Primorje (SLV) - WISLA CRACOVIE (POL) : 0-2 et 1-6.
Litex Lovech (BUL) - PANATHINAÏKOS ATHENES (GRE) : 0-1 et 1-2 (a.p.).
Sporting Portugal (POR) - PARTIZAN BELGRADE (YOU) : 1-3 et 3-3 (a.p.).
LEGIA VARSOVIE (POL) - FC Utrecht (HOL) : 4-1 et 3-1.
Zimbru Chisinau (MOL) - BETIS SEVILLE (ESP) : 0-2 et 1-2.
BESIKTAS ISTANBUL (TUR) - FK Sarajevo (BOS) : 2-2 et 5-0.
CSKA Moscou (RUS) - PARME (ITA) : 1-1 et 2-3.
LEVSKI SOFIA (BUL) - Bröndby IF (DAN) : 4-1 et 1-1.
RSC ANDERLECHT (BEL) - Stabaek IF (NOR) : 0-1 et 2-1.
NATIONAL BUCAREST (ROU) - SC Heerenveen (HOL) : 3-0 et 0-2.
LAZIO ROME (ITA) - Xanthi (GRE) : 4-0 et 0-0.
IPSWICH TOWN (ANG) - Sartid Smederevo (YOU) : 1-1 et 1-0.
Maccabi Tel-Aviv (ISR) - BOAVISTA PORTO (POR) : 1-0 et 1-4.
AIK Solna (SUE) - FENERBAHÇE (TUR) : 3-3 et 1-3.
SPARTA PRAGUE (RTC) - Siroki Brijeg (BOS) : 3-0 et 1-0.
Chelsea (ANG) - VIKING STAVANGER (NOR) : 2-1 et 2-4.
FC Carinthie (AUT) - HAPOËL TEL-AVIV (ISR) : 0-4 et 1-0.
VfB STUTTGART (ALL) - FK Ventspils (LET) : 4-1 et 4-1.
DINAMO ZAGREB (CRO) - Zalaegerszegi TE (HON) : 6-0 et 3-1.
FC Copenhague (DAN) - DJUGARDENS IF (SUE) : 0-0 et 1-3.
LEEDS UNITED (ANG) - Metalurg Zaporizhya (UKR) : 1-0 et 1-1.
Servette Genève (SUI) - AMICA WRONCKI (POL) : 2-3 et 2-1.
STURM GRAZ (AUT) - Livingston (ECO) : 5-2 et 3-4.
FERENCVAROS (HON) - Koçaelispor (TUR) : 4-0 et 1-0.
Zeljeznicar Sarajevo (BOS) - MALAGA (ESP) : 0-0 et 0-1.
SLOVAN LIBEREC (RTC) - Dinamo Tbilissi (GEO) : 3-2 et 1-0.
ÉTOILE ROUGE BELGRADE (YOU) - Chievo Vérone (ITA) : 0-0 et 2-0.
Hadjuk Split (CRO) - FULHAM (ANG) : 0-1 et 2-2.
APOËL NICOSIE (CHY) - Graz AK (AUT) : 2-0 et 1-1.
CELTA VIGO (ESP) - Odense BK (DAN) : 2-0 et 0-1.
Metalurg Donetsk (UKR) - WERDER BR ME (ALL) : 2-2 et 0-8.
CELTIC GLASGOW (ECO) - FK Suduva (LIT) : 8-1 et 2-0.
FC PORTO (POR) - Polonia Varsovie (POL) : 6-0 et 0-2.
FK Gomel (BLR) - SCHALKE 04 (ALL) : 1-4 et 0-4.
GRASSHOPPER ZURICH (SUI) - Zenit Saint-Pétersbourg (RUS) : 3-1 et 1-2.
Ankaragücü (TUR) - ALAVES VITORIA (ESP) : 1-2 et 0-3.
Iraklis Salonique (GRE) - ANORTHOSIS FAMAGOUSTE (CHY) : 4-2 et 1-3.
FC MIDTJYLLAND HERNING (DAN) - Varteks Varazdin (CRO) : 1-0 et 1-1.
BLACKBURN ROVERS (ANG) - CSKA Sofia (BUL) : 1-1 et 3-3.
Excelsior Mouscron (BEL) - SLAVIA PRAGUE (RTC) : 2-2 et 1-5.

En capitales, les clubs qualifiés pour le deuxième tour.

DEUXIÈME TOUR

(aller : mardi 29 et jeudi 31 octobre 2002 ; retour : jeudi 7, mardi 12 et jeudi 14 novembre) :

Djurgardens IF (SUE) - BORDEAUX (FRA) : 0-1 et 1-2.
Nacional Bucarest (ROU) - PARIS-SG (FRA) : 0-2 et 0-1.
Viktoria Zizkov (RTC) - BETIS SEVILLE (ESP) : 0-1 et 0-3.
Legia Varsovie (POL) - SCHALKE 04 (ALL) : 2-3 et 0-0.
APOEL Nicosie (CHY) - HERTHA BERLIN (ALL) : 0-1 et 0-4.
MALAGA (ESP) - Amica Wronki (POL) : 2-1 et 2-1.
Ferencvaros (HON) - VfB STUTTGART (ALL) : 0-0 et 0-2.
BOAVISTA PORTO (POR) - Anorthosis Famagouste (CHY) : 2-1 et 1-0.
Dinamo Zagreb (CRO) - FULHAM (ANG) : 0-3 et 1-2.
Parme (ITA) - WISLA CRACOVIE (POL) : 2-1 et 1-4 (a.p.).
RSC ANDERLECHT (BEL) - FC Midtjylland Herning (DAN) : 3-1 et 3-0.
Partizan Belgrade (YOU) - SLAVIA PRAGUE (RTC) : 3-1 et 1-5 (a.p.).
LAZIO ROME (ITA) - Étoile Rouge Belgrade (YOU) : 1-0 et 1-1.
Ipswich Town (ANG) - SLOVAN LIBEREC (RTC) : 1-0 et 0-1 (2 t.a.b. à 4).
Alavés Vitoria (ESP) - BESIKTAS ISTANBUL (TUR) : 1-1 et 0-1.
LEEDS UNITED (ANG) - Hapoël Tel-Aviv (ISR) : 1-0 et 4-1.
Austria Vienne (AUT) - FC PORTO (POR) : 0-1 et 0-2.
Sparta Prague (RTC) - DENIZLISPOR (TUR) : 1-0 et 0-2.
CELTIC GLASGOW (ECO) - Blackburn Rovers (ANG) : 1-0 et 2-0.
VITESSE ARNHEM (HOL) - Werder Brême (ALL) : 2-1 et 3-3.
CELTA VIGO (ESP) - Viking Stavenger (NOR) : 3-0 et 1-1.
STURM GRAZ (AUT) - Levski Sofia (BUL) : 1-0 et 0-1 a.p. (8 t.a.b. à 7).
PAOK SALONIQUE (GRE) - Grasshopper Zurich (SUI) : 2-1 et 1-1.
Fenerbahçe (TUR) - PANATHINAÏKOS ATHENES (GRE) : 1-1 et 1-4.

En capitales, les clubs qualifiés pour les seizièmes de finale.

SEIZIÈMES DE FINALE

(aller : mardi 26 et jeudi 28 novembre 2002 ; retour : mardi 10 et jeudi 12 décembre) :

Betis Séville (ESP) - AUXERRE (FRA) : 1-0 et 0-2.
Bordeaux (FRA) - RSC ANDERLECHT (BEL) : 0-2 et 2-2.
FC PORTO (POR) - Lens (FRA) : 3-0 et 0-1.
DENIZLISPOR (TUR) - Lyon (FRA) : 0-0 et 1-0.
Paris-SG (FRA) - BOAVISTA PORTO (POR) : 2-1 et 0-1.
HERTHA BERLIN (ALL) - Fulham (ANG) : 2-1 et 0-0.
WISLA CRACOVIE (POL) - Schalke 04 (ALL) : 1-1 et 4-1.
Sturm Graz (AUT) - LAZIO ROME (ITA) : 1-3 et 1-0.
BESIKTAS ISTANBUL (TUR) - Dynamo Kiev (UKR) : 3-1 et 0-0.
FC Bruges (BEL) - VfB STUTTGART (ALL) : 1-2 et 0-1.
Vitesse Arnhem (HOL) - LIVERPOOL FC (ANG) : 0-1 et 0-1.
Slovan Liberec (RTC) - PANATHINAÏKOS ATHENES (GRE) : 2-2 et 0-1.
MALAGA (ESP) - Leeds United (ANG) : 0-0 et 2-1.
PAOK Salonique (GRE) - SLAVIA PRAGUE (RTC) : 1-0 et 0-4.
AEK ATHENES (GRE) - Maccabi Haïfa (ISR) : 4-0 et 4-1.
CELTIC GLASGOW (ECO) - Celta Vigo (ESP) : 1-0 et 1-2.

En capitales, les seize clubs qualifiés pour les huitièmes de finale.

HUITIÈMES DE FINALE

(aller : jeudi 20 février 2003 ; retour : jeudi 27 février) :

Auxerre (FRA) - LIVERPOOL FC (ANG) : 0-1 et 0-2.
Slavia Prague (RTC) - BESIKTAS ISTANBUL (TUR) : 1-0 et 2-4.
LAZIO ROME (ITA) - Wisla Cracovie (POL) : 3-3 et 2-1.
MALAGA (ESP) - AEK Athènes (GRE) : 0-0 et 1-0.
Hertha Berlin (ALL) - BOAVISTA PORTO (POR) : 3-2 et 0-1.
CELTIC GLASGOW (ECO) - VfB Stuttgart (ALL) : 3-1 et 2-3.
FC PORTO (POR) - Denizlispor (TUR) : 6-1 et 2-2.
PANATHINAÏKOS ATHENES (GRE) - RSC Anderlecht (BEL) : 3-0 et 0-2.

En capitales, les huit clubs qualifiés pour les quarts de finale.

QUARTS DE FINALE

(aller : jeudi 13 mars 2003 ; retour : jeudi 20 mars) :
LAZIO ROME (ITA) - Besiktas Istanbul (TUR) : 1-0 et 2-1.
Malaga (ESP) - BOAVISTA PORTO (POR) : 1-0 et 0-1 a.p. (1 t.a.b. à 4).
CELTIC GLASGOW (ECO) - Liverpool FC (ANG) : 1-1 et 2-0.
FC PORTO (POR) - Panathinaïkos Athènes (GRE) : 0-1 et 2-0 (a.p.).

En capitales, les quatre clubs qualifiés pour les demi-finales.

. ALLER
(jeudi 13 mars 2003) :

LAZIO ROME (ITA) - Besiktas Istanbul (TUR) : 1-0 (0-0). Spectateurs : 25 000. Arbitre : M. Mejuto Gonzalez (ESP). But : S. Inzaghi (56e). Avertissements : César (78e) pour la Lazio Rome ; Yildirim (41e), Ali Beserler (62e) Ronaldo Guiaro (71e) pour Besiktas Istanbul.
Lazio Rome : Peruzzi - Stam, Fernando Couto, Mihajlovic, Favalli (S. Inzaghi, 50e) - Lazetic (Liverani, 84e), Simeone, Stankovic, César - Claudio Lopez, Chiesa (Fiore, 74e). Entr. : Mancini.
Besiktas Istanbul : Cordoba - Ali Beserler, Ronaldo Guiaro, Yildirim - Niyazi Güney (Nouma, 86e), Tayfur (Ahmet Dursun, 77e), Giunti (Sülün, 71e), Serdan - Pancu - Sergen, Ilhan Mansiz. Entr. : Lucescu.

MALAGA (ESP) - Boavista Porto (POR) : 1-0 (1-0). Spectateurs : 25 000. Arbitre : M. Collina (ITA). But : Dely Valdes (18e). Avertissements : Romero (33e), Silva (90e+1) pour Malaga ; Pedrosa (32e), Rui Oscar (35e), Avalos (68e) pour Boavista Porto.
Malaga : Contreras - Josemi, Sanz, Roteta, Valcarce - Manu Sanchez, Romero, Sandro (Canabal, 74e), Musampa - Dely Valdes (Leko, 74e), Dario Silva. Entr. : Joaquin Peiro Lucas.
Boavista Porto : Ricardo - Rui Oscar (Bosingwa, 46e), Paulo Turra, Eder, Mario Loja - Avalos, Pedrosa, Alexandre Goulart (Yuri, 71e), Martelinho - Jocivalter, Jorge Couto (Luiz Claudio, 46e). Entr. : Pacheco.

Celtic Glasgow (ECO) - Liverpool FC (ANG) : 1-1 (1-1). Spectateurs : 59 759. Arbitre : M. Hauge (NOR). Buts : Larsson (2e) pour le Celtic Glasgow ; Heskey (17e) pour Liverpool FC. Avertissements : Petrov (72e), Guppy (80e) pour le Celtic Glasgow.
Celtic Glasgow : Douglas - Mjällby, Valgaeren, Balde - J. Smith, Lennon, Petrov, Sutton, Thompson (Guppy, 26e) - Larsson (Lambert, 76e), Hartson. Entr. : O'Neill.
Liverpool FC : Dudek - Carragher, Hyypiä, D. Traoré, Riise - Murphy, Gerrard, Hamann - Diouf (Biscan, 90e+1), Owen, Heskey. Entr. : Houllier.

FC Porto (POR) - PANATHINAÏKOS ATHENES (GRE) : 0-1 (0-0). Spectateurs : 44 310. Arbitre : M. Messina (ITA). But : Olisadebe (73e). Avertissements : Da Costa (52e) pour le FC Porto ; Michaelsen (33e), Karagounis (36e), Basinas (55e).
FC Porto : Vitor Baia - Paulo Ferreira, Jorge Costa, Pedro Emanuel, Ricardo Costa - Deco, Da Costa (Alenitchev, 55e), Maniche - Capucho (César Peixoto 46e), Helder Postiga, Derlei (Jankauskas, 55e). Entr. : Mourinho.
Panathinaïkos Athènes : Nikopolidis - Seitaridis, Henriksen, Kyrgiakos, Fyssas - Karagounis (Goumas, 85e), Basinas, Michaelsen, Kolkka - Liberopoulos (Lincar, 90e), Olisadebe (Konstantinou, 85e). Entr. : Markarian.

. RETOUR
(jeudi 20 mars 2003) :

Besiktas Istanbul (TUR) - LAZIO ROME (ITA) : 1-2 (0-2). Spectateurs : 30 000. Arbitre : M. Poll (ANG). Buts : Sergen (82e) pour Besiktas Istanbul ; Fiore (5e), Castroman (9e) pour la Lazio Rome ; Avertissements : Ilhan Mansiz (49e) pour Besiktas Istanbul ; Giannichedda (27e), Castroman (52e) pour la Lazio Rome.
Besiktas Istanbul : Cordoba - Niyazi Güney (Kaan Dobra, 46e), Ronaldo Guiaro, Ahmet Yildirim - Ahmet Dursun (Nouma, 62e), Tayfur, Yasin Sülün, Ibrahim - Pancu - Ilhan Mansiz, Sergen. Entr. : Lucescu.
Lazio Rome : Peruzzi - Stam, Fernando Couto, Mihajlovic (Negro, 83e), Favalli - Castroman, Giannichedda, Stankovic, César (Simeone, 60e) - Fiore (Chiesa 76e), Claudio Lopez. Entr. : Mancini.

Liverpool FC (ANG) - CELTIC GLASGOW (ECO) : 0-2 (0-1). Spectateurs : 44 238. Arbitre : M. Merk (ALL). Buts : Thompson (45e), Hartson (82e). Avertissements : Mjällby (3e), Sylla (31e), Thompson (69e), Douglas (71e) pour le Celtic Glasgow.
Liverpool FC : Dudek - Carragher, Hyypiä, D. Traoré, Riise - Smicer (Baros, 56e), Gerrard, Hamann, Murphy - Heskey, Owen. Entr. : Houllier.
Celtic Glasgow : Douglas - Mjällby, Baldé, Valgaeren - Sylla (Smith, 86e), Lennon, Thompson, Lambert (McNamara, 73e) - Petrov - Hartson, Larsson. Entr. : O'Neill.

BOAVISTA PORTO (POR) - Malaga : 1-0 a.p. (4 t.a.b. à 1) (0-0 ; 1-0). Spectateurs : 8 500. Arbitre : M. Veissière (FRA). But : Luiz Claudio (83e). Tirs au but réussis : Ricardo, Silva, Luiz Claudio, Alexandre Goulart pour Boavista Porto ; Miguel Angel pour Malaga. Tirs au but manqués : Leko, Bravo pour Malaga. Avertissements : Filipe Anunciaçao (14e), Luiz Claudio (28e), Silva (80e), Pedro Santos (104e) pour Boavista Porto ; Miguel Angel (25e), Manu Sanchez (44e), Josemi (45e), Litos (62e), Dario Silva (64e) pour Malaga. Expulsion : Sandro (120e) pour Malaga.
Boavista Porto : Ricardo - Martelinho, Paulo Turra, Eder, Mario Loja - Jocivalter (Alexandre Goulart, 59e), Filipe Anunciaçao, Pedrosa (Pedro Santos, 100e) - Duda, Silva, Jorge Silva (Luiz Claudio, 19e). Entr. : Pacheco.
Malaga : Contreras - Josemi, Fernando Sanz, Litos, Roteta - Bravo, Miguel Angel - Manu Sanchez, Sandro (Canabal, 65e), Musampa (Leko, 96e) - Dario Silva (Dely Valdes, 69e). Entr. : Joaquin.

Panathinaïkos Athènes (GRE) - FC PORTO (POR) : 0-2 a.p. (0-1 ; 0-1). Spectateurs : 16 000. Arbitre : M. Temmink (HOL). Buts : Derlei (16e, 103e). Avertissements : Konstantinidis (27e), Seitaridis (45e), Kolkka (96e) pour Panathinaïkos Athènes ; Alenitchev (51e), Deco (66e), Maniche (108e) pour le FC Porto.
Panathinaïkos Athènes : Nikopolidis - Seitaridis (Warzycha, 105e), Henriksen, Kyrgiakos, Fissas - Karagounis, Michaelsen, Konstantinidis (Goumas, 46e), Kolkka - Olisadebe (Konstantinou, 82e), Liberopoulos. Entr. : Markarian.
FC Porto : Vitor Baia - Paulo Ferreira, Jorge Costa, Ricardo Carvalho, Mario Silva (Ricardo Costa, 73e) - Deco, Da Costa, Maniche, Alenitchev (Tiago, 63e) - Helder Postiga (Marco Ferreira, 84e), Derlei. Entr. : Mourinho.

DEMI-FINALES

(aller : jeudi 10 avril 2003 ; retour : jeudi 24 avril) :

CELTIC GLASGOW (ECO) - Boavista Porto (POR) : 1-1 et 1-0.
FC PORTO (POR) - Lazio Rome (ITA) : 4-1 et 0-0.

En capitales, les deux clubs qualifiés pour la finale.

Le 10 avril 2003, à Glasgow (Celtic Park)
Celtic Glasgow (ECO) - Boavista Porto (POR) : 1-1 (0-0). Spectateurs : 60 000. Arbitre : M. De Bleeckere (BEL). Buts : Larsson (50e) pour le Celtic Glasgow ; Valgaeren (48e c.s.c.) pour Boavista Porto. Avertissements : Lennon (56e), Baldé (89e) pour le Celtic Glasgow ; Duda (51e), Avalos (54e), Martelinho (61e), Paulo Turra (65e) pour Boavista Porto.
Celtic Glasgow : Douglas - Mjällby, Valgaeren, Baldé - Agathe (Sylla, 74e), Lambert (cap.), Lennon, Petrov (David Fernandez, 78e), Thompson - Larsson, Hartson. Entr. : O'Neill.
Boavista Porto : Ricardo (cap.) - Martelinho, Paulo Turra, Eder, Mario Loja - Pedrosa (Rui Oscar, 89e), Filipe Anunciaçao, Avalos, Erivan - Duda, Luiz Claudio (Cafu, 46e ; Bosingwa, 81e). Entr. : Pacheco.

Le 10 avril 2003, à Porto (As Antas)
FC PORTO (POR) - Lazio Rome (ITA) : 4-1 (2-1). Spectateurs : 45 000. Arbitre : M. Vassaras (GRE). Buts : Maniche (10e), Derlei (27e, 50e), Helder Postiga (56e) pour le FC Porto ; Claudio Lopez (6e) pour la Lazio Rome. Avertissements : Favalli (43e), Pancaro (50e), Fiore (74e), César (90e+1), Castroman (90e+3) pour la Lazio Rome.
FC Porto : Vitor Baia - Paulo Ferreira, Jorge Costa (cap.), Ricardo Carvalho, Nuno Valente - Maniche, Da Costa, Alenitchev (Tiago, 83e) - Deco - Helder Postiga (Marco Ferreira, 60e), Derlei (Jankauskas, 87e). Entr. : Mourinho.
Lazio Rome : Peruzzi - Pancaro, Fernando Couto, Mihajlovic (cap.), Favalli (Castroman, 69e) - Fiore, Simeone (Giannicheda, 72e), Stankovic, César - Chiesa (S. Inzaghi, 57e), Claudio Lopez. Entr. : Mancini.

. RETOUR

Le 24 avril 2003, à Porto (Do Bessa)
Boavista Porto (POR) - CELTIC GLASGOW (ECO) : 0-1 (0-0). Spectateurs : 11 000. Arbitre : M. Ivanov (RUS). But : Larsson (79e). Avertissements : Avalos (74e) pour le Boavista Porto ; Agathe (60e), Mjällby (85e) pour le Celtic Glasgow.
Boavista Porto : Ricardo - Martelinho, Avalos, Eder, Mario Loja - Filipe Anunciaçao (cap.), Pedro Santos, Pedrosa (Yuri, 83e), Erivan (Jocivalter, 80e) - Duda, Silva (Luiz Claudio, 69e). Entr. : Pacheco.
Celtic Glasgow : Douglas - Mjällby, Valgaeren (Smith, 74e), Baldé - Agathe, Lennon, Lambert (cap.) (Sutton, 34e), Petrov, Thompson - Hartson, Larsson. Entr. : O'Neill.

Le 24 avril 2003, à Rome (Olympique)
Lazio Rome (ITA) - FC Porto (POR) : 0-0. Spectateurs : 65 000. Arbitre : M. Veissière (FRA). Avertissements : Giannichedda (5e), César (23e), Liverani (29e) pour la Lazio Rome ; Helder Postiga (23e) pour le FC Porto. Expulsions : César (45e) pour la Lazio Rome ; Helder Postiga (45e) pour le FC Porto.
Lazio Rome : Marchegiani - Oddo, Fernando Couto, Mihajlovic (cap.), César - Giannichedda (Fiore, 50e), Liverani (Baggio, 69e), Stankovic, Chiesa (Lazetic, 59e) - S. Inzaghi, Claudio Lopez. Entr. : Mancini
FC Porto : Vitor Baïa - Paulo Ferreira, Jorge Costa (cap.), Ricardo Carvalho, Nuno Valente - Alenitchev (Pedro Emanuel, 89e), Ricardo Costa, Deco (Tiago, 80e), Maniche - Derlei, Helder Postiga. Entr. : Mourinho.

FINALE

Le 21 mai 2003, à Séville (stade olympique)
FC PORTO (POR) - Celtic Glasgow (ECO) : 3-2 a.p. (1-0 ; 2-2). Spectateurs : 52 972. Arbitre : M. Michel (SLQ). Buts : Derlei (45e+1, 115e), Alenitchev (54e) pour le FC Porto ; Larsson (47e, 57e) pour le Celtic Glasgow. Avertissements : Nuno Valente (63e), Maniche (120e), Marco Ferreira (120e) pour le FC Porto ; Valgaeren (8e), Lennon (59e), Baldé (80e), Petrov (102e) pour le Celtic Glasgow. Expulsions : Nuno Valente (120e+2) pour le FC Porto ; Baldé (95e) pour le Celtic Glasgow.
FC Porto : Vitor Baïa - Paulo Ferreira, Jorge Costa (cap.) (Pedro Emanuel, 71e), Ricardo Carvalho, Nuno Valente - Da Costa (Ricardo Costa, 9e), Maniche, Alenitchev - Deco - Capucho (Marco Ferreira, 98e), Derlei. Entr. : Mourinho.
Celtic Glasgow : Douglas - Mjällby, Baldé, Valgaeren (Laursen, 64e) - Agathe, Lennon, Lambert (cap.) (McNamara, 76e), Petrov (Maloney, 105e), Thompson - Sutton, Larsson. Entr. : O'Neill.

Buteurs*
1. Larsson (Celtic Glasgow), Derlei (FC Porto), 11.
3. Zurawski (Wisla Cracovie), 9.
4. Jestrovic (RSC Anderlecht), 7.
5. Özkan (Denizlispor), 6.
6. Darcheville et Feindouno (Bordeaux), Szabics (Sturm Graz), Smith (Leeds United), Dely Valdes (Malaga), Helder Postiga (FC Porto), Vachousek (Slavia Prague), 5.
13. Olisadebe (Panathinaïkos Athènes), Uche (Wisla Cracovie), Pancu (Besiktas Istanbul), Mutu (Parme), Jankauskas (FC Porto), Chiesa et S. Inzaghi (Lazio Rome), Kuranyi (VfB Stuttgart), Svitlica (Legia Varsovie), 4.
22. Dindane (RSC Anderlecht), Warzycha (Panathinaïkos Athènes), Verlaat (Werder Brême), Elmander (Djugarden IF), Malbranque et Marlet (Fulham), Frei (Servette Genève), Hartson, Sutton et A. Thompson (Celtic Glasgow), Mujiri (Sturm Graz), Ahmet Dursun (Besiktas Istanbul), Zboncak (Slovan Liberec), Owen (Liverpool FC), Silva (Boavista Porto), T. Dosek (Slavia Prague), Kerzhakov (Zenith Saint-Pétersbourg), Sand (Schalke 04), Hleb et Tiffert (VfB Stuttgart), Amanatidis et McCarthy (Celta Vigo), Krol (Amica Wroncki), Olic (Dynamo Zagreb), 3.
46. Amoah et B. Peeters (Vitesse Arnhem), Vassilios (AEK Athènes), Basinas et Liberopoulos (Panathinaïkos Athènes), Delibasic (Partizan Belgrade), Alex Alves, Beinlich et Preetz (Hertha Berlin), Borowski, Charisteas, Klasnic et Micoud (Werder Brême), Kosowski et Kuzba (Wisla Cracovie), Tchoutang (Metalurg Donetsk), Lambert et Petrov (Celtic Glasgow), De Boer (Glasgow Rangers), Neophytou (Anorthosis Famagouste), Lipcsei et Tököli (Ferencvaros), Boa Morte (Fulham), Bent (Ipswich Town), Ilhan Mansiz (Besiktas Istanbul), Johnson (Fenerbahçe Istanbul), Baffour Gyan (Slovan Liberec), Wilson (Livingston), Semak (CSKA Moscou), M. Mpenza (Excelsior Mouscron), Adriano (Parme), Jocivalter et Luiz Claudio (Boavista Porto), Alenitchev (FC Porto), Tonito Gonzalez (Sporting Portugal), Adauto, Dostalek, Gedeon, Kuka et Petrous (Slavia Prague), Jarosik (Sparta Prague), Fiore (Lazio Rome), Gonias (Herakles Salonique), Hanke et Varela (Schalke 04), Alfonso et Casas (Betis Séville), Gargorov (CSKA Sofia), Simonovic (Levski Sofia), Nevland (Viking Stavanger), Okkas (PAOK Salonique), L. Leroy (Paris-SG), Claudio Lopez (Lazio Rome), Helstad et Janocko (Austria Vienne), Turiel (Alavès Vitoria), Burkhardt (Amica Wroncki), Mitu et Petrovic (Dynamo Zagreb), Baturina et Nunez (Grasshopper Zurich), 2.
107. De Bilde, Hasi, McDonald et Seol Ki-hyeon (RSC Anderlecht), Niculescu (Ankaragücü), Levchenko, Claessens et Mbamba (Vitesse Arnhem), Georgatos, Katsouranis, Nalitzis, Nikolaïdis, M. Petkov et Zagorakis (AEK Athènes), Fyssas, Goumas et Michaelsen (Panathinaïkos Athènes), Lachuer et Tainio (Auxerre), Boskovic, Gvozdenovic et Milovanovic (Etoile Rouge Belgrade), Cakar, Ilic, Iliev, Ivic, Lazovic, Vukic et Zivkovic (Partizan Belgrade), Karwan, Luizao et Marcelinho et Van Burik (Hertha Berlin), Duff, Grabbi, Ostenstad et Thompson (Blackburn Rovers), Dugarry, Pauleta, Savio et Sommeil (Bordeaux), Baumann, Krstajic et Lisztes (Werder Brême), Jonson et Madsen (Brondby IF), Van der Heyden (Club Bruges), Curt, S. Ilie et Olah (National Bucarest), Iencsi (Rapid Bucarest), Oberleitner (FC Carinthie), De Lucas, Hasselbaink, Lampard et Terry (Chelsea), Cebotari (Zimbru Chisinau), Zivkovic (FC Copenhague), Brozek, Dubicki, Jop et Stolarczyk (Wisla Cracovie), Kratochvil et Martin Ersen (Denizlispor), Belik et Lewandowski (Chakhtior Donetsk), Kallström (Djugarden IF), Ketsbaia, Majak, Michalski et Xiourouppas (Anorthosis Famagouste), Dragoner (Ferencvaros), Hayles (Fulham), Obradovic (Servette Genève), Fernandez, Maloney et Valgaeren (Celtic Glasgow), Mc Cann (Glasgow Rangers), A. Ivanov (FC Gomel), Hemann (Graz AK), Ekrem et Wetl (Sturm Graz), Badir (Maccabi Haïfa), Denneboom et Hansson (SC Heerenveen), Kristensen, Mo. Laursen et Pimpong (FC Midtjylland Herning), Armstrong (Ipswich Town), Begecarlsan, Nouma, Ronaldo Guiaro, Sülün, Üzülmez et Sergen (Besiktas Istanbul), Akin, Ali Günes, Revivo, Sanli Tuncay, Stevic et Washington (Fenerbahçe Istanbul), Rincon (Dynamo Kiev), Bakke, Barmby et Kewell (Leeds United), Brito, Detinho et Pedras (Leixoes SC), Song (Lens), Nezmar et Slovak (Slovan Liberec), Heskey, Hyypiä et Murphy (Liverpool FC), Andrews, Lovell, Xausa et Zarate (Livingston), Kroupi, Guel et Gauvin (Lorient), Graf (Litex Lovetch), Dario Silva, Manu Sanchez, Musampa et Romero (Malaga), Radzinevicius (Suduva Marijampole), Popov (CSKA Moscou), Daskalakis, Kachatrian et Stipanovic (APOEL Nicosie), Derveld (Odense), André Luiz, Benachour, Cardetti, Fiorèse, Nyarko, Pochettino et Ronaldinho (Paris-SG), Donati (Parme), Alexandre Goulart, Avalaos, Eder, Rui Oscar et Serginho (Boavista Porto), Capucho, Clayton, Deco, Maniche, Ribeiro et Ricardo Costa (FC Porto), Fica, Kutuzau (Sporting Portugal), Hrdlicka et Skacel (Slavia Prague), Baranek, Poborsky et Pospisil (Sparta Prague), Zatkovic (NK Primorje), Muzlay (Matador Puchov), Ivankov et Telkyiski (Levski Sofia), Castroman, César Aparecido, Fernando Couto, Lazetic et Manfredini (Lazio Rome), Anderson, Mieciel et Stoltidis (Herakles Salonique), Obuca et Osmanhodzic (FK Sarajevo), Dario Rodriguez, Hajto, Kmetsch, E. Mpenza, Poulsen et Wilmots (Schalke 04), Cais, Denilson, Joao Tomas et Joaquin (Betis Séville), Mirosavljevic (Sartid Smederevo), Agnaldo et Dimitrov (CSKA Sofia), A. Andersson, Hoch, Nordin et Rubarth (AIK Solna), Dolonga et Vejic (Hajduk Split), Michelsen et Wilhemsson (Staebek IF), Berre, Kopteff, Sigurdsson et Wright (Viking Stavanger), Balakov, Fernando Meira, Ganea et Mutzel (VfB Stuttgart), Anchabadze et Daraselia (Dynamo Tbilissi), Abuksis, Gershon, Halmai, Udi et Welton (Hapoël Tel-Aviv), Degu et Torjman (Maccabi Tel-Aviv), Chasiotis, Georgiadis, Koutsopoulos, Kukielka, Markos, Salpijidis et Yiasemakis (PAOK Salonique), Kuyt (FC Utrecht), Mumlek (Varteks Varazdin), Dudek, Kucharski, Vukovic et Zielinski (Legia Varsovie), Kus et Lukasiewicz (Polonia Varsovie), Landerivs et Rimkus (FK Ventspils), Djalminha (Austria Vienne), Catanha, Edu, Jesuli, José Ignacio et Mostovoï (Celta Vigo), Abelardo, Astudillo, Ivan Alonso et Ruben Navarro (Alavés Vitoria), Gesior (Amica Wroncki), Maric, Mujcin et Polovanec (Dynamo Zagreb), Sabo (Zalaegerszegi), Mobedadze (Metalurg ZaporiJya), Licka, Pikl et Straceny (Viktoria Zizkov), Barijho et Tararache (Grasshopper Zurich), 1.

Ont marqué contre leur camp : Verlaat (Werder Brême) pour Vitesse Arnhem ; Dinu (Zimbru Chisinau) pour Betis Séville ; Jop (Wisla Cracovie) pour la Lazio Rome ; Sava (Fulham) pour le Hertha Berlin ; Valgaeren (Celtic Glasgow) pour Boavista Porto ; Ronaldo Guiaro (Besiktas Istanbul) pour Dynamo Kiev ; Warmuz (Lens) pour le FC Porto ; Martini (Lorient) pour Denizlispor ; Jelenkovic (Litex Lovetch) pour Panathinaïkos Athènes ; Hugo Vieira (Sporting Portugal) pour le Partizan Belgrade ; Müller (Slavia Prague) pour Mouscron ; Vavrik (Matador Puchov) pour Bordeaux ; Poulsen (Schalke 04) pour le Wisla Cracovie ; Strool (Maccabi Tel-Aviv) pour Boavista Porto ; Ajle (FC Utrecht) pour Legia Varsovie ; Omelyanchuk (Legia Varsovie) pour le FC Utrecht ; Karmona (Alavès Vitoria) pour Besiktas Istanbul.

** Classement établi à partir des matches du Premier tour.*

LES FRANÇAIS EN COUPE D'EUROPE

AUXERRE

LIGUE DES CHAMPIONS

TROISIÈME TOUR PRÉLIMINAIRE

. ALLER

Le 13 août 2002, à Porto (Stade de Bessa)
Boavista Porto (POR) - AUXERRE (FRA) : 0-1 (0-0). Spectateurs : 8 000. Arbitre : M. Ivanov (RUS). But : D. Cissé (71e). Avertissements : P. Silva (6e), Jorge Silva (42e), Luiz Claudio (80e) pour Boavista ; Mathis (18e) pour Auxerre.
Boavista Porto : Ricardo - Bosingwa, Paulo Turra, Eder, Mario Loja - Ico, Sanchez (Duda, 46e), Jorge Silva (cap.), Alexandre Goulart - Martelinho (Serginho, 70e), P. Silva (Luiz Claudio, 63e). Entr. : Pacheco.
Auxerre : Cool - Radet, Boumsong,

Mexès, Jaurès - Gonzales, Tainio (A. Faye, 72e), Mathis, Fadiga - Lachuer (cap.) - D. Cissé (Benjani, 79e). Entr. : Roux.

. RETOUR

Le 28 août 2002, à Auxerre
Auxerre (FRA) - Boavista Porto (POR) : 0-0. Spectateurs : 15 000. Arbitre : M. Collina (ITA). Avertissements : D. Cissé (19e), Tainio (81e) pour Auxerre ; Paulo Turra (45e), Bosingwa (45e + 2), Ico (68e) pour Boavista Porto.
Auxerre : Cool - Radet, Boumsong, Mexès, Jaurès - Lachuer (cap.), A. Faye, Mathis (Tainio, 78e), Fadiga - Kapo - D. Cissé. Entr. : Roux.
Boavista : Ricardo - Bosingwa, Paulo Turra (Fadeira, 72e), Eder, Mario Loja - Jorge Silva (cap.) - José Pedro (Alexandre Goulart, 57e), Ico - Ventura, Luiz Claudio, Jorge Couto (Martelhino, 46e). Entr. : Pacheco.

PREMIÈRE PHASE

1re journée

Le 17 septembre 2002, à Auxerre
Auxerre (FRA) - PSV Eindhoven (HOL) : 0-0. Spectateurs : 21 000. Arbitre : M. Trentalange (ITA). Avertissements : Van der Schaaf (4e), Bögelund (57e) pour le PSV Eindhoven.
Auxerre : Cool - Radet, Mexès, Boumsong, Jaurès - Tainio, A. Faye - Lachuer (cap.), Kapo, Fadiga - Benjani (Gonzales, 84e). Entr. : Roux.
PSV Eindhoven : Ten Rouwelaar - Bögelund, Ooijer (cap.), Hofland, Heintze - Van der Schaaf (Lucius, 40e), Vogel - Rommedahl, Bruggink (Leandro, 86e), Bouma - Kezman. Entr. : Hiddink.

2e journée

Le 25 septembre 2002, à Dortmund
BORUSSIA DORTMUND (ALL) - Auxerre (FRA) : 2-1 (1-0). Spectateurs : 46 500. Arbitre : M. Hauge (NOR). Buts : Koller (6e), Amoroso (78e) pour le Borussia Dortmund ; Benjani (83e) pour Auxerre. Avertissements : Heinrich (45e) pour le Borussia Dortmund ; A. Faye (38e) pour Auxerre.
Borussia Dortmund : Lehmann - Evanilson, Wörns, Metzelder, Heinrich - Frings (Ricken, 74e), Reuter (cap.), Kehl - Rosicky (Amoroso, 66e) - Ewerthon (Dédé, 84e), Koller. Entr. : Sammer.
Auxerre : Cool - Radet, Boumsong, Mexès, Jaurès - Tainio, A. Faye - Lachuer (cap.), Kapo, Fadiga - Benjani. Entr. : Roux.

3e journée

Le 2 octobre 2002, à Auxerre
Auxerre (FRA) - ARSENAL (ANG) : 0-1 (0-0). Spectateurs : 21 000. Arbitre : M. De Bleeckere (BEL). But : Gilberto Silva (48e). Avertissement : Jaurès (77e) pour Auxerre.
Auxerre : Cool - Radet, Boumsong, Mexès, Jaurès - Tainio (Sirieix, 90e +1), A. Faye - Lachuer (cap.) (Gonzales, 73e), Kapo, Fadiga - Benjani. Entr. : Roux.
Arsenal : Seaman - Lauren, S. Campbell, Cygan, Ash. Cole - Wiltord (Loujni, 84e), Vieira (cap.), Gilberto Silva, K. Touré (Edu, 60e) - Henry (Pennant, 58e), Kanu. Entr. : Wenger.

4e journée

Le 22 octobre 2002, à Londres
Arsenal (ANG) - AUXERRE (FRA) : 1-2 (0-2). Spectateurs : 35 206. Arbitre : M. Messina (ITA). Buts : Kanu (53e) pour Arsenal ; Kapo (8e), Fadiga (27e) pour Auxerre. Avertissements : S. Campbell (68e), Vieira (87e) pour Arsenal ; Boumsong (42e), A. Faye (56e) pour Auxerre.
Arsenal : Seaman - Lauren (K. Touré, 77e), S. Campbell, Cygan, As. Cole - Wiltord, Vieira (cap.), Gilberto Silva (Pires, 72e), Ljungberg - Kanu, Henry. Entr. : Wenger.
Auxerre : Cool - Radet, Mexès, Boumsong, Jaurès - Tainio, A. Faye - Lachuer (cap.), Kapo, Fadiga - Benjani. Entr. : Roux.

5e journée

Le 30 octobre 2002, à Eindhoven
PSV EINDHOVEN (HOL) - Auxerre (FRA) : 3-0 (1-0). Spectateurs : 24 500. Arbitre : M. Fisker (DAN). Buts : Bruggink (34e), Rommedahl (48e), Robben (64e). Avertissements : Bruggink (18e), Ramzi (82e) pour le PSV Eindhoven ; Mexès (23e) pour Auxerre. Expulsions : Mexès (26e), Kapo (51e) pour Auxerre.
PSV Eindhoven : Waterreus - Bogelund, Faber, Hofland, Bouma - Van Bommel (cap.) (Van der Schaaf, 65e), Vogel (Lucius, 78e) - Rommedahl, Bruggink, Robben (Ramzi, 70e) - Kezman. Entr. : Hiddink.
Auxerre : Cool - Radet, Mexès, Boumsong, Jaurès - A. Faye, Mathis - Lachuer (Sirieix, 81e), Kapo, Fadiga (Gonzales, 87e) - Benjani (Grichting, 28e). Entr. : Roux.

6e journée

Le 12 novembre 2002, à Auxerre
AUXERRE (FRA) - Borussia Dortmund (ALL) : 1-0 (0-0). Spectateurs : 20 000. Arbitre : M. Corpodean (ROU). But : Benjani (76e). Avertissements : D. Cissé (44e), Fadiga (60e) pour Auxerre ; Madouni (19e), Demel (68e), Lehmann (70e), Leandro Santos (74e) pour le Borussia Dortmund.
Auxerre : Cool - Radet, Boumsong, Grichting, Jaurès - Tainio (Benjani, 46e), A. Faye - Mathis, Lachuer (cap.), Fadiga - D. Cissé. Entr. : Roux.
Borussia Dortmund : Lehmann - Heinrich (Demel, 26e), Madouni, Kehl, Dédé - Reuter (cap.), Ricken, Frings - Ewerthon (Amoroso, 65e), Koller, Leandro Santos (Reina, 81e). Entr. : Sammer.

COUPE DE L'UEFA

SEIZIÈMES DE FINALE

. ALLER

Le 28 novembre 2002, à Séville
BETIS SÉVILLE (ESP) - Auxerre (FRA) : 1-0 (1-0). Spectateurs : 37 800. Arbitre : M. Fleischer (ALL). But : Alfonso (9e s.p.). Avertissement : Radet (56e) pour Auxerre.
Betis Séville : Prats (cap.) - Varela, Filipescu, Rivas, Luis Fernandez - Ito, Assunçao - Joaquin, Capi (Fernando, 46e), Denilson (Casas, 78e) - Alfonso (Arzu, 86e). Entr. : V. Fernandez.
Auxerre : Cool - Radet, Mexès, Boumsong, Jaurès - Tainio, A. Faye - Lachuer (cap.), Kapo (D. Cissé, 69e), Fadiga - Benjani. Entr. : Roux.

. RETOUR

Le 12 décembre 2002, à Auxerre
AUXERRE (FRA) - Betis Séville (ESP) : 2-0 (1-0). Spectateurs : 12 000. Arbitre : M. Dougal (ECO). Buts : Tainio (19e), Lachuer (48e). Avertissements : D. Cissé (23e) pour Auxerre ; Rivas (54e), Filipescu (74e), Denilson (90e) pour le Betis Séville.
Auxerre : Cool - Radet, Mexès, Boumsong, Jaurès - Tainio, A. Faye - Lachuer (cap.), Kapo, Fadiga - D. Cissé. Entr. : Roux.
Betis Séville : Prats (cap.) - Varela, Rivas, Filipescu, Luis Fernandez - Ito (Fernando, 59e), Assunçao - Joaquin, Capi (Casas, 71e), Denilson - Alfonso. Entr. : V. Fernandez.

HUITIÈMES DE FINALE

. ALLER

Le 20 février 2003, à Auxerre
Auxerre (FRA) - LIVERPOOL FC (ANG) : 0-1 (0-0). Spectateurs : 21 000. Arbitre : M. De Santis (ITA). But : Hyypiä (73e). Avertissement : Diouf (68e) pour Liverpool FC.
Auxerre : Cool - Radet, Boumsong, Mexès, Jaurès - Tainio, A. Faye - Mathis, Lachuer (cap.), Fadiga - Benjani. Entr. : Roux
Liverpool FC : Dudek - Carragher, Henchoz (Diao, 69e), Hyypiä (cap.), D. Traoré - Diouf, Gerrard, Murphy, Riise - Heskey, Owen (Baros, 90e+2). Entr. : Houllier.

. RETOUR

Le 27 février 2003, à Liverpool
LIVERPOOL FC (ANG) - Auxerre (FRA) : 2-0 (0-0). Spectateurs : 34 252. Arbitre : M. Lopez Nieto (ESP). Buts : Owen (66e), Murphy (73e). Avertissements : D. Traoré (5e) pour Liverpool FC ; Mathis (83e), Tainio (87e) pour Auxerre.
Liverpool FC : Dudek - Carragher, Henchoz (Biscan, 76e), Hyypiä (cap.), D. Traoré (Smicer, 46e) - Diouf (Hamann, 62e), Gerrard, Murphy, Riise - Heskey, Owen. Entr. : Houllier.
Auxerre : Cool - Radet, Boumsong, Mexès, Jaurès - Tainio, A. Faye - Mathis, Lachuer (cap.), Fadiga (Akale, 80e) - D. Cissé (Benjani, 80e). Entr. : Roux.

BILAN
12 matches, 4 victoires, 2 nuls, 6 défaites, 7 buts pour et 11 buts encaissés (-4).
17 joueurs utilisés : Boumsong, Cool, Fadiga, A. Faye, Jaurès, Lachuer et Radet (12 matches), Mexès et Tainio (11), Benjani (10), Kapo (8), D. Cissé et Mathis (6), Gonzales (4), Grichting et Sirieix (2), Akalé (1).
7 buts marqués : Benjani (2 buts), D. Cissé, Fadiga, Kapo, Lachuer et Tainio (1).
11 buts encaissés : Cool (11 buts).
14 cartons jaunes : D. Cissé (3 avertissements), A. Faye, Mathis et Tainio (2), Boumsong, Fadiga, Jaurès, Mexès et Radet (1).
2 cartons rouges : Kapo et Mexès (1 expulsion).

LENS

LIGUE DES CHAMPIONS

PREMIÈRE PHASE

1re journée

Le 18 septembre 2002, à Milan
MILAN AC (ITA) - Lens (FRA) : 2-1 (0-0). Spectateurs : 70 259. Arbitre : M. Vassaras (GRE). Buts : F. Inzaghi (57e, 61e) pour le Milan AC ; Moreira (75e) pour Lens. Avertissements : Maldini (40e) pour le Milan AC ; Bouba Diop (53e) pour Lens.
Milan AC : Dida - Simic, Nesta, Maldini (cap.), Kaladze - Gattuso, Pirlo, Seedorf - Rui Costa (Tomasson, 82e) - F. Inzaghi (Laursen, 85e), Rivaldo (Ambrosini, 77e). Entr. : Ancelotti.
Lens : Warmuz (cap.) - Bak, Song, Ad. Coulibaly - Coly, Blanchard (Bakari, 84e), Bouba Diop, Thomert (Utaka, 64e), Diagne-Faye (S. Keita, 64e) - Sibierski, Moreira. Entr. : Muller.

2e journée

Le 24 septembre 2002, à Lens
Lens (FRA) - Bayern Munich (ALL) : 1-1 (0-1). Spectateurs : 36 500. Arbitre : M. Cortez Batista (POR). Buts : Utaka (76e) pour Lens ; Linke (23e) pour le Bayern Munich. Avertissements : Jeremies (11e), R. Kovac (17e), Hargreaves (32e) pour le Bayern Munich.
Lens : Warmuz (cap.) - Coly, Bak, Song, Rool - Blanchard (Bakari, 68e), Bouba Diop - Moreira, Sibierski, S. Keita - Utaka. Entr. : J. Muller.
Bayern Munich : Kahn (cap.) - Salihamidzic, R. Kovac, Linke, Tarnat (Kuffour, 78e) - Hargreaves, Jeremies, Ballack, Zé Roberto - Pizarro, Elber (Zickler, 73e). Entr. : Hitzfeld.

3e journée

Le 1er octobre 2002, à La Corogne
DEPORTIVO LA COROGNE (ESP) - Lens (FRA) : 3-1 (0-1). Spectateurs : 28 000. Arbitre : M. Pedersen (NOR). Buts : Makaay (49e), Capdevila (79e), César Martin (84e) pour le Deportivo La Corogne ; Moreira (10e) pour Lens. Avertissements : Mauro Silva (34e), Duscher (58e) pour le Deportivo La Corogne ; Blanchard (30e) pour Lens.
Deportivo La Corogne : Molina - Hector (Sergio, 46e), Naybet, César Martin, Romero - Scaloni, Mauro Silva, Duscher (Capdevila, 70e), Fran (cap.) - Diego Tristan (Luque, 76e), Makaay. Entr. : Irureta.
Lens : Warmuz (cap.) - Coly, Bak (Ad. Coulibaly, 65e), Song, Rool - Coridon, Blanchard, Pédron (Diagne-Faye, 76e) - Sibierski (Bakari, 84e) - Utaka, Moreira. Entr. : J. Muller.

4e journée

Le 23 octobre 2002, à Lens
LENS (FRA) - Deportivo La Corogne (ESP) : 3-1 (0-1). Spectateurs : 38 000. Arbitre : M. Ivanov (RUS). Buts : Ad. Coulibaly (61e), Moreira (79e), Thomert (84e) pour Lens ; Makaay (15e) pour le Deportivo La Corogne. Avertissements : Bouba Diop (37e), Coridon (80e), S. Keita (83e) pour Lens ; Victor Sanchez (27e), Naybet (41e), Donato (69e) pour le Deportivo La Corogne.
Lens : Warmuz (cap.) - Ad. Coulibaly, Bak, Song, Rool - Bouba Diop (Coridon, 73e), S. Keita - Utaka, Sibierski (Bakari, 73e), Thomert (Fanni, 87e) - Moreira. Entr. : J. Muller.
Deportivo La Corogne : Juanmi - Hector, Donato, Naybet, Romero - Mauro Silva, Capdevila (Luque, 84e) - Sergio, Victor Sanchez (Scaloni, 65e), Fran (cap.) - Makaay (Diego Tristan, 70e). Entr. : Irureta.

5e journée

Le 29 octobre 2002, à Lens
LENS (FRA) - Milan AC (ITA) : 2-1 (1-1). Spectateurs : 39 474. Arbitre : M. Barber (ANG). Buts : Moreira (41e), Utaka (49e) pour Lens ; Chevtchenko (31e) pour le Milan AC. Avertissements : Coly (77e) pour Lens ; Pirlo (73e), Seedorf (75e), Tomasson (86e) pour le Milan AC.
Lens : Warmuz - Ad. Coulibaly, Bak, Song, Rool - Coridon, Bouba Diop (Coly, 57e), S. Keita - Sibierski (Diagne-Faye, 87e) - Moreira (Thomert, 90e), Utaka. Entr. : J. Muller.
Milan AC : Abbiati - Helveg, Costacurta, Laursen, Maldini (cap.) (Kaladze, 65e) - Dalla Bona, Pirlo, Ambrosini, Serginho (Seedorf, 65e) - Tomasson, Chevtchenko (Borriello, 46e). Entr. : Ancelotti.

6e journée

Le 13 novembre 2002, à Munich
Bayern Munich (ALL) - Lens (FRA) : 3-3 (2-1). Spectateurs : 22 000. Arbitre : M. Allaerts (BEL). Buts : N. Kovac (6e), Salihamidzic (19e), Feulner (87e) pour le Bayern Munich ; Fink (20e c.s.c.), Bakari (54e), Blanchard (90e) pour Lens. Avertissements : Elber (70e), R. Kovac (79e) pour le Bayern Munich ; Rool (19e) pour Lens.
Bayern Munich : Wessels - Salihamidzic, R. Kovac, Linke, Lizarazu - N. Kovac, Scholl (cap.) (Schweinsteiger, 76e), Fink - Feulner (Lahn, 90e +2), Pizarro (Elber, 46e), Zickler. Entr. : Hitzfeld.
Lens : Warmuz (cap.) - Ad. Coulibaly, Bak, Song, Rool (S. Keita, 69e) - Coridon (Diagne-Faye, 29e), Blanchard - Utaka, Sibierski, Moreira - Bakari (Thomert, 76e). Entr. : J. Muller.

COUPE DE L'UEFA

SEIZIÈMES DE FINALE

. ALLER

Le 28 novembre 2002, à Porto
FC PORTO (POR) - Lens : 3-0 (2-0). Spectateurs : 32 041. Arbitre : M. Poll (ANG). Buts : Helder Postiga (35e), Warmuz (45e c.s.c.), Jankaus-

kas (89e). Avertissements : Paulo Ferreira (55e), Tiago (87e) pour le FC Porto ; Bak (12e), Lachor (77e) pour Lens.
FC Porto : Vitor Baia - Paulo Ferreira, Jorge Costa (cap.), Pedro Emmanuel, Nuno Valente - Maniche, Deco (Secretario, 90e), Da Costa - Capucho (Tiago, 68e), Helder Postiga (Jankauskas, 77e), Derlei. Entr. : Mourinho.
Lens : Warmuz (cap.) - Diagne-Faye, Ad. Coulibaly, Song, Lachor - Blanchard, Bak (Fanni, 61e) - Sibierski (Thomert, 46e), S ; Keita, Utaka - Moreira. Entr. : J. Muller.

. RETOUR

Le 12 décembre 2002, à Lens
LENS (FRA) - FC Porto (POR) : 1-0 (1-0). Spectateurs : 35 026. Arbitre : M. Hrinak (SLQ). But : Song (28e). Avertissements : Sibierski (46e), Blanchard (81e), Diagne-Faye (83e) pour Lens ; Deco (23e), Vitor Baia (31e) pour le FC Porto.
Lens : Itandje - Diagne-Faye, Bak, Song, Lachor - Blanchard (cap.) - Coridon, Sibierski (Bakari, 80e), S. Keita (Thomert, 69e) - Utaka, Moreira. Entr. : Muller.
FC Porto : Vitor Baia - Paulo Ferreira, Jorge Costa (cap.), Pedro Emmanuel, Secretario - Maniche, Da Costa, Deco - Capucho (Jankauskas, 75e), Helder Postiga (Alenitchev, 82e), Derlei (Candido Costa, 90e + 2). Entr. : Mourinho.

BILAN
8 matches, 3 victoires, 2 nuls, 3 défaites, 12 buts pour et 14 buts encaissés (-2).
20 joueurs utilisés : Bak, Moreira, Sibierski, Song et Utaka (8 matches), S. Keita et Warmuz (7), Bakari, Blanchard, Ad. Coulibaly, Diagne-Faye et Thomert (6), Coridon et Rool (5), Bouba Diop et Coly (4), Fanni et Lachor (2), Itandje et Pédron (1).
12 buts marqués : Moreira (4 buts), Utaka (2), Bakari, Blanchard, Ad. Coulibaly, Song et Thomert (1).
1 c.s.c. : Fink (Bayern Munich).
14 buts encaissés : Warmuz (14 buts).
12 cartons jaunes : Blanchard et Bouba Diop (2 avertissements), Bak, Coly, Coridon, Diagne-Faye, S. Keita, Lachor, Rool et Sibierski (1).

LYON

LIGUE DES CHAMPIONS

PREMIÈRE PHASE

Première journée

Le 17 septembre 2002, à Amsterdam
AJAX AMSTERDAM (HOL) - Lyon (FRA) : 2-1 (2-0). Spectateurs : 35 000. Arbitre : M. Riley (ANG). Buts : Ibrahimovic (11e, 34e) pour l'Ajax Amsterdam ; Anderson (84e) pour Lyon. Avertissements : Yakubu (10e), Galasek (31e), Van Halst (65e), Stekelenburg (70e) pour l'Ajax Amsterdam ; Laville (64e) pour Lyon. Expulsion : Yakubu (85e) pour l'Ajax Amsterdam.
Ajax Amsterdam : Stekelenburg - Trabelsi, Yakubu, Chivu (cap.), O'Brien - Galasek (Van Halst, 57e), Maxwell - V. Sikora (Pienaar, 68e), Litmanen, Van der Meyde - Ibrahimovic (Bergdölmo, 81e). Entr. : Koeman.
Lyon : Coupet - Chanelet (M. Diarra, 79e), Edmilson, Caçapa, Bréchet - Juninho, Violeau (Laville, 46e), Carrière, Dhorasoo - Govou (Vairelles, 41e), Anderson (cap.). Entr. : Le Guen.

Deuxième journée

Le 25 septembre 2002, à Lyon
LYON (FRA) - Rosenborg Trondheim (NOR) : 5-0 (4-0). Spectateurs : 37 505. Arbitre : M. Wack (ALL). Buts : Carrière (6e), Vairelles (26e, 45e), Anderson (34e), Luyindula (75e). Avertissement : Sibaya (73e) pour Rosenborg Trondheim.
Lyon : Coupet - Deflandre, P. Müller, Caçapa, Bréchet - Violeau, M. Diarra - Dhorasoo (Delmotte, 78e), Carrière, Vairelles (Luyindula, 72e) - Anderson (cap.) (Juninho, 67e). Entr. : Le Guen.
Rosenborg Trondheim : Arason - Stensaas (Ludvigsen, 72e), Basma, Hoftun (cap.), Saarinen (Blixt, 83e) - Olsen (Sibaya, 65e), Skammelsrud, O. Berg - Karadas, F. Johnsen, Brattbakk. Entr. : Eggen.

Troisième journée

Le 2 octobre 2002, à Milan
Inter Milan (ITA) - LYON (FRA) : 1-2 (0-1). Spectateurs : 31 448. Arbitre : M. Mejuto Gonzalez (ESP). Buts : Cannavaro (73e) pour l'Inter Milan ; Govou (21e), Anderson (60e) pour Lyon. Avertissements : Cordoba (40e), Cannavaro (87e), Morfeo (90e +1) pour l'Inter Milan ; Govou (64e) pour Lyon.
Inter Milan : Toldo - Cordoba, Materazzi, Cannavaro - J. Zanetti (cap.), Di Biagio (Sergio Conceiçao, 69e), Almeyda, Coco (Pasquale, 86e) - S. Dalmat (Morfeo, 61e), Recoba - Crespo. Entr. : Cuper.
Lyon : Coupet - P. Müller, Edmilson, Caçapa, Bréchet - Dhorasoo, Violeau, M. Diarra - Carrière (Juninho, 88e) - Anderson (cap.) (Laville, 77e), Govou (Vairelles, 90e +1). Entr. : Le Guen.

Quatrième journée

Le 22 octobre 2002, à Lyon
Lyon (FRA) - Inter Milan (ITA) : 3-3 (2-1). Spectateurs : 37 770. Arbitre : M. Nielsen (DAN). Buts : Anderson (21e, 75e), Carrière (44e) pour Lyon ; Caçapa (31e c.s.c.), Crespo (56e, 66e) pour l'Inter Milan. Avertissements : M. Diarra (59e), Caçapa (63e) pour Lyon ; Morfeo (27e), Cordoba (33e) pour l'Inter Milan.
Lyon : Coupet - P. Müller, Edmilson, Caçapa, Bréchet - M. Diarra, Violeau (Vairelles, 69e) - Juninho (Laville, 58e), Carrière, Dhorasoo - Anderson (cap.). Entr. : Le Guen.
Inter Milan : Toldo - J. Zanetti (cap.), Materazzi, Cordoba, Coco - Sergio Conceiçao (Adani, 72e), Di Biagio (Almeyda, 24e), B. Emre, Morfeo - Vieri, Crespo (Recoba, 78e). Entr. : Cuper.

Cinquième journée

Le 30 octobre 2002, à Lyon
Lyon (FRA) - AJAX AMSTERDAM (HOL) : 0-2 (0-1). Spectateurs : 38 134. Arbitre : M. Vassaras (GRE). Buts : Pienaar (7e), Van der Vaart (90e +3). Avertissements : Juninho (48e) pour Lyon ; De Jong (36e), Sikora (44e), Pienaar (48e), Ibrahimovic (75e), Van der Vaart (81e), Didulica (90e +4) pour l'Ajax Amsterdam. Expulsion : Chivu (62e) pour l'Ajax Amsterdam.
Lyon : Coupet - P. Müller, Edmilson, Caçapa, Bréchet - Juninho, Carrière (Luyindula, 80e), Violeau (Vairelles, 59e), Dhorasoo - Anderson (cap.), Govou. Entr. : Le Guen.
Ajax Amsterdam : Didulica - Trabelsi, Bergdölmo, Chivu (cap.), Maxwell - Galasek, Pienaar, De Jong, Sikora (Yakubu, 65e) - Ibrahimovic (Van der Meyde, 77e), Hossam (Van der Vaart, 55e). Entr. : Koeman.

Sixième journée

Le 12 novembre 2002, à Trondheim
Rosenborg Trondheim (NOR) - Lyon (FRA) : 1-1 (0-0). Spectateurs : 21 008. Arbitre : M. Dallas (ECO). Buts : Brattbakk (69e) pour Rosenborg Trondheim ; Govou (84e) pour Lyon. Avertissements : Karadas (72e) pour Rosenborg Trondheim ; Bréchet (42e) pour Lyon.
Rosenborg Trondheim : Arason - Strand, Basma, Hoftun, Saarinen - F. Johnsen, Skammelsrud (cap.), O. Berg - Enerly (Ludvigsen, 79e), Karadas, Brattbakk. Entr. : Eggen.
Lyon : Coupet - P. Müller, Caçapa, Edmilson, Bréchet - Dhorasoo (Delmotte, 72e), Violeau (Juninho, 66e), M. Diarra - Carrière (Luyindula, 72e) - Govou, Anderson (cap.). Entr. : Le Guen.

COUPE DE L'UEFA

SEIZIÈMES DE FINALE

. ALLER

Le 28 novembre 2002, à Denizli
Denizlispor (TUR) - Lyon (FRA) : 0-0. Spectateurs : 15 000. Arbitre : M. Pedersen (NOR). Avertissements : Levent (27e), Serhat (81e) pour Denizlispor ; M. Diarra (21e) pour Lyon.
Denizlispor : Heinen - Kratochvil, Bülent Ertugrul, Servet - Tandogan (cap.), Boyraz (Serhat, 60e), Levent (Martin, 37e), Hietanen, Ilyas (Bülent Üçüncü, 84e) - Bencik, Kabat. Entr. : Çalimbay.
Lyon : Coupet - Chanelet, P. Müller, Edmilson, Caçapa (Laville, 82e), Delmotte - Juninho, Violeau (cap.), M. Diarra - Luyindula (Govou, 68e), Vairelles (Née, 81e). Entr. : Le Guen.

. RETOUR

Le 12 décembre 2002, à Lyon
Lyon (FRA) - DENIZLISPOR (TUR) : 0-1 (0-1). Spectateurs : 34 564. Arbitre : M. Irvine (IRN). But : Özkan (5e). Avertissements : Bencik (42e), Cimen (54e) pour Denizlispor.
Lyon : Coupet - Chanelet (Delmotte, 66e), Edmilson, Caçapa, Bréchet (cap.) - Juninho (Vairelles, 73e), Dhorasoo, M. Diarra, Carrière - Née (Anderson, 46e), Luyindula. Entr. : Le Guen.
Denizlispor : Heinen - Kratochvil, Cimen, Servet - Tandogan (cap.), Serdal Boyraz, Bülent Ertugrul, Hietanen (Ilyas, 52e) - Kabat (Özgur, 81e) - Bencik (Martin, 68e), Özkan. Entr. : Çalimbay.

BILAN
8 matches, 2 victoires, 3 nuls, 3 défaites, 12 buts pour et 10 buts encaissés (+2).
19 joueurs utilisés : Caçapa, Coupet et Juninho (8 matches), Anderson, Bréchet, Carrière, Dhorasoo, M. Diarra, Edmilson, Vairelles et Violeau (7), P. Müller (6), Govou et Luyindula (5), Delmotte et Laville (4), Chanelet (3), Née (2), Deflandre (1).
12 buts marqués : Anderson (5 buts), Carrière, Govou et Vairelles (2), Luyindula (1).
10 buts encaissés : Coupet (10 buts).
7 cartons jaunes : M. Diarra (2 avertissements), Bréchet, Caçapa, Govou, Juninho et Laville (1).

BORDEAUX (C3)

COUPE DE L'UEFA

PREMIER TOUR

. ALLER

Le 17 septembre 2002, à Bordeaux
BORDEAUX (FRA) - Matador Puchov (SLQ) : 6-0 (2-0). Spectateurs : 12 700. Arbitre : M. Hansson (SUE). Buts : Sommeil (23e), Dugarry (36e), Feindouno (61e), Pauleta (67e s.p.), Vavrik (77e c.s.c.), Darcheville (88e). Avertissement : Strba (52e) pour le Matador Puchov.
Bordeaux : Ramé - Caneira, Afanou, Sommeil, Bruno Basto - Dugarry (cap.) (Feindouno, 46e), Eduardo Costa (Planus, 89e), Meriem (Sahnoun, 79e), Savio - Darcheville, Pauleta. Entr. : Baup.
Matador Puchov : Bernady (cap.) - Satka, Zavaternik, Vavrik, Holcik - Muzlay (Pernis, 46e), Strba (Bugala, 75e), Belak, Talda - Gegic (Skripec, 72e), Breska. Entr. : Suran.

. RETOUR

Le 3 octobre 2002, à Zilina
Matador Puchov (SLQ) - BORDEAUX (FRA) : 1-4 (1-2). Spectateurs : 2 700. Arbitre : M. Halsey (ANG). Buts : Muzlay (45e) pour Matador Puchov ; Savio (40e), Darcheville (42e, 88e), Feindouno (68e) pour Bordeaux. Avertissement : Zavaternik (46e) pour Matador Puchov.
Matador Puchov : Bernady - Zavaternik (Satka, 58e), Pa. Vavrik, Holcik - Muzlay (Janbor, 75e), Strba, Pe. Vavrik, Belak, Talda - Pernis, Breska (Skripec, 78e). Entr. : Suran.
Bordeaux : Ramé (cap.) - Jemmali, Caneira (Planus, 67e), Sommeil, Bruno Basto - Meriem, Smertine (Sanchez, 80e), Eduardo Costa (Sahnoun, 46e), Savio - Feindouno, Darcheville. Entr. : Baup.

DEUXIÈME TOUR

. ALLER

Le 29 octobre 2002, à Stockholm (Raasunda Stadium)
Djurgaarden IF (SUE) - BORDEAUX (FRA) : 0-1 (0-0). Spectateurs : 13 558. Arbitre : M. Stredak (SLQ). But : Feindouno (64e). Avertissements : Makondele (81e) pour Djurgaarden IF ; Jemmali (5e) pour Bordeaux.
Djurgaarden IF : Isaksson - Rasck (Henriksson, 32e), Eriksson-Ohlsson, Karlsson (cap.), Dorsin - Rehn, Elmander (Makondele, 75e), Källström, Johansson - Wowoah (Chanko, 77e), Stefanidis. Entr. : Akeby.
Bordeaux : Ramé - Jemmali, Afanou, Sommeil, Bruno Basto - Caneira, Smertine, Eduardo Costa, Dugarry (cap.) - Feindouno, Darcheville (Pauleta, 78e). Entr. : Baup.

. RETOUR

Le 12 novembre 2002, à Bordeaux
BORDEAUX (FRA) - Djurgaarden IF (SUE) : 2-1 (1-0). Spectateurs : 10 672. Arbitre : M. Koren (ISR). Buts : Feindouno (36e, 50e) pour Bordeaux ; Elmander (73e) pour Djurgaarden IF. Avertissements : Darcheville (80e) pour Bordeaux ; Wowoah (29e), Dorsin (59e) pour Djurgaarden.
Bordeaux : Ramé (cap.) - Jemmali, Afanou, Sommeil (Planus, 76e), Bruno Basto - Caneira - Feindouno (Meriem, 90e + 1), Smertine, Eduardo Costa, Savio (Dugarry, 73e) - Darcheville. Entr. : Baup.
Djurgaarden IF : Isaksson - Rasck, Eriksson-Ohlsson, Karlsson (cap.), Dorsin - Rehn, Källström - Stefanidis (Ngabu Bapupa, 81e), Johansson (Makondele, 64e), Wowoah (Chanko, 64e) - Elmander. Entr. : Akeby.

SEIZIÈMES DE FINALE

. ALLER

Le 28 novembre 2002, à Bordeaux
Bordeaux (FRA) - RSC ANDERLECHT (BEL) : 0-2 (0-1). Spectateurs : 12 150. Arbitre : M. Plautz (AUT). Buts : Jestrovic (9e), Hasi (90e + 1). Avertissements : Dugarry (44e) pour Bordeaux ; Crasson (43e), Dindane (45e), Seol (77e) pour le RSC Anderlecht.
Bordeaux : Ramé - Caneira, Planus, Sommeil, Bruno Basto - Smertine, Eduardo Costa - Darcheville (Meriem, 84e), Dugarry (cap.), Feindouno - Pauleta. Entr. : Baup.
RSC Anderlecht : Zitka - Crasson (Traoré, 63e), De Boeck (cap.), Tihinen, Ilic - Vanderhaegue - Dindane, Baseggio, Zewlakow (Hasi, 83e), Seol - Jestrovic (Hendrikx, 76e). Entr. : Broos.

. RETOUR

Le 12 décembre 2002, à Bruxelles
RSC Anderlecht (BEL) - Bordeaux (FRA) : 2-2 (1-0). Spectateurs : 17 721. Arbitre : M. Benes (RTC). Buts : Dindane (29e), Jestrovic (68e) pour le RSC Anderlecht ; Darcheville (83e, 90e) pour Bordeaux. Avertissements : De Boeck (58e) pour le RSC Anderlecht ; Savio (28e), Eduardo Costa (28e), Pauleta (30e), Smertine (56e) pour Bordeaux.
RSC Anderlecht : Zitka - Tihinen, De Boeck (cap.), Ilic - Crasson (L. Traoré, 84e), Vanderhaeghe, Zewlakow - Baseggio (Hasi, 82e) - Dindane (Hendrikx, 77e), Jestrovic, Seol. Entr. : Broos.
Bordeaux : Ramé - Jemmali, Afanou (Planus, 86e), Caneira, Bruno Basto - Smertine, Eduardo Costa - Meriem (Feindouno, 77e), Savio - Dugarry (cap.), Pauleta (Darcheville, 63e). Entr. : Baup.

BILAN
6 matches, 4 victoires, 1 nul, 1 défaite, 15 buts pour et 6 buts encaissés (+9).
17 joueurs utilisés : Bruno Basto, Caneira, Darcheville, Eduardo Costa, Feindouno et Ramé (6 matches), Dugarry, Meriem, Planus, Smertine et Sommeil (5), Afanou, Jemmali, Pauleta et Savio (4), Sahnoun (2), Sanchez (1).
15 buts marqués : Darcheville et Feindouno (5 buts), Dugarry, Pauleta, Savio et Sommeil (1). 1 c.s.c. : Vavrik (Puchov).
6 buts encaissés : Ramé (6 buts).
7 cartons jaunes : Darcheville, Dugarry, Eduardo Costa, Jemmali, Pauleta, Savio et Smertine (1 avertissement).

LORIENT (C3)

COUPE DE L'UEFA

PREMIER TOUR

. ALLER

Le 19 septembre 2002, à Denizli
DENIZLISPOR (TUR) - Lorient (FRA) : 2-0 (1-0). Spectateurs : 8 000. Arbitre : M. Freeland (ECO). Buts : Mustafa Özkan (11e, 68e s.p.). Avertissements : Levent (58e) pour Denizlispor ; Chabert (73e) pour Lorient.
Denizlispor : Heinen - Servet, Hakan Cimen, Kratochvil, Hietanen - Ilyas (Serhat, 89e), Levent (Bülent Ertugrul, 83e), Kabat, Tandogan (cap.) - Ersen Martin (Bencik, 54e), Mustafa Özkan. Entr. : Çalimbay.
Lorient : Audard - Druon, Gauvin, Ferron, Bouard, Bouzin (Dudoit, 74e) - Guel, Chabert, Bedrossian (cap.) - Loko (Viltard, 83e), Kroupi (Robson, 61e). Entr. : Pouliquen.

. RETOUR

Le 3 octobre 2002, à Lorient
LORIENT (FRA) - Denizlispor (TUR) : 3-1 (1-1). Spectateurs: 8 500. Arbitre : M. Da Silva (POR). Buts : Kroupi (44e), Guel (47e), Gauvin (90e + 4) pour Lorient ; Martini (20e c.s.c.) pour Denizlispor. Avertissements : Kroupi (22e), Cavalli (71e), Haguy (90e + 1), Bedrossian (90e+3) pour Lorient ; Özgür (59e), Levent (66e), Ilyas (69e), Hakan Cimen (82e), Mustafa (90e + 2) pour Denizlispor. Expulsion : Cavalli (90e + 3) pour Lorient.
Lorient : Audard - Bouzin, M. Diop (Gauvin, 74e), Ferron, Martini, Druon (Haguy, 81e) - Guel, Cavalli, Bedrossian (cap.) - Loko (Robson, 68e), Kroupi. Entr. : Pouliquen.
Denizlispor : Heinen - Özgür, Servet, Hakan Cimen, Kratochvil - Bençik (Ersen Martin, 60e ; Kabat, 90e), Levent (Sert, 68e), Ilyas, Bülent Ertugrul, Tandogan (cap.) - Mustafa Özkan. Entr. : Çalimbay.

BILAN
2 matches, 1 victoire, 1 défaite, 3 buts pour et 3 buts encaissés (0).
18 joueurs utilisés : Audard, Bedrossian, Bouzin, Druon, Ferron, Gauvin, Guel, Kroupi, Loko et Robson (2 matches), Bouard, Cavalli, Chabert, M. Diop, Dudoit, Haguy, Martini et Viltard (1).
3 buts marqués : Gauvin, Guel et Kroupi (1 but).
3 buts encaissés : Audard (3 buts).
5 cartons jaunes : Bedrossian, Cavalli, Chabert, Haguy et Kroupi (1 avertissement).

PARIS-SG (C3)

COUPE DE L'UEFA

Premier tour

. ALLER

Le 19 septembre 2002, à Paris
PARIS-SG (FRA) - FC Ujpest (HON) : 3-0 (3-0). Spectateurs : 26 000. Arbitre : M. Gallagher (ANG). Buts : Ronaldinho (13e), Pochettino (24e), Cardetti (44e) pour le Paris-SG. Avertissements : Juhar (22e), Szelesi (63e), Mori (84e) pour le FC Ujpest.
Paris-SG : Letizi - Pochettino (cap.), Déhu, Heintze - Cristobal, Fiorèse (Llacer, 77e), J. Leroy, André Luiz (Hugo Leal, 56e), Paulo Cesar - Ronaldinho - Cardetti (Aloisio, 61e). Entr. : L. Fernandez.
FC Ujpest : Vlaszak - Szelesi, Tamasi, Juhar, Lerant - Poljakovic (Mori, 80e), Korolovszky, Tokody, Rosa (Tchur, 23e) - Kovacs (cap.), Horvath (Farkas, 72e). Entr. : A. Szabo.

. RETOUR

Le 3 octobre 2002, à Budapest
FC Ujpest (HON) - PARIS-SG (FRA) : 0-1 (0-0). Spectateurs : 6 000. Arbitre : M. Vidlak (RTC). But : Benachour (61e). Avertissement : Ogbeche (90e + 2) pour le Paris-SG.
FC Ujpest : Vlaszak - Farkas, Tamasi, Juhar (Simiek, 58e) - Poljakovic, Tokody, Korolovszky, Kunzo, Tchur - Horvath (Sloncik, 65e), Kovacs (cap.) (Mori, 65e). Entr. : A. Szabo.
Paris-SG : Letizi - El-Karkouri, Pochettino (cap.) (Déhu, 46e), Potillon - Paulo César (A. Touré, 66e), J. Leroy, André Luiz (Ogbeche, 61e), Domi - Benachour, Teixeira - L. Leroy. Entr. : L. Fernandez.

DEUXIÈME TOUR

. ALLER

Le 31 octobre 2002, à Bucarest (stade Cotroceni)
National Bucarest (ROU) - PARIS-SG (FRA) : 0-2 (0-1). Spectateurs : 10 000. Arbitre : M. Bennett (ANG). Buts : L. Leroy (5e), Andre Luiz (69e). Avertissements : Petrescu (21e), Petre (47e), Coman (63e) pour le National Bucarest ; Texeira (21e), J. Leroy (32e), Llacer (45e+2) pour le Paris-SG. Expulsion : J. Leroy (63e) pour le Paris-SG.
National Bucarest : Vintila - Petrescu, Nemtanu (Iacob, 75e), Curt, Marin - Coman, Caramarin (Duro, 80e), Petre, Keca - S. Ilie (cap.), Radu (Nae, 82e). Entr. : Zenga.
Paris-SG : Letizi (cap.) - Llacer, Déhu (El-Karkouri, 60e), Heinze, Potillon - J. Leroy, Teixeira, André Luiz - L. Leroy, Aloisio (Nyarko, 67e), Ogbeche (Benachour, 60e). Entr. : L. Fernandez.

. RETOUR

Le 14 novembre 2002, à Paris
PARIS-SG (FRA) - National Bucarest (ROU) : 1-0 (0-0). Spectateurs : 20 000. Arbitre : M. Mikulski (POL). But : L. Leroy (57e). Avertissements : Hugo Leal (59e), Déhu (89e) pour Paris-SG ; Coman (38e), Nemtanu (53e) pour le National Bucarest.
Paris-SG : Letizi - Cristobal, Pochettino (cap.) (Déhu, 46e), Potillon - Teixeira (A. Touré, 78e), Nyarko, Llacer - Hugo Leal, Benachour - Ronaldinho (Cardetti, 63e), L. Leroy. Entr. : L. Fernandez.
National Bucarest : Vintila - Keca (Nae, 84e), Curt, Nemtanu, Marin - Petrescu (cap.), Durro, Petre Ovidiu, Coman (Radu, 65e) - S. Ilie (Jacob, 84e), Caramarin. Entr. : Zenga.

SEIZIÈMES DE FINALE

. ALLER

Le 26 novembre 2002, à Paris
PARIS-SG (FRA) - Boavista Porto (POR) : 2-1 (2-0). Spectateurs : 20 000. Arbitre : M. De Santis (ITA). Buts : Nyarko (17e), Fiorèse (45e) pour Paris-SG ; Luiz Claudio (75e) pour Boavista Porto. Avertissements : Déhu (29e) pour Paris-SG ; Avalos (39e), Eder (80e), Rui Oscar (85e) pour Boavista Porto. Expulsion : Déhu (32e) pour Paris-SG.
Paris SG : Letizi - Cristobal, El-Karkouri, Pochettino (cap.), Heinze - Déhu, Nyarko - Fiorèse (L. Leroy, 77e), Ronaldinho, André Luiz - Cardetti (Benachour, 63e). Entr. : L. Fernandez.
Boavista : Ricardo - Rui Oscar, Paulo Turra, Eder, Erivan (Bosingwa, 46e) - Pedro Santos, Avalos (Luiz Claudio, 65e), E. Sanchez (cap.), Mario Loja (Jocivalter, 55e) - Cafu, Silva. Entr. : Pacheco.

. RETOUR

Le 12 décembre 2002, à Porto
BOAVISTA PORTO (POR) - Paris-SG (FRA) : 1-0 (0-0). Spectateurs : 5 500. Arbitre : M. Siric (CRO). But : Silva (55e s.p.). Avertissements : Luiz Claudio (70e), Pedro Santos (80e) pour Boavista Porto ; Paulo César (67e), J. Leroy (69e) pour le Paris-SG. Expulsion : Luiz Claudio (88e) pour Boavista Porto.
Boavista Porto : Ricardo - Paulo Turra, Eder, Mario Loja - Avalos - Pedro Santos, E. Sanchez (cap.), Rui Oscar (Martelinho, 46e) - Jorge Couto (Alexandre Goulart, 63e), Luiz Claudio, Silva (Cafu, 78e). Entr. : Pacheco.
Paris-SG : Letizi - Cristobal, El-Karkouri, Pochettino (cap.), Heinze - J. Leroy, Nyarko (L. Leroy, 66e), Paulo César (Llacer, 78e) - Ronaldinho - Fiorèse, Aloisio (Cardetti, 78e). Entr. : L. Fernandez.

BILAN
6 matches, 5 victoires, 1 défaite, 9 buts pour et 2 buts encaissés (+7).
23 joueurs utilisés : Letizi (6 matches), Déhu, L. Leroy et Pochettino (5), André Luiz, Benachour, Cardetti, Cristobal, El-Karkouri, Heinze, J. Leroy, Llacer, Nyarko et Ronaldinho (4), Aloisio, Fiorèse, Paulo César, Potillon et Teixeira (3), Hugo Leal, Ogbeche et A. Touré (2), Domi (1).
9 buts marqués : L. Leroy (2 buts), André Luiz, Benachour, Cardetti, Fiorèse, Nyarko, Pochettino et Ronaldinho (1).
2 buts encaissés : Letizi (2 buts).
9 cartons jaunes : Déhu et J. Leroy (2 avertissements), Hugo Leal, Llacer, Ogbeche, Paulo César et Teixeira (1).
2 cartons rouges : Déhu et J. Leroy (1 expulsion).

RÉSULTATS ÉTRANGERS 2002-03

ALBANIE

CHAMPIONNAT

	Pts	J	G	N	P	bp	bc
1. SK Tirana	60	26	19	3	4	57	18
2. Vllaznia Shkodër	49	26	15	4	7	51	32
3. Partizan Tirana	46	26	12	10	4	41	27
4. Teuta Durrës	40	26	12	4	10	38	27
5. Shkumbini Peqin	40	26	11	7	8	33	23
6. Dynamo Tirana	38	26	10	8	8	29	24
7. Flamurtari Vlora	36	26	10	6	10	27	28
8. SK Elbasani	36	26	10	6	10	33	35
9. Besa Kavajë	36	26	9	9	8	29	37
10. KS Lushnja	35	26	9	8	9	27	27
11. Apolonia Fier	35	26	10	5	11	27	33
12. Erzeni Shijaku	24	26	6	6	14	23	37
13. Bylis Ballshi	16	26	3	7	16	19	61
14. Beselidhja Lezha	13	26	4	1	21	22	47

COUPE
DYNAMO TIRANA (D1) - Teuta Durrës (D1), 1-0.

ALLEMAGNE

CHAMPIONNAT

	Pts	J	G	N	P	bp	bc
1. Bayern Mun.	75	34	23	6	5	70	25
2. VfB Stuttgart	59	34	17	8	9	53	39
3. Borussia D.	58	34	15	13	6	51	27
4. Hambourg SV	56	34	15	11	8	46	36
5. Hertha Berlin	54	34	16	6	12	52	43
6. Werder Brême	52	34	16	4	14	51	50
7. Schalke 04	49	34	12	13	9	46	40
8. VfL Wolfsburg	46	34	13	7	14	39	42
9. VfL Bochum	45	34	12	9	13	55	56
10. Munich 1860	45	34	12	9	13	44	52
11. Hanovre 96	43	34	12	7	15	47	57
12. Borussia M.	42	34	11	9	14	43	45
13. Hansa Rostock	41	34	11	8	15	35	41
14. Kaiserslautern	40	34	10	10	14	40	42
15. Bayer Lev.	40	34	11	7	16	47	56
16. Arminia B.	36	34	8	12	14	35	46
17. Nuremberg	30	34	8	6	20	33	60
18. Energie Cot.	30	34	7	9	18	34	64

Bilan
Relégués : Arminia Bielefeld, FC Nuremberg et Energie Cottbus.
Promus : SC Fribourg, FC Cologne et Eintracht Francfort.

Buteurs
1. T. Christiansen (VfL Bochum) et Elber (Bayern Munich), 21 buts ; 3. Ailton (Werder Brême), 16 ; 4. Pizarro (Bayern Munich) et Kuranyi (VfB Stuttgart), 15 ; 6. Marcelinho (Hertha Berlin), Romeo (Hambourg SV), F. Bobic (Hanovre 96) et Schroth (Munich 1860), 14 ; 10. Koller (Borussia Dortmund) et Lauth (Munich 1860), 13.

Club champion
Bayern Munich : Kahn - Sagnol, R. Kovac (Kuffour), Linke, Lizarazu (Tarnat) - Hargreaves, Jeremies (N. Kovac), Ballack (Salihamidzic), Zé Roberto(Scholl) - Elber (Santa Cruz), Pizarro (Zickler). Entr. : Hitzfeld.

Clubs européens
Ligue des champions : Bayern Munich et VfB Stuttgart (première phase) et Borussia Dortmund (3e tour préliminaire).
Coupe de l'UEFA : Hambourg SV, Hertha Berlin et FC Kaiserslautern.
Coupe Intertoto : Werder Brême, Schalke 04 et VfL Wolfsburg.

COUPE
Le 31 mai 2003, à Berlin (stade Olympique)
BAYERN MUNICH (D1) - FC Kaiserslautern (D1) : 3-1 (2-0). Spectateurs : 70 490. Arbitre : M. Fröhlich. Buts : Ballack (3e, 10e s.p.), Pizarro (50e) pour le Bayern Munich ; Klose (80e) pour le FC Kaiserslautern. Avertissements : Jeremies (18e) pour le Bayern Munich ; Anfang (24e) H. Koch (44e), Klose (61e) pour le FC Kaiserslautern. Expulsion : Hristov (78e) pour le FC Kaiserslautern.
Bayern Munich : Kahn - Sagnol, Kuffour, Linke, Lizarazu (Tarnat, 84e) - Hargreaves, Jeremies (Fink, 76e), Ballack, Zé Roberto (Scholl, 76e) - Elber, Pizarro. Entr. : Hitzfeld.

FC Kaiserslautern : Wiese - H. Koch (Riedl, 46e), Klos, Lembi, Tchato - Lincoln (Timm, 63e), Anfang, Hristov - Klose, Lokvenc, Dominguez (Teber, 81e). Entr. : Gerets.

COUPE DE LA LIGUE*
Le 1er aout, à Bochum, au Ruhrstadion
HERTHA BERLIN (D1) - Schalke 04 (D1) : 4-1 (2-0). Spectateurs : 10 000. Arbitre : M. Strampe. Buts : Marcelinho (32e, 85e s.p.), Alves (33e), R. Pinto (89e) pour le Hertha Berlin ; Agali (61e) pour Schalke 04. Avertissements : Hartmann (16e), Alves (51e), Marcelinho (66e), Simunic (74e) pour le Hertha Berlin ; Böhme (36e), Kmetsch (66e), F. Rost (84e) pour Schalke 04.
Hertha Berlin : Kiraly - A. Schmidt (Marx 73e), A. Friedrich, Simunic, Hartmann - Karwan (R. Pinto, 79e), Maas, Neuendorf (Tretschok, 67e) - Marcelinho - Alves, Goor. Entr. : Stevens.
Schalke 04 : F. Rost - Oude Kamphuis (Kmetsch 40e), Hajto, Van Hoogdalem, Matellan - Vermant (Iyodo, 70e), Poulsen, Böhme (Asamoah, 46e) - Möller - Sand, Agali. Entr. : Neubarth.

* *Réservée aux clubs qualifiés en Coupe d'Europe.*

ANDORRE

CHAMPIONNAT
Première phase

	Pts	J	G	N	P	bp	bc
1. Santa Coloma	42	16	13	3	0	51	8
2. FC Encamp	34	16	10	4	2	48	10
3. Sant Julia	30	16	9	3	4	57	17
4. Inter Escaldes	26	16	8	2	6	30	33
5. Principat	23	16	6	5	5	32	25
6. FC Lusitans	22	16	7	1	8	44	33
7. FC Ranger's	21	16	6	3	7	39	38
8. Cerni Extrem.	7	16	2	1	13	17	63
9. Sport. Escaldes	0	16	0	0	16	10	101

POULE POUR LE TITRE

	Pts	J	G	N	P	bp	bc
1. Santa Coloma	49	6	1	4	1	59	14
2. FC Encamp	48	6	4	2	0	62	16
3. Sant Julia	38	6	2	2	2	73	28
4. Inter Escaldes	29	6	1	0	5	37	55

POULE POUR LE MAINTIEN

	Pts	J	G	N	P	bp	bc
1. Principat	37	6	5	0	1	63	40
2. FC Lusitans	33	6	4	0	2	57	47
3. FC Ranger's	32	6	3	0	3	39	35
4. Cerni Extrem.	7	6	0	0	6	21	85

ANGLETERRE

CHAMPIONNAT

	Pts	J	G	N	P	bp	bc
1. Manchester Un.	83	38	25	8	5	74	34
2. Arsenal	78	38	23	9	6	85	42
3. Newcastle Un.	69	38	21	6	11	63	48
4. Chelsea	67	38	19	10	9	68	38
5. Liverpool	64	38	18	10	10	61	41
6. Blackburn R.	60	38	16	12	10	52	43
7. Everton	59	38	17	8	13	48	49
8. Southampton	52	38	13	13	12	43	46
9. Manchester C.	51	38	15	6	17	47	54
10. Tottenham H.	50	38	14	8	16	51	62
11. Middlesbrough	49	38	13	10	15	48	44
12. Charlton At.	49	38	14	7	17	45	56
13. Birmingham C.	48	38	13	9	16	41	49
14. Fulham	48	38	13	9	16	41	50
15. Leeds United	47	38	14	5	19	58	57
16. Aston Villa	45	38	12	9	17	42	47
17. Bolton W.	44	38	10	14	14	41	51
18. West Ham	42	38	10	12	16	42	59
19. West Bromwich	26	38	6	8	24	29	65
20. Sunderland	19	38	4	7	27	21	65

Bilan
Relégués : Sunderland, West Bromwich Albion et West Ham United.
Promus : Portsmouth, Leicester City et Wolverhampton.

Buteurs
1. Van Nistelrooy (Manchester United), 25 buts ; 2. Henry (Arsenal), 24 ; 3. Beattie (Southampton), 23 ; 4. Viduka (Leeds United), 20 ; 5. Owen (Liverpool FC), 19 ; 6. Shearer (Newcastle United), 17 ; 7. Pires (Arsenal), Zola (Chelsea), Kewell (Leeds United), Rob. Keane (Leeds United/Tottenham Hotspur), Anelka (Manchester City) et Scholes (Manchester United), 14.

Club champion
Manchester United : Barthez - G. Neville, Brown (Blanc), Ferdinand, Silvestre (O'Shea) - Veron (Butt), Keane (P. Neville) - Beckham (Solskjaer), Scholes, Giggs - Van Nistelrooy (Forlan). Entr. : Ferguson.

Clubs européens
Ligue des champions : Manchester United et Arsenal (première phase), Newcastle United et Chelsea FC (3e tour préliminaire).
Coupe de l'UEFA : Liverpool FC, Blackburn Rovers, Southampton et Manchester City.

CUP
Le 17 mai 2003, à Cardiff (Millennium Stadium)
ARSENAL (D1) - Southampton (D1) : 1-0 (1-0). Spectateurs : 73 726. Arbitre : M. Barber. But : Pires (38e). Avertissements : Keown (30e), Henry (68e) pour Arsenal ; Beattie (31e), Telfer (60e), Marsden (76e), Mi. Svensson (90e) pour Southampton.
Arsenal : Seaman (cap.) - Lauren, Keown, Loujni, Ash. Cole - Ljungberg, Parlour, Gilberto Silva, Pires - Henry, Bergkamp (Wiltord, 77e). Entr. : Wenger.
Southampton : Niemi (P. Jones, 66e) - Baird (Fernandes, 86e), Lundekvam, Mi. Svensson, Bridge - Telfer, Oakley, An. Svensson (Tessem, 75e), Marsden (cap.) - Ormerod, Beattie. Entr. : Strachan.

COUPE DE LA LEAGUE
Le 2 mars 2003, à Cardiff (Millennium Stadium)
LIVERPOOL FC (D1) - Manchester United (D1) : 2-0 (1-0). Spectateurs : 72 000. Arbitre : M. Durkin. Buts : S. Gerrard (39e), Owen (86e). Avertissement : Henchoz (13e) pour Liverpool FC.
Liverpool FC : Dudek - Carragher, Henchoz, Hyypiä (cap.), Riise - Diouf (Biscan, 90e+2), Hamann, S. Gerrard, Murphy - Heskey (Baros, 61e ; Smicer, 89e), Owen. Entr. : Houllier.
Manchester United : Barthez - G. Neville, R. Ferdinand, W. Brown (Solskjaer, 74e), M. Silvestre - Roy Keane (cap.), Veron - Beckham, Scholes, Giggs - Van Nistelrooy. Entr. : Ferguson.

COMMUNITY SHIELD 2002
Le 11 août 2002, à Cardiff (Millennium Stadum)
ARSENAL (D1, champion) - Liverpool FC (D1, vainqueur de la Cup) : 1-0 (0-0). Spectateurs : 67 337. Arbitre : M. Wiley. But : Gilberto Silva (69e). Avertissements : Wiltord (24e), Vieira (32e), Henry (45e), Gilberto Silva (76e) pour Arsenal ; Gerrard (6e), Murphy (82e) pour Liverpool FC.
Arsenal : Seaman - Lauren, Campbell, Keown, Ash. Cole - Parlour, Edu (Gilberto Silva, 46e), Vieira (cap.), Wiltord - Bergkamp (K. Touré, 86e), Henry. Entr. : Wenger.
Liverpool FC : Dudek - Abel Xavier (Babbel, 78e), Hyypiä (cap.), Henchoz, D. Traoré - (Br. Cheyrou, 88e), Hamann (Murphy, 67e), Gerrard, Riise, Diouf - Heskey (Baros, 74e), Owen (Smicer, 85e). Entr. : Houllier.

ARMÉNIE

CHAMPIONNAT

	Pts	J	G	N	P	bp	bc
1. Punik Erevan	59	22	19	2	1	85	14
2. Chirak Gumri	51	22	16	3	3	49	15
3. Banants Erevan	50	22	16	2	4	43	15
4. Spartak Erevan	49	22	15	4	3	58	16
5. Ararat Erevan	33	22	9	6	7	39	22
6. Mika Ashtarak	33	22	9	6	7	35	28
7. Zvartnots Erevan	32	22	10	2	10	57	29
8. Lernagorts K.	23	22	6	5	11	21	43
9. Artsakh Erevan	17	22	5	2	15	21	52
10. Dinamo 2000	12	22	3	3	16	19	63
11. Kotaïk Abovian	11	22	2	5	15	17	62
12. Lori Vanadzor	5	22	1	2	19	15	100

Coupe
MIKA ASHTARAK (D1) - Banants Erevan (D1), 1-0.

AUTRICHE

CHAMPIONNAT

	Pts	J	G	N	P	bp	bc
1. Austria Vienne	70	36	21	7	8	59	28
2. Graz AK	57	36	15	12	9	56	39
3. Austria Salzb.	56	36	15	11	10	51	46
4. Rapid Vienne	51	36	13	12	11	40	38
5. FC Pasching	49	36	13	10	13	41	37
6. Sturm Graz	47	36	14	5	17	50	62
7. Admira Wacker	44	36	11	11	14	36	46
8. FC Carinthie	41	36	11	8	17	45	57
9. SW Bregenz	39	36	9	12	15	48	58
10. SV Ried	38	36	10	8	18	41	56

Coupe
AUSTRIA VIENNE (D1) - FC Carinthie (D1), 3-0.

BÉLARUS

CHAMPIONNAT

	Pts	J	G	N	P	bp	bc
1. Bate Borisov	56	26	18	2	6	51	20
2. Neman G.	56	26	17	5	4	47	20
3. Chakhtior S.	51	26	15	6	5	41	23
4. Torpedo Minsk	51	26	15	6	5	30	16
5. Torpedo Zhod.	43	26	13	4	9	38	27
6. Gomel	43	26	13	4	9	46	33
7. Dynamo Minsk	42	26	12	6	8	44	28
8. Belshina Bobruisk	37	26	12	4	10	44	38
9. Dniepr Mogilev	36	26	10	6	10	38	37
10. Dynamo Brest	32	26	8	8	10	25	26
11. Slavia Mozyr	24	26	6	6	14	38	61
12. Zvezda Minsk	18	26	4	6	16	28	48
13. Molod.-2000	12	26	3	3	20	23	59
14. Lokomotiv-96 V.	9	26	3	0	23	20	77

Coupe
DYNAMO MINSK (D1) - Lokomotiv Minsk (D2), 2-0.

BELGIQUE

CHAMPIONNAT

	Pts	J	G	N	P	bp	bc
1. FC Bruges	79	32	25	4	3	96	33
2. RSC Anderlecht	71	32	23	2	7	72	31
3. SC Lokeren	60	32	18	6	8	69	51
4. Saint-Trond	56	32	16	8	8	63	44
5. FC Lierse	56	32	16	8	8	51	41
6. Racing Genk	55	32	16	7	9	73	52
7. Standard Liège	50	32	14	8	10	53	39
8. La Gantoise	47	32	15	2	15	49	55
9. AEC Mons	43	32	13	4	15	45	45
10. Westerlo	40	32	12	4	16	39	46
11. SK Beveren	38	32	12	2	18	50	69
12. Royal Anvers	34	32	9	7	16	44	55
13. Excelsior M.	32	32	9	5	18	42	72
14. GB Anvers	31	32	8	7	17	49	57
15. La Louvière	30	32	7	9	16	34	44
16. Charleroi SC	27	32	6	9	17	39	66
17. FC Malinois	18	32	4	6	22	18	86
18. Lommel SK*	0	0	0	0	0	0	0

* Tous les résultats de Lommel SK ont été annulés suite à sa radiation en raison de problèmes financiers.

Bilan
Relégués : FC Malinois et Lommel SK.
Promus : CS Bruges et Heusden-Zolder.

Buteurs
1. Roussel (AEC Mons) et Sonck (Racing Genk), 22 buts; 3. Jestrovic (RSC Anderlecht), 22 ; 4. Aarst (Standard Liège), 19 ; 5. Kpaka (GB Anvers), 18 ; 6. Gretarsson (SC Lokeren), 17 ; 7. Bangoura (SC Lokeren), 16 ; 8. Huysegems (FC Lierse), 15 ; 9. G. Verheyen (FC Bruges), Vandenbergh (Racing Genk) et Mbonabucya (Saint-Trond), 15.

Club champion
Racing Genk : Verlinden - Maertens, Clément, De Cock, Van der Heyden - Englebert (Stoica), Simons (Ceh), Martens (Serebrennikov) - Verheyen, Smolders (Lange), Mendoza. Entr. : Sollied.

Clubs européens
Ligue des champions : FC Bruges (3e tour préliminaire) et RSC Anderlecht (2e tour préliminaire).
Coupe de l'UEFA : Lokeren et La Louvière.
Coupe Intertoto : Saint-Trond et Lierse.

COUPE
Le 1er juin 2003, à Bruxelles (stade Roi Baudouin)
LA LOUVIÈRE (D1) - Saint-Trond (D1) : 3-1 (2-0). Spectateurs : 32 000. Arbitre : M. Verbist. Buts : Ishiaku (27e, 72e), Arts (35e) pour La Louvière ; Buvens (84e) pour Saint-Trond. Avertissements : Klukowski (44e), Arts (45e), Kenmogne (74e) pour La Louvière ; Buvens (80e) pour Saint-Trond.
La Louvière : Van Steenberghe - Belabed, Siquet, Arts, Klukowski - Ernst - Odemwingie (Kenmogne, 71e), D. Cooreman, Haydock - Ishiaku (Guilmot, 90e), Olivieri. Entr. : Jacobs.
Saint-Trond : Belic - Marcos Pereira, Hayen, Kalisa (Buvens, 71e), Caers (Vangeffelen, 76e) - Delorge, Verjans, Boffin, Voets (Vrancken, 46e) - Vangeel, Mbonabucya. Entr. : Mathijssen.

SUPERCOUPE 2002
Le 3 août 2002, à Genk
Racing Genk (D1, vainqueur de la Coupe) - FC BRUGES (D1, champion) : 0-2 (0-0). Buts : Sillah (75e), De Cock (80e). Avertissements : Clément (69e), Martens (73e) pour le FC Bruges.
Racing Genk : Moons - Tomasic (Wamfor, 76e), Zokora, Roumani, Vanbeuren - Skoko, Chatelle (Suzuki, 74e), Thijs (Euvrard, 88e), Daerden - Sonck, Moumouni. Entr. : Vergoossen.
FC Bruges : Stijnen - De Cock, Clément, Cornelis, Maertens - Ristic, Martens (Filho, 74e), Sillah (Sani, 81e), Geraerts - Serebrennikov (Ceh, 46e), Smolders. Entr. : Sollied.

BOSNIE-HERZÉGOVINE

CHAMPIONNAT

	Pts	J	G	N	P	bp	bc
1. Leotar Trebinje	85	38	26	7	5	82	27
2. Zeljeznicar S.	82	38	24	10	4	66	24
3. FK Sarajevo	69	38	19	12	7	83	39
4. Siroki Brijeg	68	38	21	5	12	69	45
5. Celik Zenica	58	38	16	10	12	61	33
6. Sloboda Tuzla	54	38	16	6	16	51	38
7. Borac Banja L.	54	38	15	9	14	50	49
8. Orasje	54	38	16	6	16	50	57
9. Posusje	53	38	14	11	13	42	55
10. Zovko Zepce	53	38	17	2	19	49	50
11. Zrinjski Most.	52	38	16	4	18	46	65
12. Rudar Ugljevik	52	38	15	7	16	61	57
13. Brotnjo Citluk	52	38	16	4	18	47	55
14. Glasinac S.	51	38	15	6	17	37	54
15. Kozara Grad.	51	38	15	6	17	55	62
16. Jedinstvo Bihac	50	38	15	5	18	59	63
17. Velez Mostar	45	38	14	3	21	47	59
18. Mladost Gacko	39	38	11	6	21	40	65
19. Buducnost Ban.	38	38	10	8	20	48	67
20. Bosna Visoko	16	38	5	1	32	28	107

Coupe
Leotar Trebinje (D1) - ZELJEZNICAR SARAJEVO (D1) : 0-0 et 0-2.

BULGARIE

CHAMPIONNAT

	Pts	J	G	N	P	bp	bc
1. CSKA Sofia	66	26	21	3	2	67	16
2. Levski Sofia	60	26	19	3	4	61	19
3. Litex Lovetch	55	26	17	4	5	49	22
4. Slavia Sofia	51	26	16	3	7	57	30
5. Tchernomoré V.	48	26	14	6	6	42	21
6. Lok. Plovdiv	47	26	16	2	8	56	33
7. Spartak V.	34	26	10	4	12	25	34
8. Naftex Bourg.	33	26	10	3	13	31	36
9. Marek Doupn.	30	26	8	6	12	35	42
10. Lokomotiv Sof.	25	26	7	4	15	23	37
11. Tchernomorets	24	26	7	3	16	32	56
12. Botev Plovd.	21	26	6	3	17	26	61
13. Dobroudja D.	14	26	4	2	20	19	73
14. Rilski Samakov	9	26	1	6	19	20	63

Coupe
LEVSKI SOFIA (D1) - Litex Lovetch (D1), 2-1.

CHYPRE

CHAMPIONNAT

	Pts	J	G	N	P	bp	bc
1. Omonia Nic.	60	26	18	6	2	68	22
2. A. Northosis	59	26	19	2	5	65	30
3. APOEL Nic.	55	26	16	7	3	55	24
4. Olympiakos N.	52	26	16	4	6	56	29
5. AEL Limassol	39	26	11	6	9	56	45
6. Ethnikos Achnas	37	26	10	7	9	35	32
7. AEP Paphos	37	26	11	4	11	38	45
8. AEK Larnaca	32	26	9	5	12	43	50
9. Digenis Morp.	31	26	9	4	13	40	40
10. EN Paralimni	31	26	8	7	11	39	40
11. Apollon Lim.	31	26	8	7	11	42	46
12. NEA Salamina	29	26	6	11	9	39	40
13. Aris Limassol	9	26	2	3	21	31	92
14. Alki Larnaca	6	26	1	3	22	21	93

Coupe
ANORTHOSIS FAMAGOUSTE (D1) - AEL Limassol (D1), 0-0 (5 t.a.b. à 3).

CROATIE

CHAMPIONNAT

	Pts	J	G	N	P	bp	bc
1. Dinamo Zagreb	57	22	18	3	1	51	17
2. Hajduk Split	50	22	16	2	4	42	14
3. Varteks Var.	45	22	15	0	7	40	21
4. Cibalia Vink.	32	22	9	5	8	28	28
5. Kamen Ingrad	30	22	7	9	6	23	22
6. FC Zagreb	30	22	8	6	8	28	30
7. Slaven Belupo	29	22	9	2	11	24	26
8. Osijek	23	22	6	5	11	21	39
9. Zadar	21	22	5	6	11	21	40
10. Rijeka	18	22	5	3	14	23	33
11. Pomorac	17	22	3	8	11	26	41
12. Sibenik	17	22	4	5	13	23	39

Coupe
Uljanik Pula (D1) - HAJDUK SPLIT (D1), 0-1 et 0-4.

DANEMARK

CHAMPIONNAT

	Pts	J	G	N	P	bp	bc
1. FC Copen.	61	33	17	10	6	51	32
2. Bröndby IF	56	33	15	11	7	61	35
3. Farum	51	33	16	3	14	49	58
4. OB Odense	48	33	12	12	9	55	50
5. Esbjerg	47	33	12	11	10	65	57
6. Aalborg AB	46	33	14	4	15	42	45
7. Midtjylland	44	33	11	11	11	49	45
8. Viborg	43	33	11	10	12	58	55
9. AB Copen.	42	33	10	12	11	44	48
10. AGF Aarhus	40	33	10	10	13	49	59
11. Silkeborg IF	36	33	9	9	15	52	54
12. Köge	27	33	8	3	22	45	82

Coupe
BRÖNDBY IF (D1) - FC Midtylland (D1), 3-0.

ÉCOSSE

CHAMPIONNAT
Première phase

	Pts	J	G	N	P	bp	bc
1. Glasgow R.	87	33	28	3	2	86	23
2. Celtic Glasgow	82	33	26	4	3	81	22
3. Heart of Mid.	57	33	16	9	8	55	47
4. Kilmarnock	50	33	14	8	11	43	46
5. Dunfermline	44	33	13	5	15	48	56
6. Dundee FC	42	33	10	12	11	44	48
7. Hibernian	39	33	11	6	16	46	58
8. Aberdeen	37	33	9	10	14	32	48
9. Livingston	32	33	8	8	17	41	50
10. Partick Thistle	29	33	6	11	16	29	50
11. Dundee Un.	25	33	5	10	18	29	61
12. Motherwell	24	33	6	6	21	35	60

À l'issue de la 33e journée, les six premières équipes jouent la poule pour le titre et les six suivantes la poule promotion-relégation.

Deuxième phase

POULE POUR LE TITRE

	Pts	J	G	N	P	bp	bc
1. Glasgow R.	97	38	31	4	3	101	28
2. Celtic Glasgow	97	38	31	4	3	98	26
3. Heart of Mid.	63	38	18	9	11	57	51
4. Kilmarnock	57	38	16	9	13	47	56
5. Dunfermline	46	38	13	7	18	54	71
6. Dundee FC	44	38	10	14	14	50	60

PROMOTION-RELÉGATION

	Pts	J	G	N	P	bp	bc
1. Hibernian	51	38	15	6	17	56	64
2. Aberdeen	49	38	13	10	15	41	54
3. Livingston	35	38	9	8	21	48	62
4. Partick Thistle	35	38	8	11	19	37	58
5. Dundee United	32	38	7	11	20	35	68
6. Motherwell	28	38	7	7	24	45	71

Bilan
Relégué : Motherwell.
Promu : Falkirk.

Buteurs
1. Larsson (Celtic Glasgow), 28 buts ; 2. Crawford (Dunfermline Athletic) et Hartson (Celtic Glasgow), 18 ; 4. R. de Boer et Ferguson (Glasgow Rangers) et Burns (Partick Thistle), 16 ; 7. Sutton (Celtic Glasgow), S. Arveladze (Glasgow Rangers) et De Vries (Heart of Midlothian), 15 ; 10. Mols (Glasgow Rangers) et McFadden (Motherwell), 13.

Club champion
Glasgow Rangers : Klos - Malcolm, Moore, Amoruso (Konterman), Numan (Muscat) - Ricksen, Arteta, De Boer, Ferguson (McCann) - Arveladze (Caniggia), Mols (Lovenkrands). Entr. : McLeish.

Clubs européens
Ligue des champions : Glasgow Rangers (3e tour préliminaire) et Celtic Glasgow (2e tour préliminaire).
Coupe de l'UEFA : Dundee FC et Heart of Midlothian.

COUPE
Le 31 mai 2003, à Glasgow
GLASGOW RANGERS (D1) - Dundee FC (D1) : 1-0 (0-0). Spectateurs : 47 136. Arbitre : M. Clark. But : Amoruso (66e). Avertissements : Arveladze (43e), McCann (90e) pour les Glasgow Rangers ; Novo (86e) pour Dundee FC.
Glasgow Rangers : Klos - Malcolm, Moore, Amoruso, Numan (Muscat, 69e) - Ricksen, B. Ferguson, McCann, R. de Boer - Arveladze (Thompson, 56e), Mols (Ross, 46e). Entr. : McLeish.
Dundee FC : Speroni - Mackay (Milne, 78e), Khizanishvili, Smith, Hernandez Santos - Rae (Brady, 85e), Nemsadze, Mair, Burchill (Novo, 71e) - Caballero, Lovell. Entr. : Bonetti.

COUPE DE LA LIGUE

FINALE
Le 16 mars 2003, à Glasgow
GLASGOW RANGERS (D1) - Celtic Glasgow (D1) : 2-1 (2-0). Spectateurs : 52 000. Arbitre : M. Clark. Buts : Caniggia (23e), Lovenkrands (34e) pour les Glasgow Rangers ; H. Larsson (57e) pour le Celtic Glasgow. Avertissements : Amoruso (73e) pour les Glasgow Rangers ; A. Thompson (31e), Lennon (86e) pour le Celtic Glasgow. Expulsion : Lennon (88e) pour le Celtic Glasgow.
Glasgow Rangers : Klos - Ricksen, Amoruso, Moore, Bonnissel (Ross, 64e) - R. de Boer (S. Arveladze, 86e), Arteta (Konterman, 78e), B. Ferguson, Lovenkrands - Mols, Caniggia. Entr. : McLeish.
Celtic Glasgow : Douglas - Baldé, Mjällby (S. Petrov, 88e), Valgaeren - J. Smith (Sylla, 66e), Lennon, Lambert, A. Thompson - Sutton (Maloney, 80e), H. Larsson, Hartson. Entr. : O'Neil.

ESPAGNE

CHAMPIONNAT*

	Pts	J	G	N	P	bp	bc
1. Real Madrid	78	38	22	12	4	86	42
2. Real Sociedad	76	38	22	10	6	71	45
3. Dep. Corogne	72	38	22	6	10	67	47
4. Celta Vigo	61	38	17	10	11	45	36
5. FC Valence	60	38	17	9	12	56	35
6. FC Barcelone	56	38	15	11	12	63	47
7. Athletic Bilbao	55	38	15	10	13	63	61
8. Betis Séville	54	38	14	12	12	56	53
9. Real Majorque	52	38	14	10	14	49	56
10. FC Séville	50	38	13	11	14	38	39
11. Osasuna	47	38	12	11	15	40	48
12. Atl. Madrid	47	38	12	11	15	51	56
13. Malaga	46	38	11	13	14	44	49
14. Real Vallad.	46	38	12	10	16	37	40
15. Villarreal	45	38	11	12	15	44	53
16. R. Santander	44	38	13	5	20	54	64
17. Espanyol Barc.	43	38	10	13	15	48	54
18. Rec. Huelva	36	38	8	12	18	35	61
19. Vitoria Alavés	35	38	8	11	19	38	68
20. Rayo Vallec.	32	38	7	11	20	31	62

* En cas d'égalité de points, les clubs sont départagés au goal-average particulier.

Bilan
Relégués : Rayo Vallecano, Vitoria Alavès et Recreativo Huelva.
Promus : Murcie, Real Saragosse et Albacète.

Buteur
1. Makaay (Deportivo La Corogne), 29 buts ; 2. Ronaldo (Real Madrid) et Nihat (Real Sociedad), 23 ; 4. Kovacevic (Real Sociedad), 20 ; 5. Kluivert (FC Barcelone), 17 ; 6. Raul (Real Madrid), 16 ; 7. Guerrero (Racing Santander) et Fernando (Betis Séville), 15 ; 9. J. Etxeberria, Urzaiz (Athletic Bilbao), Eto'o et Pandiani (Real Majorque), 14.

Club champion
Real Madrid : Iker Casillas - Michel Salgado, Hierro (Pavon), Helguera, Roberto Carlos - Makelele (Flavio Conceiçao), Guti (Cambiasso) - Figo, Raul, Zidane - Ronaldo (Morientes). Entr. : Del Bosque.

Clubs européens
Ligue des Champions : Real Madrid et Real Sociedad (première phase), Deportivo La Corogne et Celta Vigo (3e tour préliminaire).
Coupe de l'UEFA : FC Valence, FC Barcelone et Real Majorque.

COUPE DU ROI
Le 28 juin 2003, à Elche
REAL MAJORQUE (D1) - Recreativo Huelva (D1) : 3-0 (2-0). Spectateurs : 37 000. Arbitre : M. Iturralde Gonzalez. Buts : Pandiani (20e s.p.), Eto'o (27e, 83e). Avertissements : Riera (37e), Lozano (54e), Pandiani (66e), Fernando Nino (77e) pour le Real Majorque ; Loren (19e), Merino (29e), Alex (66e) pour le Recreativo Huelva.
Real Majorque : Leo Franco - Cortes, Nadal, Fernando Nino, Poli - Lozano, Novo, Riera, Ibagaza (Marcos, 85e) - Eto'o (Campano, 87e), Pandiani (Carlos, 80e). Entr. : Manzano.
Recreativo Huelva : Luque - Merino (Arpon, 71e), Alex, Loren - Pernia, Viqueria, Camacho, Javi Garcia, Benitez (Joazinho, 75e) - Bermejo (Xisco, 41e), Raul Molina. Entr. : Alcaraz.

SUPERCOUPE 2002
FINALE ALLER
Le 18 août 2002, à La Corogne (Riazor)
Deportivo La Corogne (D1, vainqueur de la Coupe d'Espagne) - FC Valence (D1, champion d'Espagne) : 3-0 (3-0). Spectateurs : 28 000. Arbitre : M. Metujo Gonzalez. Buts : Valeron (13e), Victor (22e), Naybet (32e). Avertissements : Mauro Silva (8e), Romero (38e), Victor (90e+3) pour le Deportivo La Corogne ; Carboni (6e), De los Santos (20e), Baraja (90e+3), Curro Torres (90e+4) pour le FC Valence.
Deportivo La Corogne : Molina - Scaloni, César (Andrade, 71e), Naybet, Romero - Sergio, Mauro Silva - Victor, Valeron (Djalminha, 79e), Fran (Sergio, 67e) - Makaay. Entr. : Irureta.
FC Valence : Canizares - Curro Torres, Pellegrino, Ayala, Carboni - De los Santos (Baraja, 46e), Marchena (Sanchez, 75e) - Rufete (Carew, 46e), Aimar, Vicente - Angulo. Entr. : Benitez.
FINALE RETOUR
Le 25 août 2002, à Valence (Mestalla)
FC Valence (D1) - DEPORTIVO LA COROGNE (D1) : 0-1 (0-0). Spectateurs : 32 000. Arbitre : M. Iturralde Gonzalez. But : Victor (90e+2). Avertissements : Fabio Aurelio (30e), Marchena (34e), Aimar (47e) pour le FC Valence ; Fran (15e), Mauro Silva (33e) pour le Deportivo La Corogne. Expulsion : Ayala (3e) pour le FC Valence.
FC Valence : Canizares - Curro Torres, Ayala, Pellegrino, Fabio Aurelio - Angulo, Marchena (Rufete, 46e), Baraja, Vicente (Carboni, 70e) - Aimar (Juan Sanchez, 75e), Salva. Entr. : Benitez.
Deportivo La Corogne : Molina - Scaloni, Naybet, César, Romero - Victor, Mauro Silva, Sergio, Fran (Capdevila, 70e) - Valeron (Duscher, 73e) - Makaay (Pandiani, 85e). Entr. : Irureta.

EIRE

CHAMPIONNAT

	Pts	J	G	N	P	bp	bc
1. Bohemians	54	27	15	9	3	47	27
2. Shelbourne	49	27	15	4	8	44	26
3. Shamrock Rov.	43	27	12	7	8	42	29
4. Cork City	39	27	11	6	10	37	34
5. Longford Town	35	27	8	11	8	25	29
6. UC Dublin	33	27	8	9	10	23	25
7. St Patrick's Ath.	33	27	8	9	10	27	33
8. Derry City	31	27	8	7	12	31	37
9. Drogheda Un.	30	27	8	6	13	26	40
10. Bray Wand.	20	27	4	8	15	31	53

Coupe
DERRY CITY (D1) - Shamrock Rovers (D1), 1-0.

FINLANDE

CHAMPIONNAT 2002

PREMIÈRE PHASE

	Pts	J	G	N	P	bp	bc
1. HJK Helsinki	48	22	15	3	4	36	16
2. MyPa Anja.	43	22	12	7	3	43	20
3. Haka Valkeak.	38	22	11	5	6	31	18
4. Allianssi Vantaa	34	22	10	4	8	35	36
5. Inter Turku	32	22	8	8	6	28	17
6. Tampere Un.	32	22	7	11	4	23	15
7. FC Lahti	32	22	9	5	8	23	26
8. Jaro Pietarsaari	26	22	7	5	10	23	36
9. KuPS Kuopio	24	22	6	6	10	26	30
10. FC Hämeenl.	18	22	3	9	10	23	34
11. VPS Vaasa	17	22	4	5	13	21	39
12. Jazz Pori	16	22	4	4	14	17	42

POULE POUR LE TITRE

	Pts	J	G	N	P	bp	bc
1. HJK Helsinki	65	29	20	5	4	51	21
2. MyPa Anja.	60	29	17	9	3	57	25
3. Haka Valk.	52	29	15	7	7	51	30
4. Allianssi Vantaa	41	29	12	5	12	39	44
5. Tampere Uni.	39	29	8	15	6	31	24
6. Inter Turku	36	29	9	9	11	33	29
7. Jaro Pietarsaari	36	29	10	6	13	34	46
8. FC Lahti	33	29	9	6	14	25	44

PROMOTION-RELÉGATION

	Pts	J	G	N	P	bp	bc
1. KuPS Kuopio	16	7	4	1	2	14	4
2. TPS Turku	15	7	4	2	1	10	9
3. Hämeenlinna	11	7	3	0	4	8	8
4. Jokerit Helsinki	10	7	3	1	3	13	13
5. Jazz Pori	9	7	2	3	2	6	5
6. KooTeePee Kotta	9	7	2	2	3	8	11
7. VPS Vaasa	9	7	2	2	3	6	12
8. TP-47 Tornio	7	7	2	1	4	6	9

Coupe
HAKA VALKEAKOSKI (D1) - FC Lahti (D1), 4-1.

GALLES

CHAMPIONNAT

	Pts	J	G	N	P	bp	bc
1. Barry Town	83	34	26	5	3	84	26
2. TNS Llansantf.	80	34	24	8	2	68	21
3. Bangor City	71	34	22	5	7	75	34
4. Aberystwyth T.	60	34	17	9	8	54	38
5. Connah's Quay	59	34	18	5	11	55	46
6. Rhyl	58	34	17	7	10	52	33
7. Afan Lido	52	34	14	10	10	44	34
8. Caersws	51	34	15	6	13	57	52
9. Cwmbran T.	50	34	14	8	12	51	40
10. Newtown	42	34	12	6	16	48	54
11. Port Talbot	39	34	11	6	17	36	51
12. Flexsys Cefn	38	34	11	5	18	37	51
13. Haverfordwest C.	35	34	10	5	19	40	68
14. Caernarfon T.	34	34	8	10	16	43	53
15. Carmarthen T.	32	34	9	5	20	33	66
16. Oswestry T.	28	34	6	10	18	36	67
17. Welshpool T.	28	34	7	7	20	30	62
18. Llanelli	17	34	4	5	25	42	89

Coupe
BARRY TOWN (D1) - Cwmbran Town (D1), 2-2 a.p. (4 t.a.b. à 3).

GRÈCE

CHAMPIONNAT

	Pts	J	G	N	P	bp	bc
1. Olymp. Le Pirée	70	30	21	7	2	75	21
2. Panathinaïkos	70	30	22	4	4	50	19
3. AEK Athènes	68	30	21	5	4	74	29
4. PAOK Salonique	53	30	16	5	9	59	38
5. Panionios Ath.	53	30	15	8	7	35	25
6. Aris Salon.	51	30	15	6	9	37	34
7. Heraklès	49	30	15	4	11	44	37
8. OFI Crète	44	30	12	8	10	39	34
9. Xanthi	35	30	8	11	11	31	33
10. Aigaleo Ath.	31	30	7	10	13	28	44
11. Proodeftiki	30	30	7	9	14	25	38
12. Kallithea	26	30	6	8	16	29	46
13. Akratitos	26	30	7	5	18	33	62
14. Ionikos Le Pirée	24	30	5	9	16	22	42
15. Panachaïki	9	30	1	6	23	11	71
16. PAS Giannina*	-65	30	6	7	17	25	44

* Une pénalité de trois points pour chaque match disputé cette saison a été infligée au PAS Giannina.

Coupe
PAOK SALONIQUE (D1) - Aris Salonique (D1), 1-0.

HONGRIE

CHAMPIONNAT

Première phase

	Pts	J	G	N	P	bp	bc
1. Ferencvaros	48	22	15	3	4	41	17
2. MTK Budapest	47	22	14	5	3	42	21
3. Ujpest	40	22	12	4	6	45	29
4. Debrecen	39	22	10	9	3	44	30
5. Siofok	32	22	8	8	6	28	27
6. FC ETO Györ	32	22	9	5	8	35	35
7. Zalaegerszeg	30	22	8	6	8	37	36
8. Videoton	27	22	7	6	9	29	30
9. Matav Sopron	23	22	6	5	11	33	36
10. Dunaferr	18	22	4	6	12	28	43
11. Kispest-Honved	15	22	4	3	15	27	51
12. HaBekescsaba	14	22	4	2	16	25	59

POULE POUR LE TITRE

	Pts	J	G	N	P	bp	bc
1. MTK Budapest	66	32	20	6	59	34	66
2. Ferencvaros	64	32	19	7	6	50	24
3. Ujpest	53	32	13	14	5	57	38
4. Debrecen	52	32	15	7	10	54	41
5. Siofok	47	32	12	11	9	46	44
6. FC ETO Györ	36	32	9	9	14	41	50

POULE POUR LE MAINTIEN

	Pts	J	G	N	P	bp	bc
1. Zalaegerszeg	53	32	15	8	9	62	49
2. Videoton	40	32	11	7	14	46	41
3. Matav Sopron	36	32	9	9	14	47	54
4. Bekescsaba	32	32	9	5	18	42	71
5. Kispest-Honved	29	32	8	5	19	43	66
6. Dunaferr	20	32	4	8	20	37	72

Coupe
FERENCVAROS (D1) - Debrecen (D1), 2-1.

IRLANDE DU NORD

CHAMPIONNAT

Première phase

	Pts	J	G	N	P	bp	bc
1. Glentoran	84	33	27	3	3	71	16
2. Portadown	71	33	22	5	6	77	29
3. Coleraine	62	33	18	8	7	56	33
4. Linfield	55	33	15	10	8	60	37
5. Omagh Town	47	33	14	5	14	40	48
6. Institute	41	33	12	5	16	39	55
7. Lisburn Distil.	40	33	12	4	17	37	44
8. Ards	38	33	10	8	15	26	39
9. Cliftonville	33	33	7	12	14	33	41
10. Crusaders	31	33	8	7	18	24	55
11. Glenavon	29	33	6	11	16	36	62
12. Newry Town	21	33	5	6	22	23	54

POULE POUR LE TITRE

	Pts	J	G	N	P	bp	bc
1. Glentoran	90	38	28	6	4	78	22
2. Portadown	80	38	24	8	6	89	36
3. Coleraine	73	38	21	10	7	66	38
4. Linfield	63	38	17	12	9	70	41
5. Omagh Town	51	38	15	6	17	47	57
6. Institute	42	38	12	6	20	44	75

POULE POUR LE MAINTIEN

	Pts	J	G	N	P	bp	bc
1. Ards	46	38	12	10	16	27	39
2. Lisburn Dist.	42	38	12	6	20	39	49
3. Cliftonville	41	38	9	14	15	37	43
4. Glenavon	36	38	8	12	18	41	67
5. Crusaders	36	38	9	9	20	26	61
6. Newry Town	31	38	8	7	23	33	69

Coupe
COLERAINE (D1) - Glentoran (D1), 1-0.

ISRAËL

CHAMPIONNAT

	Pts	J	G	N	P	bp	bc
1. Mac. Tel-Aviv	69	33	22	3	8	66	31
2. Maccabi Haïfa	69	33	21	6	6	75	42
3. Hap. Tel-Aviv	67	33	19	10	4	53	22
4. Maccabi Nat.	54	33	15	9	9	47	36
5. Hap. Beer-Sheva	51	33	15	6	12	56	41
6. Mac. Petah-Tikva	50	33	13	11	9	45	37
7. AS Ashdod	40	33	11	7	15	35	49
8. Hap.l Petah-Tikva	39	33	11	6	16	41	53
9. Betar Jérus.	36	33	10	6	17	46	59
10. Bnei Yeh. Tel-A.	34	33	9	7	17	39	63
11. Hapoël Kfar S.*	23	33	7	5	21	43	81
12. Ironi Rishon-L.	18	33	4	6	23	35	67

* Trois points ont été retirés à Hapoël Kfar Sabah pour des irrégularités financières.

Coupe
HAPOËL RAMAT GAN (D2) - Hapoël Beer-Shebah (D1), 1-1 a.p. (5 t.a.b. à 4).

ITALIE

CHAMPIONNAT

	Pts	J	G	N	P	bp	bc
1. Juventus Turin	72	34	21	9	4	64	29
2. Inter Milan	65	34	19	8	7	64	38
3. Milan AC	61	34	18	7	9	55	30
4. Lazio Rome	60	34	15	15	4	57	32
5. Parme AC	56	34	15	11	8	55	36
6. Udinese	56	34	16	8	10	38	35
7. Chievo	55	34	16	7	11	51	39
8. AS Roma	49	34	13	10	11	55	46
9. Brescia	42	34	9	15	10	36	38
10. Pérouse	42	34	10	12	12	40	48
11. Bologne	41	34	10	11	13	39	47
12. Empoli	38	34	9	11	14	36	46
13. Modène	38	34	9	11	14	30	48
14. Atalanta B.	38	34	8	14	12	35	47
15. Reggina	38	34	10	8	16	38	53
16. Piacenza	30	34	8	6	20	44	62
17. Côme	24	34	4	12	18	29	57
18. Torino	21	34	4	9	21	23	58

Bilan
Relégués : Plaisance, Côme, Torino et Atalanta Bergame.
Promus : Sampdoria Gênes, Sienne, Lecce et Ancône.

Buteurs
1. Vieri (Inter Milan), 24 buts ; 2. Mutu (Parme AC), 18 ; 3. F. Inzaghi (Milan AC), 17 ; 4. Del Piero (Juventus Turin), 16 ; 5. Adriano (Parme AC) et Claudio Lopez (Lazio Rome), 15 ; 7. Hubner (Piacenza) et Totti (AS Roma), 14 ; 9. Di Natale (Empoli), 13 ; 10. Signori (Bologne) et Baggio (Brescia), 12.

Club champion
Juventus Turin : Buffon - Thuram (Birindelli), Iuliano (Tudor), Montero, Ferrara (Pessotto) - Camoranesi, Tacchinardi (Zambrotta), Davids (Conte), Nedved - Del Piero (Zalayeta), Di Vaio (Trezeguet). Entr. : Lippi.

Clubs européens
Ligue des champions : Juventus Turin, Inter Milan et Milan AC (première phase), Lazio Rome (3e tour préliminaire).
Coupe de l'UEFA : AS Roma, Parme AC et Udinese.
Coupe Intertoto : Pérouse et Brescia.

COUPE
FINALE ALLER
Le 20 mai 2003, à Rome (Olimpico)
AS Roma (D1) - Milan AC (D1) : 1-4 (1-0). Spectateurs : 60 647. Arbitre : M. Paparesta. Buts : Totti (28e) pour l'AS Roma ; Serginho (62e s.p., 72e), Ambrosini (70e), Chevtchenko (89e) pour le Milan AC. Avertissements : Cafu (21e) pour l'AS Roma ; Tomasson (22e), Ambrosini (27e), Brocchi (27e), Abbiati (86e), Helveg (88e) pour le Milan AC.
AS Roma : Pelizzoli - Zebina, Samuel, Panucci - Cafu (Guigou, 86e), Tommasi, Emerson (De Rossi, 80e), Dacourt, Candela - Cassano (Delvecchio, 75e), Totti. Entr. : Capello.
Milan AC : Abbiati - Simic (Kaladze, 69e), Laursen, Roque Junior, Helveg - Brocchi, Redondo, Ambrosini, Serginho (Dalla Bona, 86e) - Tomasson (Chevtchenko, 71e), Rivaldo. Entr. : Ancelotti.
FINALE RETOUR
Le 31 mai 2003, à Milan (Giuseppe Meazza)
MILAN AC (D1) - AS Roma (D1) : 2-2 (0-0). Spectateurs : 76 000. Arbitre : M. Rosetti. Buts : Rivaldo (65e), F. Inzaghi (90e+3) pour le Milan AC ; Totti (56e, 64e) pour l'AS Roma. Avertissements : Redondo (43e), Gattuso (82e) pour le Milan AC ; Totti (43e), Dacourt (48e), Zebina (60e), Samuel (61e) pour l'AS Roma.
Expulsions : Cassano (70e), Totti (85e) pour l'AS Roma.
Milan AC : Abbiati - Simic (Helveg, 73e), Laursen, Nesta, Maldini (cap.) - Seedorf (Rui Costa, 60e), Gattuso (Kaladze, 89e), Redondo, Serginho - Rivaldo - F. Inzaghi. Entr. : Ancelotti.
AS Roma : Pelizzoli - Zebina, Samuel, Panucci - Candela (Fuser, 85e), Tommasi (Delvecchio, 54e), Emerson, Dacourt (De Rossi, 78e), Lima - Totti (cap.), Cassano. Entr. : Capello.

SUPERCOUPE 2002
Le 25 août 2002, à Tripoli (Libye)
JUVENTUS TURIN (D1, champion) - Parme AC (D1, vainqueur de la Coupe) : 2-1 (1-0). Spectateurs : 40 000. Arbitre : M. Farina. Buts : Del Piero (39e, 72e) pour la Juventus Turin ; Di Vaio (63e) pour Parme AC. Avertissements : Camoranesi (26e), Iuliano (65e) pour la Juventus Turin ; Diana (65e), Bonera (71e) pour Parme AC.
Juventus Turin : Buffon - Thuram, Montero, Iuliano, Moretti (Birindelli, 68e) - Camoranesi (Brighi, 46e), Tacchinardi, Baiocco - Nedved - Del Piero, Salas (Zalayeta, 71e). Entr. : Lippi.
Parme AC : Frey - Diana, Bonera, Ferrari, Falsini - Marchionni, Lamouchi, Donati (Barone, 61e), Nakata - Adriano (Bonazzoli, 46e), Di Vaio. Entr. : Prandelli.

LUXEMBOURG

CHAMPIONNAT

PREMIÈRE PHASE

	Pts	J	G	N	P	bp	bc
1. F91 Dudel.	45	22	14	3	5	60	27
2. CS Grevenm.	44	22	13	5	4	56	21
3. Union Lux.	39	22	11	6	5	40	28
4. Jeunesse Esch	38	22	10	8	4	42	23
5. Swift Hespér.	37	22	10	7	5	53	32
6. Mondercange	35	22	11	2	9	51	44
7. US Rumelange	33	22	10	3	9	45	49
8. FC Wiltz 71	25	22	7	4	11	30	42
9. Victoria Rosport	25	22	6	7	9	32	50
10. Avenir Beg.	24	22	7	3	12	44	56
11. Progrès Nied.	15	22	5	0	17	22	68
12. Sport. Mertzig	12	22	4	0	18	23	58

POULE POUR LE TITRE

	Pts	J	G	N	P	bp	bc
1. CS Grevenm.	59	6	5	0	1	68	28
2. F91 Dudel.	52	6	2	1	3	66	34
3. Jeunesse Esch	48	6	3	1	2	54	30
4. Union Lux.	42	6	1	0	5	43	40

POULES POUR LE MAINTIEN

GROUPE A

	Pts	J	G	N	P	bp	bc
1. Swift Hesp.	51	6	4	2	0	66	37
2. Victoria R.	38	6	4	1	1	44	55
3. US Rumelange	37	6	1	1	4	51	63
4. Progrès Nied.	18	6	1	0	5	29	82

GROUPE B

	Pts	J	G	N	P	bp	bc
1. Mondercange	39	6	1	1	4	60	59
2. Avenir Beggen	37	6	4	1	1	57	64
3. FC Wiltz 71	36	6	3	2	1	43	49
4. Sporting Mer.	18	6	2	0	4	36	76

Coupe
CS GREVENMACHER (D1)- Etzella Ettelbruck (D2), 1-0.

MACÉDOINE

CHAMPIONNAT

	Pts	J	G	N	P	bp	bc
1. Vardar Skopje	63	29	19	6	4	63	32
2. Belasica GC Str.	61	29	18	7	4	44	29
3. Pobeda Prilep	56	29	17	5	7	45	27
4. Rabotn. K. Skokje	47	29	14	5	10	36	32
5. Sloga Jugom. Sk.	45	29	13	6	10	49	40
6. Sileks Kratovo	43	29	13	4	12	36	29
7. Napredok Kic.	38	29	12	2	15	35	35
8. Cementarnica Sk.	35	29	9	8	12	35	36
9. Bregalnica D.	32	29	9	5	15	36	38
10. Tikves Kav.	30	29	9	3	17	31	53
11. Pelister Bitola	28	29	7	7	15	27	47
12. Kumanovo	13	29	3	4	22	21	60

Coupe
SLOGA JUGOMAGNAT SKOPJE (D1) - Cementarnica Skopje (D1), 4-4 (3 t.a.b. à 2).

MALTE

CHAMPIONNAT

PREMIÈRE PHASE

	Pts	J	G	N	P	bp	bc
1. Sliema W.	44	18	14	2	2	51	16
2. Birkirkara	40	18	13	1	4	46	24
3. FC La Valette	37	18	12	1	5	42	18
4. Hibernians FC	30	18	9	3	6	35	26
5. Pieta Hotspurs	23	18	6	5	7	19	22
6. Marsaxlokk	21	18	7	0	11	27	38
7. Hamrun Sp.	20	18	6	2	10	22	31
8. Floriana	17	18	5	2	11	25	40
9. Marsa	16	18	4	4	10	25	45
10. Mosta	10	18	2	4	12	14	46

POULE POUR LE TITRE

	Pts	J	G	N	P	bp	bc
1. Sliema W.	42	28	20	4	4	28	42
2. Birkirkara	37	28	18	3	7	34	37
3. FC La Valette	35	28	16	5	7	31	35
4. Hibernians FC	32	28	14	5	9	36	32
5. Pieta Hotspurs	19	28	7	9	2	43	19
6. Marsaxlokk	16	28	8	2	8	57	16

POULE POUR LE MAINTIEN

	Pts	J	G	N	P	bp	bc
1. Hamrun Sp.	21	24	8	5	11	32	43
2. Floriana	20	24	8	6	10	32	34
3. Marsa	16	24	6	6	12	33	53
4. Mosta	6	24	2	5	17	17	60

Coupe
BIRKIRKARA (D1) - Sliema Wanderers (D1), 1-0.

MOLDAVIE

CHAMPIONNAT

	Pts	J	G	N	P	bp	bc
1. Serif Tiraspol	60	24	19	3	2	64	15
2. Zimbru Chis.	50	24	15	5	4	45	20
3. Nistru Otaci	42	24	13	3	8	33	24
4. Dacia Chis.	32	24	8	8	8	24	28
5. FC Tiraspol	26	24	7	5	12	27	38
6. Agro Chis.	20	24	4	8	12	13	33
7. Politehnica Chis.	5	24	1	2	21	8	56

Coupe
NISTRU OTACI (D1) - Zimbru Chisinau (D1), 0-0 (4 t.a.b. à 2).

NORVÈGE

CHAMPIONNAT

	Pts	J	G	N	P	bp	bc
1. Rosenborg Tr.	56	26	17	5	4	57	30
2. Molde FK	50	26	15	5	6	48	26
3. Lyn Oslo	47	26	14	5	7	36	29
4. Viking Stav.	44	26	11	11	4	44	31

5. Stabaek IF	42	26	12	6	8	48	34
6. Odd Grenland	41	26	12	5	9	36	30
7. Lilleström SK	36	26	10	6	10	37	30
8. Valerengen	33	26	7	12	7	38	31
9. Bryne	31	26	8	7	11	38	39
10. Bodö Glimt	31	26	9	4	13	38	41
11. Sogndal	30	26	8	6	12	37	51
12. SK Brann B.	27	26	8	3	15	35	52
13. Moss	24	26	6	6	14	32	49
14. St. Kristians.	11	26	2	5	19	21	72

Coupe
VALERENGEN (D1) - Odd Grenland (D1), 1-0.

PAYS-BAS

CHAMPIONNAT

	Pts	J	G	N	P	bp	bc
1. PSV Eind.	84	34	26	6	2	87	20
2. Ajax Amst.	83	34	26	5	3	96	32
3. Feyenoord Rot.	80	34	25	5	4	89	39
4. NAC Breda	52	34	13	13	8	42	31
5. NEC Nimègue	51	34	14	9	11	41	40
6. Roda JC	50	34	14	8	12	58	54
7. SC Heerenveen	47	34	13	8	13	61	55
8. FC Utrecht	47	34	12	11	11	49	49
9. RKC Waalwijk	46	34	14	4	16	44	51
10. AZ'67 Alkmaar	44	34	12	8	14	50	69
11. Willem II T.	42	34	11	9	14	48	51
12. FC Twente	41	34	10	11	13	36	45
13. RBC Roos.	36	34	10	6	18	33	54
14. Vitesse Arnhem	33	34	8	9	17	37	51
15. FC Gron.	32	34	7	11	16	28	44
16. FC Zwolle	32	34	8	8	18	31	62
17. Excelsior Rot.	23	34	5	8	21	38	72
18. De Graaf.	23	34	6	5	23	35	84

Bilan
Relégués : De Graafschap et Excelsior Rotterdam.
Promus : ADO La Haye et FC Volendam.

Buteurs
1. Kezman (PSV Eindhoven), 35 ; 2. Van Hooijdonk (Feyenoord Rotterdam), 28 ; 3. Kuijt (FC Utrecht), 20 ; 4. Van der Vaart (Ajax Amsterdam) et Buffel (Feyenoord Rotterdam), 18 ; 6. Hoogendorp (RKC Waalwijk), 16 ; 7. Amoah (Vitesse Arnhem), 15 ; 8. Zlatan Ibrahimovic (Ajax Amsterdam), 13 ; 9. Engelaar (NAC Breda) et Robben (PSV Eindhoven), 12.

Club champion
PSV Eindhoven : Waterreus - Bögelund, Ooijer, Faber, Bouma - Rommedahl, Vogel, Van Bommel (Van der Schaaf), Robben - Kezman, Vennegoor of Hesselink (Bruggink). Entr. : Hiddink.

Clubs européens
Ligue des champions : PSV Eindhoven (première phase) et Ajax Amsterdam (3e tour préliminaire).
Coupe de l'UEFA : Feyenoord Rotterdam, NAC Breda, NEC Nimègue et FC Utrecht.
Coupe Intertoto : SC Heerenveen et Willem II Tilburg.

COUPE

Le 1er juin 2003, à Rotterdam (De Kuip)
FC UTRECHT (D1) - Feyenoord Rotterdam (D1) : 4-1 (1-0). Spectateurs : 45 000. Arbitre : M. Bossen. Buts : De Jong (39e), Gluscevic (49e, 57e), Kuyt (81e) pour le FC Utrecht ; Kalou (72e) pour Feyenoord Rotterdam. Avertissements : De Jong pour le FC Utrecht ; Emerton, Van Hooijdonk pour le Feyenoord Rotterdam. Expulsion : Bosvelt (76e) pour Feyenoord Rotterdam.
FC Utrecht : Wapenaar - Vreven, Zwaanswijk, Schut, Shew A. Tjon - Bosschaart, De Jong (Zuidam, 71e), Tanghe, Van den Bergh (Chaiat, 84e) - Kuyt, Gluscevic (Jochemsen, 74e). Entr. : Booy.
Feyenoord Rotterdam : Lodewijks - Gug Song, De Nooijer (Bombarda, 62e), Loovens, Paauve - Emerton, Bosvelt, Kalou, Buffel (Pardo, 76e) - Van Persie (Lurling, 60e), Van Hooijdonk. Entr. : Van Marwijk.

SUPERCOUPE 2002

Le 11 août 2002, à Amsterdam (Amsterdam Arena)
AJAX AMSTERDAM (D1, champion et vainqueur de la Coupe) - PSV Eindhoven (D1, deuxième du Championnat) : 3-1 (1-1). Spectateurs : 35 000. Arbitre : M. Van Hulten. Buts : Van der Vaart (41e, 76e), Hossam (54e) pour l'Ajax Amsterdam ; Kezman (10e) pour le PSV Eindhoven.
Ajax Amsterdam : Stekelenburg - Trabelsi, Chivu, Bergdölmo (Pasanen, 46e), O'Brien - Galasek, Van der Vaart, Maxwell, Van der Meyde - Hossam (Ibrahimovic, 77e), Sikora (Wamberto, 73e). Entr. : Koeman.
PSV Eindhoven : Waterreus - Bögelund, Ooijer, Hofland, Bouma - Rommedahl, Van Bommel, Vogel (Vennegoor of Hesselink, 64e), Gakhokidze (Robben, 64e) - Bruggink (Ramzi, 81e), Kezman. Entr. : Hiddink.

POLOGNE

CHAMPIONNAT

	Pts	J	G	N	P	bp	bc
1. Wisla Cracovie	68	30	21	5	4	75	28
2. Groclin Grodzisk	62	30	18	8	4	56	26
3. GKS Katowice	61	30	19	4	7	39	21
4. Legia Varsovie	60	30	17	9	4	59	29
5. Odra Wodzislaw	56	30	17	5	8	55	42
6. Amica Wronki	43	30	11	10	9	43	34
7. Gornik Zabrze	41	30	10	11	9	46	32
8. Polonia Vars.	41	30	11	8	11	37	45
9. Wisla Plock	37	30	10	7	13	29	36
10. Widzew Lodz	37	30	10	7	13	29	39
11. Lech Poznan	35	30	8	11	11	41	38
12. Zaglebie Lubin	32	30	8	8	14	34	44
13. Ruch Chorzow	32	30	7	11	12	29	39
14. Garb. Jaw.	32	30	8	8	14	40	54
15. KSZO Ostr.	15	30	4	3	23	21	63
16. Pogon Szczecin	9	30	2	3	25	14	77

Coupe
WISLA CRACOVIE (D1) - Wisla Plock (D1), 0-1 et 3-0.

PORTUGAL

CHAMPIONNAT

	Pts	J	G	N	P	bp	bc
1. FC Porto	86	34	27	5	2	73	26
2. Benfica Lisb.	75	34	23	6	5	74	27
3. Sporting Port.	59	34	17	8	9	52	38
4. Vitoria Guimar.	50	34	14	8	12	47	46
5. Uniao Leiria	49	34	13	10	11	49	47
6. Paços Ferreira	45	34	12	9	13	40	47
7. Gil Vicente	44	34	13	5	16	42	53
8. Maritimo F.	44	34	13	5	16	36	48
9. Boavista Porto	43	34	10	13	11	32	31
10. Belenenses	43	34	11	10	13	47	48
11. Nacional M.	40	34	9	13	12	40	46
12. Moreirense	39	34	9	12	13	42	46
13. Beira Mar	39	34	10	9	15	43	50
14. Sp. Braga	38	34	8	14	12	34	47
15. Acad. Coimbra	37	34	8	13	13	38	48
16. Varzim	36	34	10	6	18	38	51
17. Santa Clara	35	34	8	11	15	39	54
18. Vitoria Setubal	31	34	6	13	15	40	53

Bilan
Relégués : Varzim, Santa Clara et Vitoria Setubal.
Promus : Rio Ave, Alverca et Estrela Amadora.

Buteurs
1. Fary (Beira Mar) et Simao Sabrosa (Benfica Lisbonne), 18 buts ; 3. Adriano (Nacional Madère), 16 ; 4. Gaucho (Maritimo Funchal), 15 ; 5. Tiago (Benfica Lisbonne) et Helder Postiga (FC Porto), 13 ; 7. Barroso (Sporting Braga), 12 ; 8. Ricardo Sousa (Beira Mar), Dario (Academica Coimbra), Jardel (Sporting Portugal) et Maciel (Uniao Leiria), 11.

Club champion
FC Porto : Vitor Baia - Paulo Ferreira, Jorge Costa, Pedro Emanuel (Ricardo Carvalho), Nuno Valente - Costinha, Maniche (Tiago), Alenitchev - Deco - Helder Postiga (Capucho), Derlei (Jankauskas). Entr. : Mourinho.

Clubs européens
Ligue des champions : FC Porto (première phase), Benfica Lisbonne (3e tour préliminaire).
Coupe de l'UEFA : Sporting Portugal et Uniao Leiria.

COUPE

Le 15 juin 2003, à Lisbonne (stade Nacional)
FC PORTO (D1) - Uniao Leiria (D1) : 1-0 (0-0). Spectateurs : 38 000. Arbitre : M. Henriques. But : Derlei (63e). Avertissements : Derlei (44e), Ricardo Costa (79e), Maniche (90e) pour le FC Porto ; Renato (44e), Joao Manuel (60e), Gabriel (79e) pour Uniao Leiria.
FC Porto : Vitor Baia - Paulo Ferreira, Jorge Costa, Ricardo Carvalho, Ricardo Costa - Tiago (Mario Silva, 89e), Deco, Alenitchev, Maniche - Helder Postiga (Capucho, 68e), Derlei (Jankauskas, 86e). Entr. : Mourinho.
Uniao Leiria : Helton - Bilro, Renato, Paulo Gomes, Gabriel, Edson (Alhandra, 75e) - Leao (Douala, 66e), Fernando Aguiar (Marcio Santos, 72e), Joao Manuel - Maciel, Silas. Entr. : Cajuda de Sousa.

SUPERCOUPE 2002

Le 18 août 2002, à Setubal (stade de Bonfim)
SPORTING PORTUGAL (D1, champion) - Leixoes (D2, vainqueur de la Coupe) : 5-1 (1-0). Arbitre : M. Joao Ferreira. Buts : Ricardo Fernandes (32e, 83e), Niculae (47e), Kutuzov (55e), Carlos Martins (87e) pour le Sporting Portugal ; Antchouet (90e) pour Leixoes. Avertissements : Ricardo Quaresma (45e), Kutuzov (58e), César Prates (63e), Carlos Martins (67e), Paulo Bento (75e) pour le Sporting Portugal ; José Antonio (13e), Nuno Silva (15e), Sergio (33e), Antchouet (84e), Besirovic (86e) pour Leixoes. Expulsions : Beto (45e) pour le Sporting Portugal ; Carvalhal (entr., 20e), José Antonio (43e) pour Leixoes.
Sporting Portugal : Tiago - Contreras, Beto (cap.), Hugo, Rui Jorge (César Prates, 35e) - Ricardo Fernandes, Ricardo Quaresma (Carlos Martins, 60e), Paulo Bento - Tonito, Kutuzov, Niculae (Danny, 58e). Entr. : Bölöni.
Leixoes : Rui Marcos - José Antonio, Nuno Silva (Marco Aleixo, 46e), Sergio, Nené, Bruno China - Abilio, Guerra (Besirovic, 59e), Zamorano (Pedras, 59e) - Antchouet, Israel. Entr. : Carvalhal.

RÉPUBLIQUE TCHÈQUE

CHAMPIONNAT

	Pts	J	G	N	P	bp	bc
1. Sparta Prag.	65	30	20	5	5	51	17
2. Slavia Prag.	64	30	18	10	2	65	19
3. Viktoria Zizkov	50	30	14	8	8	38	33
4. Slovan Liberec	50	30	14	8	8	43	36
5. Banik Ostrava	45	30	13	6	11	41	38
6. FK Teplice	45	30	13	6	11	33	32
7. Zlin	42	30	11	9	10	34	41
8. FC Synot	40	30	11	7	12	39	40
9. Artikel Brno	39	30	10	9	11	35	31
10. Marila Prib.	39	30	9	12	9	34	30
11. Sigma Olom.	34	30	8	10	12	29	33
12. FK Jabl. 97	34	30	7	13	10	29	39
13. Ces. Budej.	30	30	8	6	16	36	54
14. Chmel Blasny	28	30	7	7	16	28	39
15. Bohemians P.	24	30	5	9	16	34	56
16. Hradec Kral.	22	30	3	13	14	23	54

Coupe
FK TEPLICE (D1) - FK Jablonec 97 (D1), 1-0.

ROUMANIE

CHAMPIONNAT

	Pts	J	G	N	P	bp	bc
1. Rapid Bucar.	63	30	20	3	7	59	25
2. Steaua Buc.	56	30	16	8	6	42	27
3. Gloria Bistrita	45	30	13	6	11	32	33
4. FC Brasov	45	30	13	6	11	37	33
5. Ceahlaul P. N.	44	30	12	8	10	43	33
6. Dinamo Buc.	44	30	13	5	12	49	46
7. Univ. Craiova	44	30	12	8	10	36	37
8. National Buc.	43	30	12	7	11	41	36
9. Astra Ploiesti	42	30	13	3	14	42	42
10. Farul Const.	40	30	12	4	14	35	47
11. Arges Pitesti	38	30	11	5	14	37	41
12. FCM Bacau	38	30	10	8	12	31	31
13. Otelul Galati	36	30	9	9	12	25	37
14. Polit. AEK T.	35	30	11	2	17	37	52
15. Sportul Stud.	31	30	9	4	17	44	55
16. UT Arad	30	30	8	6	16	37	52

Coupe
DINAMO BUCAREST (D1) - National Bucarest (D1), 1-0.

RUSSIE

CHAMPIONNAT

	Pts	J	G	N	P	bp	bc
1. Lokomotiv M.	66	30	19	9	2	46	14
2. CSKA Moscou	66	30	21	3	6	60	26
3. Spartak M.	55	30	16	7	7	49	36
4. Torpedo M.	50	30	14	8	8	47	32
5. Krylia Sov. S.	49	30	15	4	11	39	32
6. Saturn Ram.	47	30	13	8	9	41	37
7. Chinnik Iaros.	47	30	13	8	9	42	37
8. Dynamo M.	42	30	12	6	12	38	33
9. Rotor Volg.	38	30	11	5	14	27	34
10. Zenit Saint-P.	33	30	8	9	13	36	42
11. Rostselmash R.	31	30	7	10	13	29	49
12. Alania Vlad.	30	30	8	6	16	31	42
13. Uralan Elista	29	30	6	11	13	32	42
14. Torpedo-ZIL	28	30	6	10	14	20	39
15. Anji. Makh.	25	30	5	10	15	22	43
16. Sokol Saratov	23	30	5	8	17	24	45

Coupe
SPARTAK MOSCOU (D1) - Rostselmash Rostov (D1), 1-0.

SERBIE-MONTÉNÉGRO

CHAMPIONNAT

	Pts	J	G	N	P	bp	bc
1. Partizan Belg.	89	34	29	2	3	88	36
2. Etoile Rouge B.	70	34	21	7	6	68	26
3. OFK Belgrade	63	34	19	6	9	57	36
4. Sutjesca Niks.	62	34	19	5	10	43	32
5. Zeleznik B.	62	34	18	8	8	56	37
6. Vojvodina	56	34	17	5	12	48	36
7. Zeta Golub.	51	34	15	6	13	51	43
8. Obilic	51	34	14	9	11	45	35
9. Hajduk Kula	48	34	13	9	12	39	29
10. Zemun	47	34	13	8	13	42	39
11. Sartid Smed.	45	34	10	15	9	44	44
12. Oblenovac	44	34	11	11	12	35	41
13. Rad Belg.	43	34	11	10	13	39	43
14. Cukaricki B.	37	34	10	7	17	42	56
15. Javor Ivanj.	34	34	9	7	18	21	44
16. Mogren Budva	21	34	5	6	23	33	76
17. Rudar Pljevlja	18	34	4	6	24	19	62
18. Radnicki Nis	11	34	2	5	27	23	78

Coupe
SARTID SMEDEREVO (D1) - Étoile Rouge Belgrade (D1), 1-0 (a.p.).

SLOVAQUIE

CHAMPIONNAT

	Pts	J	G	N	P	bp	bc
1. MSK Zilina	70	36	21	7	8	69	31
2. Artmedia Petr.	67	36	20	7	9	49	32
3. Slovan Bratisl.	63	36	19	6	11	60	42
4. Spartak Trnava	56	36	15	11	10	55	47
5. Matador P.	50	36	14	8	14	46	47
6. Inter Brat.	43	36	12	7	17	48	58
7. Dubnica N V.	43	36	12	7	17	41	52
8. Ruzomberok	42	36	12	6	18	45	60
9. Laugaricio Tr.	38	36	11	5	20	48	69
10. FC Kosice	30	36	6	12	18	41	64

Coupe
MATADOR PUCHOV (D1) - Slovan Bratislava (D1), 2-1 (a.p.).

SLOVÉNIE

CHAMPIONNAT

	Pts	J	G	N	P	bp	bc
1. Maribor L. L.	62	31	18	8	5	57	32
2. Publikum Celje	55	31	15	10	6	57	38
3. Olimpija Ljub.	54	31	14	12	5	54	32
4. Era Smartno	46	31	12	10	9	46	42
5. Koper	45	31	12	9	10	41	41
6. Primorje Ajd.	44	31	13	5	13	47	44
7. Dravograd	36	31	9	9	13	40	43
8. Hit Gorica	34	31	7	13	11	34	43
9. Mura Sobota	34	31	9	7	15	38	48
10. Ljubljana	30	31	9	6	16	41	66
11. Rudar Vel.	25	31	6	7	18	32	51
12. Korotan Pr.	3	11	2	4	5	7	14

Coupe
OLIMPIJA LJUBLJANA (D1) - Publikum Celje (D1), 1-1 et 2-2.

SUÈDE

CHAMPIONNAT

	Pts	J	G	N	P	bp	bc
1. Djurgardens IF	52	26	16	4	6	51	33
2. Malmö FF	46	26	14	4	8	52	32
3. Örgryte IS	44	26	12	8	6	49	38
4. Helsingb. IF	38	26	10	8	8	38	38
5. AIK Stockholm	37	26	9	10	7	35	38
6. Halmstads BK	36	26	8	12	6	35	28
7. Orebro SK	35	26	9	8	9	32	39
8. GIF Sundsvall	33	26	8	9	9	29	35
9. Hammarby IF	32	26	8	8	10	43	42
10. IF Elfsborg	32	26	8	8	10	25	31
11. Landskr. BoIS	30	26	8	6	12	41	39
12. IFK Göteborg	28	26	8	4	14	25	39
13. IFK Norrk.	27	26	6	9	11	37	40
14. Kalmar FF	24	26	6	6	14	20	40

Coupe
DJURGARDENS IF (D1) - AIK Stockholm (D1), 1-0 (but en or).

SUISSE

CHAMPIONNAT
Première phase

	Pts	J	G	N	P	bp	bc
1. Grasshopper	49	22	15	4	3	58	26
2. FC Bâle	47	22	14	5	3	57	25
3. FC Thoune	31	22	9	4	9	33	33
4. FC Wil 1900	31	22	8	7	7	43	45
5. FC Zurich	31	22	9	4	9	35	37
6. Neuchâtel X.	31	22	8	7	7	30	33
7. Young Boys B.	30	22	8	6	8	41	41
8. Servette Gen.	29	22	8	5	9	45	37
9. FC Lucerne	24	22	7	5	10	31	38
10. Saint-Gall	24	22	6	6	10	31	48
11. SR Delémont	20	22	6	2	14	24	44
12. FC Aarau	18	22	5	3	14	19	40

Tour final

	Pts	J	G	N	P	bp	bc
1. Grasshopper Z.	57	14	9	5	0	37	15
2. FC Bâle	56	14	10	2	2	38	17
3. Neuchâtel X.	35	14	5	4	5	18	17
4. Young BoysB.	34	14	6	1	7	21	29
5. FC Zurich	31	14	4	3	7	20	23
6. Servette Gen.	31	14	4	4	6	16	26
7. FC Thoune	28	14	3	3	8	18	30
8. FC Wil 1900	26	14	2	4	8	19	30

PROMOTION-RELÉGATION

	Pts	J	G	N	P	bp	bc
1. FC Aarau	28	12	9	1	2	30	13
2. Saint-Gall	24	12	7	3	2	25	9
3. FC Lucerne	16	12	4	4	4	24	22
4. FC Vaduz	13	12	3	4	5	17	23
5. FC Sion	12	12	3	3	6	13	18
6. SR Delémont	12	12	3	3	6	13	24
7. SC Kriens	11	12	3	2	7	14	27
8. FC Lugano*	0	0	0	0	0	0	0

* Tous les résultats du FC Lugano ont été annulés suite à la mise en faillite du club.

Bilan
Relégué : Delémont.
Promu : FC Vaduz.

Buteurs
1. Nunez (Grasshopper Zurich), 27 buts ; 2. Gimenez (FC Bâle) et Rama (FC Thoune), 20 ; 4. Rossi (FC Bâle), 19 ; 5. Leandro (Neuchâtel Xamax) et Keita (FC Zurich), 17 ; 7. Chapuisat (Young Boys Berne) et Rey (Neuchâtel Xamax), 15 ; 9. Lustrinelli (FC Wil 1900), 14 ; 10. Berisha (Young Boys Berne), Frei et Thurre (Servette Genève) et Petric (Grasshopper Zurich), 13.

Club champion
Grasshopper Zurich : Borer - Schwegler, Gamboa, Castillo, Lichsteiner (Ziegler) - Cabanas, Tararache, Mitreski (Baturina), Spycher - Petric (Eduardo), Nunez. Entr. : Koller.

Clubs européens
Ligue des champions : Grasshopper Zurich (2e tour préliminaire).
Coupe de l'UEFA : FC Bâle, Neuchâtel Xamax et Young Boys Berne.
Coupe Intertoto : FC Wil 1900 et FC Thoune.

COUPE
Le 11 mai 2003, à Bâle (St Jakob Park)
FC BÂLE (D1) - Neuchâtel Xamax (D1) : 6-0 (3-0). Spectateurs : 31 500. Arbitre : M. Rogalla. Buts : Huggel (13e), Gimenez (35e, 43e), M. Yakin (65e), Smiljanic (77e), Barberis (83e). Avertissements : Leandro (56e), Buess (88e) pour Neuchâtel Xamax.
FC Bâle : Zuberbühler - Haas, M. Yakin, Smiljanic, Atouba - Huggel, Cantaluppi (Varela, 81e), Chipperfield (Esposito, 64e), H. Yakin - Rossi, Gimenez (Barberis, 73e). Entr. : Gross.
Neuchâtel Xamax : Bettoni - Mangane (Oppliger, 46e), Barea, Portillo, Buess - M'Futi (Valente, 46e), Baettig, Simo, Wiederkehr - Rey, Leandro (M. Sanou, 72e). Entr. : Ryf.

TURQUIE

CHAMPIONNAT

	Pts	J	G	N	P	bp	bc
1. Besiktas	85	34	26	7	1	63	21
2. Galatasaray	77	34	24	5	5	61	27
3. Gençlerbirligi	66	34	19	9	6	76	40
4. Gaziantepspor	57	34	16	9	9	62	42
5. Malatyaspor	52	34	14	10	10	56	45
6. Fenerbahçe	51	34	13	12	9	55	42
7. Trabzonspor	51	34	13	12	9	44	33
8. MKE Ankar.	49	34	15	4	15	44	42
9. Istanbulspor	43	34	12	7	15	42	47
10. Denizlispor	40	34	10	10	14	38	43
11. Adanaspor	40	34	10	10	14	44	54
12. Samsunspor	39	34	10	9	15	42	59
13. Elazigspor	37	34	10	7	17	40	59
14. Diyarbakirspor	36	34	9	9	16	34	47
15. Bursaspor	36	34	9	9	16	42	62
16. Altay	35	34	9	8	17	48	69
17. Göztepe	26	34	5	11	18	32	57
18. Koçaelispor	22	34	6	4	24	32	66

Coupe
TRABZONSPOR (D1) - Gençlerbirligi (D1), 3-1.

UKRAINE

CHAMPIONNAT

	Pts	J	G	N	P	bp	bc
1. Dynamo Kiev	73	30	23	4	3	66	20
2. Chakhtior D.	70	30	22	4	4	61	24
3. Metalurg D.	60	30	18	6	6	44	26
4. Dniepr Dniep.	59	30	18	5	7	48	27
5. Arsenal Kiev	56	30	16	8	6	49	25
6. SC Volyn Lutsk	41	30	12	5	13	37	44
7. Carpates Lviv	36	30	9	9	12	29	37
8. Tavria Simf.	34	30	9	7	14	36	50
9. Metalurg M.	34	30	8	10	12	34	38
10. Chernomor.	34	30	10	4	16	31	45
11. Vorskla Polt.	32	30	8	8	14	26	41
12. Kryvbas Kr.	31	30	8	7	15	25	37
13. Poligraf Olex.	30	30	7	9	14	26	43
14. Obolon Kiev	28	30	7	7	16	32	45
15. Metalurg Zap.	26	30	6	8	16	22	41
16. Met. Kharkov	23	30	6	5	19	19	43

Coupe
DYNAMO KIEV (D1) - Chakhtior Donetsk (D1), 2-1.

Nombre de points marqués (Pts), matches joués (J), matches gagnés (G), matches nuls (N), matches perdus (P), buts marqués (p) et buts encaissés (c).

BALLON D'OR

Le classement
1. Ronaldo (Inter Milan/Real Madrid), 171 pts ; 2. Roberto Carlos (Real Madrid), 145 pts ; 3. Oliver Kahn (Bayern Munich), 114 pts ; 4. Zinédine Zidane (Real Madrid), 78 pts ; 5. Michael Ballack (Bayer Leverkusen/Bayern Munich), 67 pts ; 6. Thierry Henry (Arsenal), 54 pts ; 7. Raul (Real Madrid), 38 pts ; 8. Rivaldo (FCBarcelone/Milan AC), 29 pts ; 9. Yildiray Bastürk (Bayer Leverkusen), 13 pts ; 10. Alessandro Del Piero (Juventus Turin), 12 pts ; 11. Hasan Sas (Galatasaray Istanbul), 10 pts ; 12. Ronaldinho (Paris-SG), 8 pts ; 13. Michael Owen (Liverpool FC) et Ruud van Nistelrooy (Manchester United), 5 pts ; 15. Cafu (AS Roma), Bernd Schneider (Bayer Leverkusen), Juan Carlos Valeron (Deportivo La Corogne) et Patrick Vieira (Arsenal), 4 pts ; 19. Luis Figo (Real Madrid) et Lucio (Bayer Leverkusen), 3 pts ; 21. Pape Bouba Diop (Lens), El-Hadji Diouf (Lens/Liverpool FC) et Rio Ferdinand (Leeds United/Manchester United), 2 pts ; 24. Ruben Baraja (FC Valence), Filippo Inzaghi (Milan AC) et Roy Makaay (Deportivo La Corogne), 1 pt.

Le palmarès
1956 Matthews (Blackpool)
1957 Di Stefano (Real Madrid)
1958 KOPA (Real Madrid)
1959 Di Stefano (Real Madrid)
1960 Suarez (FC Barcelone)
1961 Sivori (Juventus Turin)
1962 Masupost (Dukla Prague)
1963 Yachine (Dynamo Moscou)
1964 Law (Manchester United)
1965 Eusebio (Benfica Lisbonne)
1966 B. Charlton (Manchester United)
1967 Albert (Ferencvaros)
1968 Best (Manchester United)
1969 Rivera (Milan AC)
1970 G. Müller (Bayern Munich)
1971 Cruyff (Ajax Amsterdam)
1972 Beckenbauer (Bayern Munich)
1973 Cruyff (FC Barcelone)
1974 Cruyff (FC Barcelone)
1975 Blokhine (Dynamo Kiev)
1976 Beckenbauer (Bayern Munich)
1977 Simonsen (Borussia Mönchengladbach)
1978 Keegan (Hambourg)
1979 Keegan (Hambourg)
1980 Rummenigge (Bayern Munich)
1981 Rummenigge (Bayern Munich)
1982 P. Rossi (Juventus Turin)
1983 PLATINI (Juventus Turin)
1984 PLATINI (Juventus Turin)
1985 PLATINI (Juventus Turin)
1986 Belanov (Dynamo Kiev)
1987 Gullit (Milan AC)
1988 Van Basten (Milan AC)
1989 Van Basten (Milan AC)
1990 Matthäus (Inter Milan)
1991 PAPIN (Marseille)
1992 Van Basten (Milan AC)
1993 R. Baggio (Juventus Turin)
1994 Stoïchkov (FC Barcelone)
1995 Weah (Milan AC)
1996 Sammer (Borussia Dortmund)
1997 Ronaldo (Inter Milan)
1998 ZIDANE (Juventus Turin)
1999 Rivaldo (FC Barcelone)
2000 Figo (Real Madrid)
2001 Owen (Liverpool FC)
2002 Ronaldo (Inter Milan/Real Madrid)

RÉSULTATS INTERNATIONAUX

COUPE INTERCONTINENTALE 2002

Le 3 décembre 2002, à Yokohama (stade National)
REAL MADRID (ESP) - Olimpia Asunción (PAR) : 2-0 (1-0). Spectateurs : 66 070. Arbitre : M. Simon (BRE). Buts : Ronaldo (14e), Guti (84e). Avertissements : Roberto Carlos (89e) pour le Real Madrid ; Caceres (35e), Lopez (79e) pour l'Olimpia Asuncion.
Real Madrid : Iker Casillas - Michel Salgado, Hierro (cap.), Ivan Helguera, Roberto Carlos - Makelele, Cambiasso (Pavon, 90e) - Figo, Zidane (Solari, 86e) - Raul, Ronaldo (Guti ,82e). Entr. : Del Bosque.
Olimpia Asuncion : Tavarelli - Isasi, Caceres, Zelaya, Jara - Orteman, Enciso (cap.), Pedro Benitez, G. Cordoba (Baez, 65e) - M.A. Benitez (Caballero, 81e), Lopez. Entr. : Pumpido.

SUPERCOUPE D'EUROPE 2002

FINALE
Le 30 août 2002, à Monaco (stade Louis-II)
REAL MADRID (ESP, vainqueur Ligue des champions) - Feyenoord Rotterdam (HOL, vainqueur Coupe de l'UEFA) : 3-1 (2-0). Spectateurs : 15 000. Arbitre : M. Dallas (ECO). Buts : Paauwe (14e c.s.c.), Roberto Carlos (21e), Guti (60e) pour le Real Madrid ; Van Hooijdonk (56e) pour Feyenoord Rotterdam.
Real Madrid : Casillas - Michel Salgado, Hierro (cap.), Ivan Helguera, Roberto Carlos - Makelele, Cambiasso (Pavon, 88e) - Figo, Zidane (Solari, 86e), Guti (Portillo, 70e) - Raul. Entr. : Del Bosque.
Feyenoord Rotterdam : Zoebetier - Gyan (Buffel, 72e), Van Wonderen, Paauwe - Emerton, Bosvelt (cap.), Ono, Rzasa, Lurling - Kalou, Van Hooijdonk. Entr. : Van Marwijk.

COPA LIBERTADORES 2002

FINALE ALLER
Le 24 juillet 2002, à Asunción
Olimpia Asuncion (PAR) - São Caetano (BRE) : 0-1 (0-0). Arbitre : M. Elizondo (ARG). But : Ailton (61e). Avertissements : Orteman (41e) pour l'Olimpia Asunción ; Marcos Senna (70e), Dininho (90e+2) pour Sao Caetano.
Olimpia Asunción : Tavarelli - Isasi (Caceres, 66e), Zelaya, Caceres, Henrique Da Silva - Orteman, Enciso, Juan Carlos Franco, Cordoba (Hernan Lopez, 68e) - Benitez, Baez (Caballero, 60e). Entr. : Pumpido.
São Caetano : Silvio Luiz - Russo, Daniel, Dininho, Marcos Senna - Rubens Cardoso, Adaozinho, Robert (Serginho, 62e), Ailton (Marlon, 65e) - Anailson (Wagner, 80e), Somalia. Entr. : Picerni.

FINALE RETOUR
Le 31 juillet 2002, à São Paulo
São Caetano (BRE) - OLIMPIA ASUNCIÓN (PAR) : 1-2 2 t.a.b. à 4 (1-0 ; 1-2). Spectateurs : 32 000. Arbitre : M. Ruiz (COL). Buts : Ailton (31e) pour Sao Caertano ; Cordoba (49e), Baez (59e) pour l'Olimpia Asunción. Avertissements : Russo (40e), Robert (60e), Marcos Senna 62e), Anailson (90e+3) pour Sao Caertano ; Caceres (3e), Orteman (61e), Benitez (61e), Enciso (90e+2) pour l'Olimpia Asunción. Expulsion : Quintana (86e) pour l'Olimpia Asunción.
São Caetano : Silvio Luiz - Russo, Daniel (cap.), Dininho, Rubens Cardoso - Marcos Senna, Robert (Serginho, 60e), Ailton (Wagner, 79e), Adaozinho - Anailson (Marlon, 90e+3), Somalia. Entr. : Picerni.
Olimpia Asunción : Tavarelli - Isasi, Zelaya, Caceres, Henrique Da Silva - Quintana, Enciso (cap.), Orteman, Cordoba (Caballero, 73e) - Baez (Franco, 81e), Benitez (Hernan Lopez, 61e). Entr. : Pumpido.

COPA SUDAMERICANA 2002

FINALE ALLER
Le 27 novembre 2002, à Medellin
Atletico Nacional Medellin (COL) - San Lorenzo (ARG) : 0-4 (0-2). Spectateurs : 50 000. Buts : Saja (2e s.p.), Michelini (25e), Romagnoli (52e), Astudillo (67e). Avertissements : Vanegas (21e), Benalcazar (24e), Grisales (56e), Ramirez (66e) pour l'Atletico Nacional ; Zurita (6e), Saja (44e) pour San Lorenzo. Expulsion : Mosquera (89e) pour l'Atletico Nacional.
Atletico Nacional : Velasquez - Benalcazar, Mosquera, Vanegas , Moreno (Renteria, 58e) - Chara (Castillo, 29e), Ramirez, Grisales, Morantes - Hurtado, Echeverria (Ricaurte, 71e). Entr. : Garcia.
San Lorenzo : Saja - Rodriguez, Morel, Paredes (Herron, 82e), Michelini (Medero, 81e) - Esquivel, Astudillo, Zurita, Acosta - Romagnoli (Luna, 78e), Chatruc. Entr. : Insua.

FINALE RETOUR
Le 11 décembre 2002, à Buenos Aires
SAN LORENZO (ARG) - Atletico Nacional Medellin (COL) : 0-0. Spectateurs : 50 000. Arbitre : M. Epifanio Gonzalez (PAR). Avertissements : Vanegas (25e), Oscar Restrepo pour l'Atletico Nacional.
San Lorenzo : Saja - Esquivel, Gonzalo Rodriguez, Morel Rodriguez, Paredes - Chatruc (Luna, 65e), Herron, Zurita - Romagnoli - Acosta (Cabrera, 85e), Astudillo (Cordone, 65e). Entr. : Ruben Insua.
Atletico Nacional : Velasquez - Calle, Vanegas, Guzman, Robeiro Moreno (Rambal, 60e) - Diaz, Grisales, Toro, Chara, Oscar Restrepo - Echeverria (Renteria, 80e). Entr. : Alexis Garcia.

COSAFA CUP 2002

FINALE ALLER
Le 21 septembre 2002, à Blantyre
Malawi - Afrique du Sud : 1-3 (1-1). Spectateurs : 60 000. Arbitre : M. Shikapande (ZAM). Buts : Mabedi (44e s.p.) pour le Malawi ; Mayo (42e, 58e), Kauleza (88e) pour l'Afrique du Sud.
Malawi : Dzinkambani - Mtambo (Mgangira, 46e), Mabedi, Msowoya, Nundwe - Kondowe (Yobe, 79e), Phiri (Munthali, 79e), Mponda, Maduka - Chitsulo, Kanyenda. Entr. : Splidsboel.
Afrique du Sud : Arendse - Nzama, Makhanya, Molefe, Mabizela - Shai (Motlohi, 71e), Magalefa, Zwane, Mazibuko - Kukame (Kauleza, 55e), Mayo. Entr. : Mashaba.

FINALE RETOUR
Le 27 septembre 2002, à Durban,
AFRIQUE DU SUD - Malawi : 1-0 (0-0). Spectateurs : 20 000. Arbitre : M. Mususa (ZIM). But : Vilakazi (90e+1).
Afrique du Sud : Arendse - Nzama, Makhanya, McNab, Mabizela - Mazibuko, Shai (Lakay, 55e), Magalefa, Zwane - Mayo, Kauleza (Vilakazi, 73e). Entr. : Mashaba.
Malawi : Nyasulu - Msowoya, Gatros, Kafwafwa (Msuku, 53e), Nundwe - Kondowe (Phiri, 53e), Maduka (Mwafulirwa, 80e), Yobe, Mgangira - Chitsulo, Kanyenda. Entr. : Splidsboel.

CECAFA CUP 2002

(en Tanzanie, du 30 novembre au 14 décembre 2002)

FINALE
Le 14 décembre 2002, à Mwanza
Tanzanie - KENYA : 2-3 (1-1). Buts : Oyuga (30e), Baraza (70e), Oliech (72e) pour le Kenya ; Gabriel (28e), Mexime (59e s.p.) pour la Tanzanie.

LIGUE DES CHAMPIONS D'AFRIQUE 2002

FINALE ALLER
Le 1er décembre 2002, à Casablanca
RAJA Casablanca (MAR) - Zamalek Le Caire (EGY) : 0-0. Spectateurs : 75 000. Arbitre : M. Ndoye (SEN).
RAJA Casablanca : Chadli - Jrindou, Kacemi, Abdelwahed, Rbati - Nater, Mesloub, Aboub (Tajeddine, 55e), Diallo (Zaouit, 78e) - Aboucharwane, François. Entr. : Meeuws.
Zamalek : Abdelwahed El-Sayed - Mehdat Abdelhady, Ibrahim Hassan, Wael El-Quabbani, Beshir Al-Tabei - Tamer Abdelhamid, Hossam Abdel Monaem, Tarek El-Sayed, Mohamed Aboul Ela - Walid Salah Abdellatif, Hossam Hassan (Abdel Halim Ali, 88e). Entr. : Cabral.

FINALE RETOUR
Le 13 décembre 2002, au Caire
ZAMALEK LE CAIRE (EGY) - RAJA Casablanca (MAR) : 1-0 (1-0). Spectateurs : 70 000. Arbitre : M. Shelmani (LBY). But : Tamer Abdelhamid (44e).
Zamalek : Abdelwahed El-Sayed - Ibrahim Hassan, Mehdat Abdel Hady, Beshir Al-Tabei, Wael El-Quabbany - Tarek El-Sayed, Tamer Abdel Hamid, Mohamed Aboul Ela, Hazem Imam (Hossam Abdel Monaem, 78e) - Walid Salah Abdellatif (Abdel Halim Ali, 82e), Hossam Hassan. Entr. : Cabral.
RAJA Casablanca : Chadli - Abdelwahed Abdessamad, Jrindou, Rbati (Zaouit, 80e), Tajeddine (Ali Diallo, 64e) - Zakaria Aboub, Mesloub, Kacemi, Nater - François, Aboucharwane. Entr. : Meeuws.

COUPE DES COUPES D'AFRIQUE

FINALE ALLER
Le 16 novembre 2002, à Casablanca
Wydad Casablanca (MAR) - Asante Kotoko (GHA) : 1-0 (0-0). Spectateurs : 30 000. Arbitre : M. Evehe (CAM). But : Madihi (50e).

FINALE RETOUR
Le 8 décembre, à Kumasi
Asante Kotoko Kumasi (GHA) - WYDAD CASABLANCA (MAR) : 2-1 (0-0). Spectateurs : 80 000. Buts : Ansah (55e), M. Osei (86e) pour Asante Kotoko Kumasi ; Talha (76e) pour le Wydad Casablanca.

COUPE DE LA CAF 2002

FINALE ALLER
Le 8 novembre 2002, à Alger
JS Kabylie Tizi Ouzou (ALG) - Tonnerre Yaoundé (CAM) : 4-0 (2-0). Spectateurs : 60 000. Arbitre : M. Codjia (BEN). Buts : Y. Amaouche (2e), Berguiga (45e, 84e), Driouèche (61e). Expulsion : Mani (29e) pour le Tonnerre Yaoundé.

FINALE RETOUR
Le 24 novembre 2002, à Yaoundé
Tonnerre Yaoundé (CAM) - JS KABYLIE TIZI OUZOU (ALG) : 1-0 (1-0). Spectateurs : 5 000. Arbitre : M. Kirat (TUN). But : Eyoum (11e).

SUPERCOUPE D'AFRIQUE 2003

Le 7 février 2003, au Caire
ZAMALEK LE CAIRE (EGY) - Wydad Casablanca (MAR) : 3-1 (1-0). Buts : M. A. Wahed (30e), Hazem Imam (57e), Abdel Halim Ali (59e) pour Zamalek Le Caire ; Gosso Gosso (77e) pour Wydad Casablanca.

JEUX ASIATIQUES 2002

(en Corée du Sud, du 27 septembre au 13 octobre 2002)

FINALE
Le 13 octobre 2002, à Pusan
IRAN - Japon : 2-1 (0-0). Spectateurs : 25 500. Buts : Kazemian (47e), Bayatinia (87e) pour l'Iran ; Nakayama (88e) pour le Japon.
Japon : Kurokawa - Ikeda, Abe (Aoki, 46e), Mita - H. Tanaka, Morisaki, K. Suzuki, Nemoto (Ishikawa, 78e) - Matsui, Nakayama, Okubo (T. Tanaka, 65e). Entr. : Yamamoto.
Iran : Mirzapour - Golmohammadi, Amirabadi, Nekounam, Badavi - Nosrati, Lotfi, Navid-Kia, Kaebi (Azizzadeh Targhi, 83e) - Bayatinia (Akbarpour, 89e), Kazemian. Entr. : Ivankovic.

TIGER CUP 2002

(en Indonésie, du 15 au 29 septembre 2002)

FINALE
Le 29 décembre 2002, à Djakarta
THAÏLANDE - Indonésie : 2-2 a.p. (4 t.a.b. à 2) (0-2 ; 2-2). Spectateurs : 100 000. Arbitre : M. Subkhiddin (MAL). Buts : Jaris Riyadi (46e), Gendut Christiawan (79e) pour l'Indonésie ; Noosalung (26e), Chaiman (38e) pour la Thaïlande. Expulsion : Noosalung (57e) pour l'Indonésie.
Indonésie : Hendro Kartiko - Agung Setyobudi (Zainal Arif, 62e), Isnan Ali (Aples Gideon Tecuari, 43e), Sugiyantoro, Firmansyah - Budi Sudarsono (Imran Nahumarary, 46e), Indra Swisantoso, Jaris Riyadi, Nur Alim - Bambang Pamungkas, Gendut Cristiawan. Entr. : Kolev.
Thaïlande : Rawangpa - Pajakkata, Phouruandee, Vachiraban, Noosalung - Chaiman, Senamuang, Srimaka (Nabthong, 60e), Thiabma - Singtong (Joemdee, 46e), Chalermsan. Entr. : White.

SUPERCOUPE D'ASIE 2002

FINALE ALLER
Le 6 juillet 2002, à Suwon
Suwon Samsung Blue Wings (CRS) - Al-Hilal (ARS) : 1-0 (0-0). But : Lee Ki-hyung (52e).

FINALE RETOUR
Le 19 juillet 2002, à Riyad
Al-Hilal (ARS) - SUWON SAMSUNG BLUE WINGS (CDS) : 1-0 (2 t.a.b. à 4).

CONCACAF COUPE DES CHAMPIONS 2002

FINALE
Le 18 septembre 2002, à Mexico
Morelia Mexico (MEX) - PACHUCA (MEX) : 0-1 (0-0). Spectateurs : 15 000. Arbitre : M. Ramos Rizo (MEX). But : Silvani (48e). Expulsions : Lopez Meneses (88e) pour Morelia Mexico ; Almiron (90e) pour Pachuca.
Morelia : Fuentes - Saavedra (Gomez, 58e), Franco, H. Morales, Trujillo - Almiron, Ruiz, Noriega (Bujan, 71e), C. Morales - Bautista (Iniguez, 53e), Fernandes. Entr. : Romano.
Pachuca : Calero - Rodriguez, De Anda, Pinto, Sanchez Yacuta - Sosa, Lopez Meneses, Chitiva (Velazquez, 88e), Victorino - Silvani (Arango, 76e), Santana. Entr. : Tena.

COUPE DES NATIONS D'OCÉANIE 2002

(à Auckland, du 5 au 14 juillet 2002)

FINALE
Le 14 juillet 2002, à Auckland
NOUVELLE-ZÉLANDE - Australie : 1-0 (0-0). Arbitre : M. Ariiotima (TAH). But : Ryan Nelsen (79e). Avertissements : Zoricich (63e), Jackson (41e), Vicelich (19e), Lines (81e) pour la Nouvelle-Zélande ; Chipperfield (38e), de Amicis (69e) pour l'Australie.
Nouvelle-Zélande : Batty (Bannatyne, 58e) - Oughton, Zoricich, Nelsen, Davis - Jackson, Elliott, Vicelich - Burton, Killen, Lines. Entr. : Waitt.
Australie : Petkovic - Durakovic, Horvat, Kisnorbo - North (Pondeljak, 82e), Costanzo, Juric, Chipperfield, de Amicis (Middleby, 82e) - Mori, Porter (Despotovski, 73e). Entr. : Farina.

ESPOIRS

EURO 2002

(en Norvège, du 21 au 28 juillet 2002)

FINALE
Le 28 juillet 2002, à Oslo
ESPAGNE - Allemagne : 1-0 (0-0). Arbitre : M. Ceferin (SLV). But : Fernando Torres (53e). Avertissements : Iniesta (44e) pour l'Espagne ; Volz (52e) pour l'Allemagne.
Espagne : Moya - Pena, Murillo, Jarque, Zubiaurre - Solabarrieta, Iniesta (Melli , 84e), Sergio (Jonan, 61e), Reyes (Carmelo, 71e) - Pina, Fernando Torres. Entr. : Inaki Saez.
Allemagne : Haas - Volz (Odonkor, 61e), Crone, Fathi, Meyer - Lehmann, Wingerter, Trochowski, Riether - Hanke, Masmanidis (Schied, 77e). Entr. : Stielike.

MOINS DE 17 ANS

EURO 2003
(au Portugal, du 7 au 17 mai 2003)

FINALE
Le 17 mai 2003, à Viseu
PORTUGAL - Espagne : 2-1 (1-1). Spectateurs : 14 300. Arbitre : M. Panic (BOS). Buts : Sousa (22e, 50e) pour le Portugal ; David (42e) pour l'Espagne. Avertissements : Miguel Veloso (55e), Joao Dias (60e) pour le Portugal ; Arzo (81e) pour l'Espagne.
Portugal : Mario Felgueiras - Joao Dias, Tiago Gomes, Paulo Ricardo, Miguel Veloso - Joao Coimbra (Manuel Curto, 70e), Vinhal, Marcio Sousa (Moutinho, 77e), Machado - Joao Pedro (Bruno Gama, 52e), Saleiro. Entr. : Violante.
Espagne : Adan - Arzo, Raul Llorente, Ruz (César, 72e), Sergio - Bergara (Xisco, 63e), Sisinio, Silva, Cases (Tebar, 49e) - Jurado, David. Entr. : Troyano.

FRANCE

L'ÉQUIPE DE FRANCE 2002-03

Le 21 août 2002, à Radès (A)
Tunisie - France : 1-1 (1-1). Spectateurs : 59 223. Arbitre : M. Bolognino (ITA). Buts : Zitouni (38e) pour la Tunisie ; M. Silvestre (19e) pour la France.
Tunisie : Boumnijel - Jaïdi, Badra (cap), Marzouki - H. Trabelsi, Mnari (Sellami, 59e), Clayton (Thabet, 70e) - Gabsi (Mhadhebi, 70e), Benachour - Zitouni (Selliti, 73e), Melki (Ouertani, 65e). Entr. : Zouaoui.
France : Coupet - Thuram (Br. Cheyrou, 74e), Christanval, M. Silvestre (Desailly, 46e, cap.) - Sagnol (Vieira, 46e), Carrière (Petit, 46e), Makélélé, Candela (Bréchet, 63e) - Zidane (cap.) - Govou (D. Cissé, 63e), Henry (Marlet, 46e). Entr. : Santini.

Le 7 septembre 2002, à Nicosie (qCEN)
Chypre - FRANCE : 1-2 (1-1). Spectateurs : 11 898. Arbitre : M. Fandel (ALL). Buts : Okkas (15e) pour Chypre ; D. Cissé (38e), Wiltord (53e) pour la France. Avertissements : Spyrou (58e) pour Chypre ; Desailly (61e) pour la France.
Chypre : Panayiotou (cap.) - Theodotou, Konnafis, Ioakim, Daskaladis (Michael, 69e), Spyrou - Kaiafas, Satsias, N. Nicolaou (Agathocleous, 76e) - Rauffmann (Yiasoumi, 63e), Okkas. Entr. : Vukotic.
France : Coupet - Thuram, Christanval, Desailly (cap.), M. Silvestre - Vieira, Makélélé - Marlet (Govou, 70e), Zidane, Wiltord (Kapo, 81e) - D. Cissé. Entr. : Santini.

Le 12 octobre 2002, à Saint-Denis (qCEN)
FRANCE - Slovénie : 5-0 (2-0). Spectateurs : 77 619. Arbitre : M. Nielsen (DAN). Buts : Vieira (10e), Marlet (35e, 64e), Wiltord (79e), Govou (86e). Avertissement : Gajser (68e) pour la Slovénie. Expulsion : Gajser (90e+2) pour la Slovénie.
France : Barthez - Thuram (Sagnol, 84e), Gallas, Desailly (cap.), M. Silvestre - Vieira, Makélélé - Wiltord (Br. Cheyrou, 88e), Zidane - Marlet (Govou, 80e), Henry. Entr. : Santini.
Slovénie : Simeunovic - Sukalo, Vugdalic, Cipot - Gajser, Radosavljevic (Zlogar, 68e), Pavlin (cap.), Karic (Fikelovic, 89e) - Zahovic - Siljak, Cimirotic (N. Ceh, 48e). Entr. : Prasnikar.

Le 16 octobre 2002, à La Valette (qCEN)
Malte - FRANCE : 0-4 (0-2). Spectateurs : 10 000. Arbitre : M. Tudor (ROU). Buts : Henry (25e, 36e), Wiltord (59e), Carrière (84e). Avertissements : Giglio (34e), Brincat (51e) pour Malte.
Malte : Muscat - Carabott (cap.), Debono (Mig. Mifsud, 88e), Saïd, Dimech, Chetcuti - Agius, Giglio, Brincat (Mallia, 70e) - Nwoko (Bogdanovic, 46e), Mic. Mifsud. Entr. : Held.
France : Barthez - Thuram (Mexès, 85e), Gallas, Desailly (cap.), M. Silvestre - Vieira (Dacourt, 70e), Makélélé - Wiltord, Zidane - Marlet, Henry (Carrière, 78e). Entr. : Santini.

Le 20 novembre 2002, à Saint-Denis (A)
FRANCE - Yougoslavie : 3-0 (1-0). Spectateurs : 60 000. Arbitre : M. Iturralde Gonzalez (ESP). Buts : Carrière (12e, 50e), Kapo (70e). Avertissement : Mihajlovic (43e) pour la Yougoslavie.
France : Barthez - Thuram (Pedretti, 80e), Gallas, Desailly (cap.) (Mexès, 46e), Bréchet (M. Silvestre, 14e) - Makélélé (Wiltord, 54e), Petit (cap., 46e) - Carrière (Giuly, 85e), Kapo - Marlet, Henry (Moreira, 75e). Entr. : Santini.
Yougoslavie : Jevric - Markovic, Krstajic (Dudic, 85e), Mihajlovic (cap.) (Stefanovic, 61e), Vidic, Dragutinovic - D. Stankovic (Boskovic, 71e), Duljaj (Trobok, 68e), Djordjevic (Koroman, 51e) - Kezman, Kovacevic (Milosevic, 46e). Entr. : Savicevic.

Le 12 février 2002, à Saint-Denis (A)
France - RÉPUBLIQUE TCHÈQUE : 0-2 (0-1). Spectateurs : 57 366. Arbitre : M. Stark (ALL). Buts : Grygera (7e), Baros (62e).
France : Ramé - Thuram, Gallas, Desailly (cap.), Lizarazu (M. Silvestre, 77e) - Makélélé (Vieira, 46e), Petit (Pedretti, 77e) - Wiltord (Pires, 46e), Zidane - Marlet (Trezeguet, 46e), Henry (D. Cissé, 67e). Entr. : Santini.
République tchèque : Cech - Grygera, Bolf, Ujfalusi, Jankulovski (Petrous, 89e) - Galasek (Gedeon, 75e), Rosicky (Dostalek, 57e) - Poborsky (Hübschman, 79e), Nedved (cap.), Smicer (Vachousek, 17e) - Koller (Baros, 56e ; Lokvenc, 82e). Entr. : Brückner.

Le 29 mars 2003, à Lens (qCEN)
FRANCE - Malte : 6-0 (2-0). Spectateurs : 40 775. Arbitre : Bozinovski (MCD). Buts : Wiltord (37e), Henry (39e, 54e), Zidane (57e s.p., 80e), Trezeguet (71e). Avertissements : Barthez (1re) pour la France ; Chetcuti (85e) pour Malte.
France : Barthez - Thuram (Sagnol, 66e), Gallas, M. Silvestre, Lizarazu - Pedretti, Makélélé - Wiltord (Govou, 75e), Zidane (cap.) - Trezeguet, Henry (Rothen, 81e). Entr. : Santini.
Malte : Muscat - Bogdanovic (Turner, 62e), Ciantar, Saïd, Vella, Mamo (Chetcuti, 71e) - Carabott (cap.), Dimech, Mallia - Mic. Mifsud, Nwoko. Entr. : Held.

Le 2 avril 2003, à Palerme (ITA, qCEN)
Israël - FRANCE : 1-2 (1-2). Spectateurs : 3 500. Arbitre : M. Barber (ANG). Buts : Afek (2e) pour l'Israël ; Trezeguet (23e), Zidane (45e+1) pour France. Avertissements : Benado (12e) pour l'Israël ; Vieira (62e) pour France.
Israël : Awat - A. Harazi, Ben Haïm, Benado, Keissi - Aboukasis, Banin (cap.) (Benayoun, 74e) - Afek, Tal (Badir, 56e), Torjman (Zandberg, 46e) - Revivo. Entr. : Grant.
France : Barthez - Thuram, Gallas, M. Silvestre, Lizarazu - Vieira, Makélélé - Wiltord (Govou, 66e), Zidane (cap.) - Trezeguet (D. Cissé, 74e), Henry. Entr. : Santini.

Le 30 avril 2003, à Saint-Denis (A)
FRANCE - Égypte : 5-0 (3-0). Spectateurs : 54 554. Arbitre : M. Busacca (SUI). Buts : Henry (26e, 34e), Pires (45e+1), D. Cissé (62e), Kapo (79e).
France : Barthez - Sagnol, Gallas, Desailly (cap.) (Mexès, 75e), Lizarazu (cap., 75e) - Pedretti, Dacourt - Wiltord (Moreira, 71e), Pires (Rothen, 66e) - D. Cissé (M. Silvestre, 82e), Henry (Kapo, 68e). Entr. : Santini.
Egypte : El-Hadary - Ghali (Emam, 75e), El-Saqqa, El-Tabei - Fathi, Said, Abdelaziz, T. El-Sayed (El-Said, 72e) - Ah. Hassan (cap.) - Mido, Hamza (Goda, 46e). Entr. : Saleh.

Le 18 juin 2003, à Lyon (CC)
FRANCE - Colombie : 1-0 (1-0). Spectateurs : 38 549. Arbitre : M. Cardoso (POR). But : Henry (39e s.p.). Avertissements : Mexès (10e), Henry (24e), Lizarazu (90e+1), Thuram (90e+4) pour la France ; Lopez (6e), Velasquez (38e), Becerra (78e), I. Cordoba (90e), Aristizabal (90e+4) pour la Colombie.
France : Coupet - Thuram, Mexès, Desailly (cap.), Lizarazu - Wiltord, Pedretti, Dacourt, Kapo (Pires, 61e) - D. Cissé (Govou, 77e), Henry (Marlet, 85e). Entr. : Santini.
Colombie : O. Cordoba - G. Martinez (Vallejo, 90e+2), Yepes, I. Cordoba (cap.), Bedoya - Patino (Arriaga, 66e), Velasquez, Lopez, Hernandez - Aristizabal, Becerra. Entr. : Maturana.

Le 20 juin 2003, à Saint-Étienne (CC)
FRANCE - Japon : 2-1 (1-0). Spectateurs : 33 070. Arbitre : M. Shield (AUS). Buts : Pires (43e s.p.), Govou (66e) pour la France ; Nakamura (60e) pour le Japon. Avertissements: Govou (21e) pour la France ; Okubo (33e), Inamoto (42e) pour le Japon. Expulsion : Sagnol (90e+1) pour la France.
France : Barthez - Sagnol, Gallas, Boumsong, M. Silvestre - Pires (cap.), Dabo, Dacourt (Pedretti, 58e), Rothen (Wiltord, 67e) - Marlet (Henry 80e), Govou. Entr. : Santini.
Japon : Narazaki - Yamada, Tsuboi, Miyamoto, Alex - H. Nakata (cap.), Inamoto (K. Nakata, 74e), Endo, Nakamura (Ogasawara, 80e) - Takahara, Okubo. Entr. : Zico.

Le 22 juin 2003, à Saint-Denis (CC)
FRANCE - Nouvelle-Zélande : 5-0 (2-0). Spectateurs : 36 842. Arbitre : M. Moradi (IRN). Buts : Kapo (17e), Henry (20e), D. Cissé (70e), Giuly (90e+2), Pires (90e+3).
France : Landreau - Thuram, Mexès, Desailly (cap.), Lizarazu - Giuly, Wiltord (Pires, 76e), Pedretti (Dabo, 68e), Kapo - D. Cissé, Henry (Marlet, 74e). Entr. : Santini.
Nouvelle-Zélande : Utting - Davis, Hay (Smith, 81e), Zoricich (Oughton, 73e) (cap.), Nelsen - Hickey, Burton (Jackson, 68e), Elliott, De Gregorio, Bouckenooghe - Coveny. Entr. : Waitt.

Le 26 juin 2003, à Saint-Denis (CC)
FRANCE - Turquie : 3-2 (3-1). Spectateurs : 41 195. Arbitre : M. Larrionda (URU). Buts : Henry (11e), Pires (26e), Wiltord (43e) pour la France ; Gökdeniz (42e), Tuncay (48e) pour la Turquie. Avertissements : Pedretti (6e), M. Silvestre (44e), Kapo (75e), Giuly (82e) pour la France ; Fatih Akyel (35e), Bülent Korkmaz (75e) pour la Turquie.
France : Coupet - Thuram, Gallas, Desailly (cap.), M. Silvestre - Wiltord (Giuly, 78e), Pedretti, Dacourt, Pires (Kapo, 70e) - Govou (D. Cissé, 66e), Henry. Entr. : Santini.
Turquie : Rüstü (Ömer, 36e) - Fatih Akyel, Alpay, Bülent Korkmaz (cap.), Ibrahim - Selçuk (Volkan, 85e) - Gökdeniz, Yildiray Bastürk (Necati, 81e), Ergün - Tuncay, Okan Yilmaz. Entr. : Günes.

Le 29 juin 2003, à Saint-Denis (CC)
FRANCE - Cameroun : 1-0 but en or (0-0 ; 0-0). Spectateurs : 51 985. Arbitre : M. Ivanov (RUS). But : Henry (97e). Avertissements : Dacourt (44e) pour la France ; M'Bami (89e) pour le Cameroun.
France : Barthez - Sagnol (Thuram, 76e), Gallas, Desailly (cap.), Lizarazu - Giuly, Pedretti, Dacourt (Kapo, 90e), Wiltord (Pires, 65e) - D. Cissé, Henry. Entr. : Santini.
Cameroun : Kameni - Perrier-Doumbé, Song (cap.), Mettomo, Atouba - M'Bami, Djemba-Djemba - Geremi, Mézague (Emana, 91e), Idrissou - P. N'Diefi (Eto'o, 67e). Entr. : Schäfer.

A : amical ; CC : Coupe des Confédérations ; qCEN : qualifications Championnat d'Europe des nations.

BILAN 2002-03
14 matches, 12 victoires, 1 nul, 1 défaite, 40 buts marqués, 8 buts encaissés (+32).
35 joueurs utilisés : Henry et Wiltord (13 matches), Thuram (12), Desailly et M. Silvestre (11), Gallas (10), D. Cissé, Marlet et Pedretti (9), Barthez, Govou et Makelele (8), Kapo, Lizarazu, Pires et Zidane (7), Dacourt, Sagnol et Vieira (6), Mexès (5), Coupet et Giuly (4), Carrière, Petit, Rothen et Trezeguet (3), Bréchet, Br. Cheyrou, Christanval, Dabo et Moreira (2), Boumsong, Candela, Landreau et Ramé (1).
13 buteurs : Henry (10 buts), Wiltord (5), Pires (4), Carrière, D. Cissé, Kapo et Zidane (3), Govou, Marlet et Trezeguet (2), Giuly, M. Silvestre et Vieira (1).
4 gardiens : Coupet (4 buts encaissés), Barthez et Ramé (2), Landreau (0).
13 cartons jaunes : Barthez, Dacourt, Desailly, Giuly, Govou, Henry, Kapo, Lizarazu, Mexès, Pedretti, M. Silvestre, Thuram et Vieira (1 avertissement).
1 carton rouge : Sagnol (1 expulsion).

FRANCE ESPOIRS 2002-03

Le 21 août 2002, à Brive (A)
FRANCE - Islande : 2-1 (0-0). Spectateurs : 2500. Arbitre : M. Nalbandian (ARM). Buts : Ahamada (50e), B. Mendy (55e) pour la France : Bjornsson (83e) pour l'Islande. Avertissements : Be. Cheyrou (4e) pour la France ; H. Sigurdsson (14e), Skulasson (29e), H. Gudmundsson (54e), Gudmundur (80e) pour l'Islande.
France : Penneteau (cap.) - Bockhorni (B. Mendy, 16e), Billy, Givet (Monsoreau, 46e), Pelé (Vignal, 46e) - Ab. Diarra (Bodmer, 46e), W. Dalmat (Mathis, 46e), Be. Cheyrou, Signorino (Roudet, 46e) - Le Tallec (Ahamada, 46e), Mocquet (Sinama-Pongole, 46e). Entr. : Domenech.
Islande : Johannsson - I. Sigurdsson (cap.), Gudmundur, Steinsson, Ottoson (Bjornsson, 57e), H. Sigurdsson - H. Gudmundsson, Thorsteinsson (D. Gudmundsson, 86e), Skulasson - Sigmundur, Anarsson (Vidarsson, 74e). Entr. : Thodarson.

Le 6 septembre 2002, à Limassol (qCEN)
Chypre - France : 0-1 (0-0). Spectateurs : 384. Arbitre : M. Poulsen (DAN). But : Sinama-Pongolle (69e). Avertissements : Karas (37e), Pittakas (72e), Makridis (90e+2) pour Chypre.
Chypre : Giorgallidi - G. Nikolaou, Kakoyiannis, M.A. Nikolaou, Karas, Parpas (M. P. Nikolaou, 32e) - Krassas, Charalampidis (cap.), Makridis - Pittakas (Alekou, 73e), Chrysfasi (Alexandrou, 56e). Entr. : Stylianou.
France : Puydebois - Delpierre, Mexès, Givet - B. Mendy (Bamogo, 87e), Mathis, Ab. Diarra, Be. Cheyrou (cap.) - Le Tallec - Sinama-Pongolle, Ahamada (Mocquet, 79e). Entr. : Domenech.

Le 11 octobre 2002, à Clermont-Ferrand (qCEN)
FRANCE - Slovénie : 1-0 (0-0). Spectateurs : 7 500. Arbitre : M. Tokat (TUR). But : Sinama-Pongolle (60e s.p.). Avertissements : Le Tallec (36e), Pelé (68e), Mathis (80e) pour la France ; Cesar (1re), Bersnjak (23e), R. Dedik (28e), Z. Dedik (72e), Hojnik (73e) pour la Slovénie. Expulsion : Hojnik (81e) pour la Slovénie.
France : Penneteau - B. Mendy, Delpierre, Monsoreau, Givet, Evra (Pelé, 67e) - Ab. Diarra, Be. Cheyrou (cap.) - Le Tallec, Mathis - Sinama-Pongolle (Bamogo, 60e). Entr. : Domenech.
Slovénie : Botonjic - R. Dedik, Plaznik, Lunder, Cesar (cap.), Zilavec - Plastovski, Hojnik - Bersnjak, Mejac (Z. Dedik, 46e) - Lavric. Entr. : Zavrl.

Le 15 octobre 2002, à La Valette (qCEN)
Malte - FRANCE : 0-3 (0-1). Spectateurs : 314. Arbitre : M. Stanisic (YOU). Buts : Sinama-Pongolle (29e), Bamogo (80e), Le Tallec (90e+2). Avertissement : Be. Cheyrou (59e) pour la France.
Malte : Haber - Tellus, Barbara, Azzopardi - Sciberras, Bondin, Ciantar - Sammut (cap.), Cilia (Zahra, 71e), S. Bajada (Cohen, 90e+1) - Briffa (Agius, 83e). Entr. : Miller.
France : Penneteau - B. Mendy, Delpierre, Givet, Monsoreau - Ab. Diarra, Be. Cheyrou (cap.) (Mathieu, 87e) - Mathis (Gr. Lacombe, 62e), Le Tallec - Bamogo, Sinama-Pongolle (Bugnet, 79e). Entr. : Domenech.

Le 19 novembre 2002, au Havre (A)
FRANCE - Yougoslavie : 3-0 (1-0). Spectateurs : 4 799. Arbitre : M. Farina (ITA). Buts : Bamogo (25e), Fanni (61e), Givet (66e). Avertissements : Le Tallec (37e) pour la France ; Jokic (40e) pour la Yougoslavie. Expulsions : Sinama-Pongolle (35e) pour la France ; Lovre (35e) pour la Yougoslavie.
France : Penneteau (Itandje, 46e) - Delpierre, Givet, Monsoreau - Fanni, Mathis (Gr. Lacombe, 78e), Be. Cheyrou (cap.), Evra (S. Pelé, 46e) - Le Tallec (Vignal, 46e), Bamogo (Bugnet, 55e) - Sinama-Pongolle. Entr. : Domenech.
Yougoslavie : Eric (Bogunobvic, 85e) - Pekaric (Vujosevic, 12e), Radulovic, Jokic, Mijailovic (Misismovic, 78e) - Lovre, Novakovic - Stanic, Matic (Novkovic, 61e), Heziri - Delibasic (cap.) (Mrdakovic, 65e). Entr. : Petrovic.

Le 11 février 2003, à Caen (A)
FRANCE - République tchèque : 1-0 (1-0). Spectateurs : 7 800. Arbitre : M. Wilmes (LUX). But : Sinama-Pongolle (24e). Avertissements : Bures (65e), Slepicka (79e), Vyskocil (83e) pour la République tchèque.
France : Itandje (Penneteau, 68e) - Delpierre, Planus, Givet - B. Mendy (Fanni, 75e), A. Diarra, Be. Cheyrou (cap.), Evra - Le Tallec (Moussilou, 85e) - Sinama-Pongolle (E. Didot, 46e), Bamogo (Bugnet, 68e). Entr. : Domenech.
République tchèque : Lastuvka - Vidlicka, Schupier, Koubsky, Bures - Plasil, Besta (Musil, 46e), Polak (cap.), Sevidec (Pesir, 66e) - Slepicka, Licka (Vyskocil, 66e). Entr. : Werner.

Le 28 mars 2003, à Lille (qCEN)
FRANCE - Malte : 2-0 (1-0). Spectateurs : 8 909. Arbitre : M. Altmayer (ROU). Buts : Bamogo (45e+1), Mathis (68e). Avertissements : G. Lacombe (71e) pour la France ; Azzopardi (44e) pour Malte.
France : Itandje - Delpierre, Givet - B. Mendy, A. Diarra, Be. Cheyrou (cap), Vignal - Mathis, Evra (Gr. Lacombe, 50e) - Bamogo (E. Didot, 74e), Sinama-Pongolle (Moussilou, 66e). Entr. : Domenech.
Malte : Haber - Farrugia, Barbara, Lombardi, Azzopardi - Briffa, Sammut (cap), Sciberras (S. Bajada, 75e), R. Bajada - Zahra, Cassar (Cilia, 72e). Entr. : M. Miller.

Le 1er avril 2003, à Trapani (qCEN)
Israël - FRANCE : 0-3 (0-1). Spectateurs : 250. Arbitre : M. Feighery (EIR). Buts : Halis (9e c.s.c.), Moussilou (73e), A. Diarra (78e). Avertissements : Halis (18e), Gazal (39e), Mashiach (41e), Alberman (57e), Abou Siam (59e) pour Israël. Expulsion : Edri (84e) pour Israël.
Israël : Shekel - Abou Siam, Washihun, Cohen, Halis - Gazal (Shivon, 63e), Mashiach, Biton (Barda, 77e), Alberman - Katan (cap.) (Edri, 67e), Knafo. Entr. : Sinay.
France : Penneteau - Delpierre, Planus, Givet (Monsoreau, 85e) - B. Mendy, A. Diarra, Be. Cheyrou (cap.), Evra (Mathieu, 90e+2) - Mathis - Bamogo, Sinama-Pongolle (Moussilou, 65e). Entr. : Domenech.

Le 30 avril 2003, au Caire (A)
Égypte - FRANCE : 0-0. Spectateurs : 5 000. Arbitre : M. Ouda (EGY). Avertissements : Mahmoud (35e) pour l'Egypte ; Mathis (55e) pour la France.
Egypte : Sobhi - Mahmoud (Kamal, 71e), El-Etrawi, Shiko, Abou Messalem - Zidan (Abougreisha, 58e), Abdullah, Abdel Wahed (Abd Rabbou, 87e), Shawki - Shehata (cap.) (Shitos, 63e), El-Yamani. Entr. : Gharib.
France : Penneteau (Itandje, 46e) - Delpierre, Givet, Monsoreau - B. Mendy, A. Diarra, Be. Cheyrou (cap.), Vignal (Mathieu, 46e) - Mathis (E. Didot, 87e), Le Tallec (Bamogo, 46e ; Bourillon, 90e+2) - Sinama-Pongolle (Moussilou, 46e). Entr. : Domenech.

A : amical ; qCEN : qualifications Championnat d'Europe des nations.

COUPE DE FRANCE 2002-03

SEPTIÈME TOUR

(samedi 23 et dimanche 24 novembre 2002) :

LIGUE 2 CONTRE NATIONAL
NIORT (L2) - La Roche-sur-Yon (N) 1-0
BEAUVAIS (L2) - Rouen (N) 2-1

LIGUE 2 CONTRE CFA
AURILLAC (CFA) - Saint-Étienne (L2) 3-1

LIGUE 2 CONTRE CFA 2
Châlons CO (CFA2) - METZ (L2) 0-8
Péronne (CFA2) - WASQUEHAL (L2) 0-1
Saint-Dizier (CFA2) - NANCY (L2) 2-2 a.p. (2 t.a.b. à 3)
Douai (CFA2) - AMIENS (L2) 1-2
Viré (CFA2) - CHÂTEAUROUX (L2) 0-7
Calvi (CFA2) - GRENOBLE (L2) 0-2

LIGUE 2 CONTRE DIVISION D'HONNEUR
La Baule (DH) - LAVAL (L2) 0-6
La Ferté-Bernard (DH) - LE MANS (L2) 1-6
Sarre-Union (DH) - REIMS (L2) 0-4
Yzeure (DH) - CLERMONT (L2) 2-3 (a.p.)
SEYSSINET (DH) - Istres (L2) 2-1 (a.p.)

LIGUE 2 CONTRE LIGUE
Oullins (L) - GUEUGNON (L2) 0-4
Saint-Pol-sur-Ternoise (L) - CRÉTEIL (L2) 1-6
BMO CHASSELAY (L) - Valence (L2) 1-0
Paimpol (L) - CAEN (L2) 1-3

LIGUE 2 CONTRE DISTRICT
Béziers Cheminots (D) - TOULOUSE (L2) 1-2

NATIONAL CONTRE CFA 2
Le Creusot (CFA2) - DIJON (N) 0-4
BAYEUX (CFA2)- Cherbourg (N) 2-0

NATIONAL CONTRE DIVISION D'HONNEUR
Poitiers CEP (DH) - ANGOULÊME (N) 1-2
Éclaron (DH) - VIRY-CHÂTILLON (N) 0-1
Tarbes (DH) - SÈTE (N) 1-3 (a.p.)
Mende (DH) - NÎMES (N) 0-2
Villefranche (DH) - BESANÇON (N) 2-4
MARTIGUES (N) - AS Dragon (Guadeloupe, DH) 4-0

NATIONAL CONTRE LIGUE
PLOUVORN (L) - Brest (N) 1-1 a.p. (6 t.a.b. à 5)
Gimont (L) - PAU (N) 0-2
Saint-Brévin (L) - ANGERS (N) 0-4
VALENCIENNES (N) - Livry-Gargan (L) 9-0

CFA ENTRE EUX
Albi - LIBOURNE-SAINT-SEURIN 0-2
SAINT-GEORGES-LEZ-ANCIZES - Limoges 1-1 a.p. (5 t.a.b. à 4)

CFA CONTRE CFA 2
QUEVILLY (CFA) - Dives (CFA2) 5-0
MOISSY-CRAMAYEL (CFA) - Roye (CFA2) 1-0

CFA CONTRE DIVISION D'HONNEUR
Geldar Kourou (Guyane, DH) - LA FLÈCHE (CFA) 1-3 (a.p.)
CLUB FRANCISCAIN (Martinique, DH) - Noisy-le-Sec (CFA) 2-1
Pamandzi SC (Mayotte, DH) - AVION (CFA) 0-2
Misérieux-Trévoux (DH) - BOURG-PÉRONNAS (CFA) 0-1 (a.p.)
FORBACH (CFA) - AS Magenta (Nouvelle-Calédonie, DH) 3-2
TOURS (CFA) - Sainte-Louisienne (La Réunion, DH) 3-3 a.p. (4 t.a.b. à 3)
Belfort (DH) - RAON-L'ÉTAPE (CFA) 0-1
1er CANTON MARSEILLE (DH) - Manosque (CFA) 3-0
Montaigu (DH) - CHÂTELLERAULT (CFA) 2-2 a.p. (2 t.a.b. à 4)
Mayenne (DH) - PONTIVY (CFA) 2-4

CFA CONTRE LIGUE
Rives (L) - L'ÎLE-ROUSSE (CFA) 3-4
Eloyes (L) - VESOUL (CFA) 0-3
Roubaix Barbe-d'Or (L) - DIEPPE (CFA) 1-5
Les Martres (L) - BOURGES (CFA) 0-3
Dinard (L) - VITRÉ AS (CFA) 0-1

CFA CONTRE DISTRICT
VILLEURBANNE-ALGÉRIENNE (D) - Vénissieux Minguettes (CFA) 2-1
AGDE (CFA) - AS Pirae (Polynésie, D) 3-1 (a.p.)

CFA 2 ENTRE EUX
LANNION - Saint-Malo 1-1 a.p. (6 t.a.b. à 5)
ARMENTIERES - Calais 1-0

CFA 2 CONTRE DIVISION D'HONNEUR
CHANGÉ (CFA2) - Vineuil (DH) 2-1
QUIMPER (DH) - Lamballe (CFA2) 2-1 (a.p.)
Mont-de-Marsan (CFA2) - ANGLET (DH) 1-3
Saint-Louis Neuweg (DH) - AMNEVILLE (CFA2) 1-2
Ploërmel (DH) - LES HERBIERS (CFA2) 1-2 (a.p.)
Sainte-Geneviève (DH) - LEVALLOIS (CFA2) 1-2

CFA 2 CONTRE DHR
Domérat (DHR) - LA ROCHELLE (CFA2) 1-5

CFA 2 CONTRE LIGUE
PENMARCH (L) - Concarneau (CFA2) 0-0 a.p. (4 t.a.b. à 3)
METZ-DEVANTS-LES-PONTS (L) - Saint-Quentin (CFA2) 0-0 a.p. (5 t.a.b. à 3)
La Voulte-Livron (L) - VITROLLES (CFA2) 0-2
Gétigné (L) - LA VITRÉENNE (CFA2) 0-2
Coulounieix-Chamiers (L) - MARMANDE (CFA2) 0-3
Annonay (L) - MONTÉLIMAR (CFA2) 0-2
Choisey (L) - MONTCEAU (CFA2) 0-4
Champigneulles (L) - SCHILTIGHEIM (CFA2) 0-2
Le Blanc-Mesnil (L) - ABBEVILLE (CFA2) 0-1
Lanester (L) - CARQUEFOU (CFA2) 0-3
Fontainebleau (L) - SAINT-LÔ (CFA2) 0-2
Amilly (L) - BOIS-GUILLAUME (CFA2) 1-3 (a.p.)

DIVISION D'HONNEUR ENTRE EUX
ISLE - Montferrand AS 3-2
GRAVELINES - Versailles 2-0
AUCH - Colomiers 0-0 a.p. (6 t.a.b. à 5)
ALGRANGE - Tinqueux 3-0

DIVISION D'HONNEUR CONTRE LIGUE
Prémontré-Saint-Gobain (L) - MAUBEUGE (DH) 0-3
MAGNY (DH) - Vincennes (L) 2-0
Camon (DH) - LAMBRES-LEZ-DOUAI (L) 1-2
MÂCON (DH) - Charvieu-Chavagneux (L) 1-1 a.p. (4 t.a.b. à 3)
Italiens Guebwiller (L) - BIESHEIM (DH) 1-2
ORANGE (DH) - Châteauneuf-du-Rhône (L) 0-0 a.p. (4 t.a.b.. à 3)

LIGUE ENTRE EUX
Auvezerre - MONTRAMBERT 2-4
ISSY-LES-MOULINEAUX-ARMÉNIENNE - Cachan 3-1

En capitales, les clubs qualifiés pour le 8e tour. Lorient, tenant du trophée, est dispensé des deux premiers tours et entre dans la compétition à partir des trente-deuxièmes de finale.

HUITIÈME TOUR

(samedi 14 et dimanche 15 décembre 2002) :

LIGUE 2 ENTRE EUX
Créteil - NANCY 2-2 a.p. (5 t.a.b à 6)

LIGUE 2 CONTRE NATIONAL
ANGOULÊME (N) - Châteauroux (L2) 2-0
BESANÇON (N) - Gueugnon (L2) 1-0 (a.p.)

LIGUE 2 CONTRE CFA
La Flèche (CFA) - LAVAL (L2) 0-0 a.p. (4 t.a.b à 5)
Avion (CFA) - METZ (L2) 0-1
Moissy-Cramayel (CFA) - BEAUVAIS (L2) 0-3

LIGUE 2 CONTRE CFA 2
VITROLLES (CFA 2) - Clermont-Foot (L2) 2-1
WASQUEHAL (L2) - Levallois (CFA 2) 2-0
Les Herbiers (CFA 2) - NIORT (L2) 1-3
Marmande (CFA 2) - TOULOUSE (L2) 1-1 a.p. (3 t.a.b. à 4)
Saint-Lô (CFA 2) - LE MANS (L2) 2-5
Lannion (CFA 2) - CAEN (L2) 0-3

LIGUE 2 CONTRE DIVISION D'HONNEUR
Club Franciscain (Martinique, DH) - REIMS (L2) 1-3
Gravelines (DH) - AMIENS (L2) 1-3 (a.p.)

LIGUE 2 CONTRE LIGUE
Beaujolais Mont-d'Or (L) - GRENOBLE (L2) 0-3

NATIONAL CONTRE CFA
SÈTE (N) - Aurillac (CFA) 2-1 (a.p.)
LIBOURNE-SAINT-SEURIN (CFA) - Pau (N) 1-0 (a.p.)
Bourges (CFA) - VIRY-CHÂTILLON (N) 0-1
Vesoul (CFA) - DIJON (N) 1-1 a.p. (4 t.a.b. à 5)
NÎMES (N) - Saint-Georges-Lez-Ancizes (CFA) 4-0

NATIONAL CONTRE CFA 2
LA VITRÉENNE (CFA 2) - Angers (N) 0-0 a.p. (4 t.a.b. à 1)

NATIONAL CONTRE DIVISION D'HONNEUR
1er Canton Marseille (DH) - MARTIGUES (N) 0-3

NATIONAL CONTRE LIGUE
Metz-Devant-les-Ponts (L) - VALENCIENNES (N) 0-1

CFA ENTRE EUX
TOURS - Dieppe 1-0 (a.p.)

CFA CONTRE CFA 2
MONTELIMAR (CFA 2) - L'Île-Rousse (CFA) 2-0
Bois-Guillaume (CFA 2) - QUEVILLY (CFA) 0-2
LA ROCHELLE (CFA 2) - Châtellerault (CFA) 2-0

CFA CONTRE DIVISION D'HONNEUR
Auch (DH) - AGDE (CFA) 1-2 (a.p.)
Mâcon (DH) - RAON-L'ÉTAPE (CFA) 0-1
QUIMPER (DH) - Pontivy GS (CFA) 2-2 a.p. (7 t.a.b. à 6)
Magny (DH) - FORBACH (CFA) 1-4

CFA CONTRE LIGUE
Montrambert (L) - BOURG-PÉRONNAS (CFA) 2-4
Penmarch (L) - VITRÉ AS (CFA) 2-2 a.p. (3 t.a.b. à 4)

CFA 2 ENTRE EUX
Montceau - AMNEVILLE 1-3 (a.p.)
CHANGÉ - Bayeux 3-1

CFA 2 CONTRE DIVISION D'HONNEUR
Abbeville (CFA 2) - MAUBEUGE (DH) 1-2
Algrange (DH) - ARMENTIÈRES (CFA 2) 1-2

CFA 2 CONTRE LIGUE
Plouvorn (L) - CARQUEFOU (CFA 2) 2-4
Custin Malleloy (L) - SCHILTIGHEIM (CFA 2) 1-3

DIVISION D'HONNEUR ENTRE EUX
LANGLET - Isle 1-0
Seyssinet Pariset - Orange 2-1(a.p.)

DIVISION D'HONNEUR CONTRE LIGUE
Issy-les-Moulineaux Arménienne (DH) - LAMBRES-LEZ-DOUAI (L) 0-0 a.p. (3 t.a.b. à 4)

DIVISION D'HONNEUR CONTRE DISTRICT
VILLEURBANNE-ALGÉRIENNE (D) - Biesheim (DH) 2-1

En capitales, les clubs qualifiés pour les trente-deuxièmes de finale.

TRENTE-DEUXIÈMES DE FINALE

(samedi 4 et dimanche 5 janvier 2003) :

LIGUE 1 ENTRE EUX
MARSEILLE - Bastia 2-0

LIGUE 1 CONTRE LIGUE 2

GRENOBLE (L2) - Sochaux (L1) 2-1
Nice (L1) - METZ (L2) 0-0 a.p. (2 t.a.b. à 4)
Caen (L2) - AUXERRE (L1) 1-2
AMIENS (L2) - Montpellier (L1) 5-3 (a.p.)
WASQUEHAL (L2) - Monaco (L1) 3-2 (a.p.)
Reims (L2) - NANTES (L1) 0-2

LIGUE 1 CONTRE NATIONAL

Valenciennes (N) - LE HAVRE (L1) 2-3
Sète (N) - RENNES (L1) 1-4
Besançon (N) - PARIS-SG (L1) 0-1 (a.p.)
MARTIGUES (N) - Sedan (L1) 0-0 a.p. (3 t.a.b. à 1)

LIGUE 1 CONTRE CFA

Forbach (CFA) - LENS (L1) 2-3
LIBOURNE SAINT-SEURIN (CFA) - Lyon (L1) 1-0
AS Vitré (CFA) - AJACCIO (L1) 1-3
BOURG-PÉRONNAS (CFA) - Strasbourg (L1) 1-0

LIGUE 1 CONTRE CFA2

SCHILTIGHEIM (CFA2) - Troyes (L1) 3-1
Armentières (CFA2) - BORDEAUX (L1) 0-3

LIGUE 1 CONTRE DIVISION D'HONNEUR

Quimper (DH) - Lille (L1) 0-3
Anglet (DH) - Guingamp (L1) 0-1

LIGUE 2 ENTRE EUX

NANCY - Niort 1-0 (a.p.)

LIGUE 2 CONTRE NATIONAL

TOULOUSE (L2) - Viry-Châtillon (N) 3-1

LIGUE 2 CONTRE CFA 2

Montélimar (CFA2) - LORIENT (L2) 0-3
Carquefou (CFA2) - LE MANS (L2) 1-4 (a.p.)
Changé (CFA2) - BEAUVAIS (L2) 0-4
Vitrolles (CFA2) - LAVAL (L2) 1-1 a.p. (3 t.a.b. à 5)

NATIONAL CONTRE CFA

Tours (CFA) - ANGOUL ME (N) 0-0 a.p. (2 t.a.b. à 4)

NATIONAL CONTRE CFA2

La Vitréenne (CFA2) - DIJON (N) 1-2

NATIONAL CONTRE DIVISION D'HONNEUR

SEYSSINET PARISET (DH) - Nîmes (N) 1-0

CFA CONTRE CFA2

AMNEVILLE (CFA2) - Raon (CFA) 2-1
QUEVILLY (CFA) - La Rochelle (CFA2) 6-1

CFA CONTRE DISTRICT

Villeurbanne Algérienne (D) - AGDE (CFA) 0-3

DIVISION D'HONNEUR CONTRE LIGUE

Maubeuge (DH) - LAMBRES-LEZ-DOUAI (L) 1-2

En capitales, les clubs qualifiés pour les seizièmes de finale.

LIGUE 1 ENTRE EUX

MARSEILLE (L1) - Bastia (L1) : 2-0 (0-0). Spectateurs : 35 000. Arbitre : M. Sars. Buts : Fernandao (77e), Olembe (90e). Avertissements : S. Pérez (65e), Meïté (68e), Leboeuf (80e) pour Marseille ; Matingou (35e), Ahamada (55e), Piocelle (62e) pour Bastia.
Marseille : Runje - Van Buyten, Leboeuf (cap.), Meïté - S. Pérez (Johansen, 87e), Hemdani, Celestini, Olembe, Dos Santos - Bakayoko (Fernandao, 72e), Chapuis. Entr. : Perrin.
Bastia : Penneteau - Ferreira, Matingou (Gourvennec, 82e), M. Soumah, Uras, Vanney (Ben Saada, 80e) - Essien, Batlles, Piocelle - Ahamada, Laslandes (cap.). Entr. : Gili.

LIGUE 1 CONTRE LIGUE 2

Grenoble (L2) - Sochaux (L1) : 2-1 (1-0). Spectateurs : 10 000. Arbitre : M. Viléo. Buts : Rojas (31e), Périatambée (81e) pour Grenoble ; Frau (90e+2) pour Sochaux. Avertissements : Debès (8e), Tokène (37e), Hatchi (56e), J. François (64e) pour Grenoble ; Trapasso (25e), Tall (75e) pour Sochaux. Expulsion : Boudarène (35e) pour Sochaux.
Grenoble : Debès - Ravaux, Tokene, Milazzo (cap.), Hatchi (Debrosse, 71e), N. Weber - J. François, Périatambée (Camacho, 83e), Abdessadki - Malm, Rojas (Pizzo, 75e). Entr. : A. Michel.
Sochaux : Richert - J.-J. Domoraud, Saveljic, Monsoreau, Quevedo (Tall, 45e) - Isabey (Lonfat, 67e), Pedretti (cap.), Boudarène, Trapasso (Santos, 45e) - Pagis, Frau. Entr. : Guy Lacombe.

Nice (L1) - METZ (L2) : 0-0 a.p. (2 t.a.b. à 4). Spectateurs : 9 153. Arbitre : M. Ledentu. Tirs au but réussis : Cherrad, Roy pour Nice ; Proment, P. D'Amico, Obraniak, Se. N'Diaye pour Metz. Tirs au but ratés : Cobos, Everson pour Nice ; Renouard pour Metz. Avertissements : Olufade (95e) pour Nice ; P. D'Amico (96e), Se. N'Diaye (119e) pour Metz.
Nice : Valencony - Pamarot, Cobos, Abardonado, Barul - Scotto, S. Traoré (Everson, 46e), Roy, Bigné (Cherrad, 100e) - K. Diawara (Ayeli, 46e), Olufade. Entr. : Rohr.
Metz : Butelle - Béria, Morisot, Borbiconi - Toyes, Proment, Leca (Se. N'Diaye, 85e), Signorino - Obraniak, P. D'Amico - Hassli (Renouard, 75e). Entr. : J. Fernandez.

Caen (L2) - AUXERRE (L1) : 1-2 (1-1). Spectateurs : 19 352. Arbitre : M. Khendek. Buts : K. Sarr (10e) pour Caen ; D. Cissé (13e), Mathis (77e) pour Auxerre. Avertissements : Bakour (70e) pour Caen ; Tainio (64e) pour Auxerre. Expulsions : Aubry (90e), Rémy (entr., 90e) pour Caen.
Caen : Elana - Hengbart, Bodmer, Suares, Mbeng - Hébert (cap.) (Lesoimier, 80e), Deroin, Bakour - K. Sarr, Di Rocco, Watier (Grougi, 85e). Entr. : Rémy.
Auxerre : Cool - Radet, Boumsong, Perrier-Doumbé, Jaurès - A. Faye, Tainio - Lachuer (cap.), Marin (Gonzalez, 58e), Mathis - D. Cissé. Entr. : Roux.

AMIENS (L2) - Montpellier (L1) : 5-3 a.p. (1-2 ; 3-3). Spectateurs : 3 789. Arbitre : M. Lannoy. Buts : Diallo (13e, 90e), T. Moreau (80e), Duchemin (96e), Dorn (117e) pour Amiens ; Carotti (12e, 84e), Mezague (22e) pour Montpellier. Avertissements : Stéphanopoli (30e), Satorra (73e), Debève (86e), Duchemin (90e+3) pour Amiens ; Tchato (30e), Rouvière (84e), Mezague (87e), Mansaré (118e) pour Montpellier. Expulsion : Tchato (43e) pour Montpellier.
Amiens : Merville - Lebrun, Abalo, Satorra, Stéphanopoli - Duchemin, Abriel (cap.), Bengelloun (T. Moreau, 75e), Debève (Ewolo, 91e) - Rivière (Dorn, 59e), Diallo. Entr. : Troch.
Montpellier : Viviani - Moullec, Dzodic (Gathuessi, 8e), F. Silvestre (cap.), Tchato - Rouvière, Carotti, Mezague, Bamogo - Gueï (Ab. Cissé, 89e), B. Robert (Mansaré, 77e). Entr. : Bernardet.

WASQUEHAL (L2) - Monaco (L1) : 3-2 a.p. (0-1 ; 1-1). Spectateurs : 5 380. Arbitre : M. Bonnin. Buts : Evra (82e c.s.c.), Bucher (105e+1), Dernis (120e+4) pour Wasquehal ; So. Camara (19e), Nonda (120e+2 s.p.) pour Monaco. Avertissements : Fidani (111e) pour Wasquehal ; El-Fakiri (70e), Bernardi (83e), Giuly (110e) pour Monaco. Expulsion : Giuly (117e) pour Monaco.
Wasquehal : Gibert - Marolany, Erceau, Benon (cap.), Strzelczak (Desgeorges, 82e), Correïa (Nida-Nida, 69e) - Tanguy, Mohad - Dernis - Fidani, Hiroux (Bucher, 76e). Entr. : Gauthier.
Monaco : Sylva - El-Fakhiri, Squillacci, Givet, Evra - Giuly (cap.), Farnerud (Bernardi, 58e), Zikos, Rothen - So. Camara, Prso (Nonda, 67e). Entr. : Deschamps.

Reims (L2) - NANTES (L1) : 0-2 (0-0) (joué le samedi 11 janvier). Spectateurs : 8 600. Arbitre : M. Ruffray. Buts : Pujol (65e), Gillet (90e +2). Avertissements : Haddadou (75e) pour Reims ; S. Ziani (42e) pour Nantes.
Reims : Balijon - Louiron, E. Boniface, Lafond, Bertrand - Liron, Frétard, Haddadou, Létang (Pickeu, 66e) - François (cap.), Verschave (Tchami, 76e). Entr. : Goavec.
Nantes : Landreau (cap.) - Delhommeau, Cetto, Gillet - Armand, Berson, Savinaud, F. Da Rocha - S. Ziani (Toulalan, 85e) - Moldovan (W. Dalmat, 65e), Pujol (Quint, 88e). Entr. : Marcos.

LIGUE 1 CONTRE NATIONAL

Valenciennes (N) - LE HAVRE (L1) : 2-3 (1-2). Spectateurs : 6 000. Arbitre : M. Lecellier. Buts : Bottelin (37e), Mater (66e) pour Valenciennes ; Martot (5e), Lesage (22e), Sinama-Pongolle (65e) pour Le Havre. Avertissement : Lesage (62e) pour Le Havre.
Valenciennes : Henneuse - Savigny (Monchau, 18e), Mercier (cap.), Pochot, Lacam - Bourgeois, Cadiou (Mo. Traoré, 72e), Toraman, Mater - Jacquesson (Boukoko, 78e), Bottelin. Entr. : Ollé-Nicolle.
Le Havre : Blondel - Chimbonda, L. Mendy, Hénin (cap.), Lécossais - Martot, A. Diarra, Ducrocq - Le Tallec (Brahami, 90e+2) - Sinama-Pongolle (A. Bertin, 74e), Lesage (Beuzelin, 82e). Entr. : Domergue.

Sète (N) - RENNES (L1) : 1-4 (0-2) (joué le dimanche 5 janvier). Spectateurs : 3 500. Arbitre : M. Chéron. Buts : Calabuig (54e) pour Sète ; Yapi (25e), Maoulida (29e, 89e), Sorlin (63e) pour Rennes. Avertissements : Rouve (24e), Moureaux (70e) pour Sète ; Maoulida (26e), Echouafni (30e), Ivanov (35e) pour Rennes.
Sète : Cerrato - Benaud (Ichou, 46e), Massot, Kharrazi, Rouve (cap.) - Gervais, Calabuig, Moureaux, Lérand - Suchet (Millereau, 46e), Boutabout. Entr. : Rust.
Rennes : Cech - Bourillon, Grenet, Echouafni (cap.) (Puygrenier, 56e), Le Lan - Didot, Sorlin, Fleurquin, Yapi (Reveillère, 78e), Ivanov (Monterrubio, 68e) - Maoulida. Entr. : Halilhodzic.

Besançon (N) - PARIS-SG (L1) : 0-1 a.p. (0-0 ; 0-0) (joué le dimanche 5 janvier, à Sochaux). Spectateurs : 11 220. Arbitre : M. Kalt. But : Potillon (113e). Avertissements : Khelfa (35e), A. Faivre (120e) pour Besançon ; Ogbeche (56e), Déhu (61e), Teixeira (63e) pour le Paris-SG.
Besançon : Cappone - J. Rodrigues, Golliard (B. Sanchez, 116e), Maire, A. Faivre - Chafni, Benkara (cap.) (Boubekeur, 120e), Khelfa (Schulzendorf, 114e), Sauget - G. Ba, Machado. Entr. : Paille.
Paris-SG : Alonzo - El-Karkouri, Pochettino (cap.), Heinze, Potillon - Fiorèse, Déhu, Teixeira (Rocchi, 104e), Ogbeche (A. Touré, 78e) - J. Leroy - L. Leroy (Hugo Leal, 64e). Entr. : L. Fernandez.

MARTIGUES (N) - Sedan (L1) : 0-0 a.p. (3 t.a.b. à 1) (joué le dimanche 5 janvier). Spectateurs : 810 Arbitre : M. Castro. Tirs au but réussis : Bilici, Boronad, Hamga pour Martigues ; M'Bami pour Sedan. Tirs au but ratés : Chelle, Gastine pour Martigues ; Oulida, Mionnet, Vaz pour Sedan. Avertissements : Mazzuchetti (82e), Bilici (105e), Neves-Magalhaes (109e), Gastine (118e) pour Martigues ; Djurisic (61e), Capron (103e) pour Sedan.
Martigues : D. Klein - Chelle, Belloumou, Hamga - Abdou, Yildiz (Gastine, 116e), Neves-Magalhaes, Mazzuchetti (cap.), Boronad, Bekrar - Bilici. Entr. : Gransart.
Sedan : Regnault - Ducourtioux, Capron (cap.), Jezierski, Djurisic - Noro, Oulida, M'Bami, Asuar (Vaz, 83e) - Liri (Mionnet, 46e), P. N'Diefi. Entr. : Stambouli.

LIGUE 1 CONTRE CFA

Forbach (CFA) - LENS (L1) : 2-3 (1-2). Spectateurs : 5 500. Arbitre : M. Lhermite. Buts : Sor. Camara (6e), Belhocine (50e) pour Forbach ; S. Keita (8e), Sibierski (31e), Bakari (67e) pour Lens. Avertissements : Thill (21e) pour Forbach ; Lachor (71e), Z. Camara (89e) pour Lens.
Forbach : Gilgemann - Groh (Tchapda, 79e), Kwetche, Datola (cap.), Zerrouk - Meridja, Thill (Miceli, 86e), Denay (Ghisu, 46e), Belhocine - Sor. Camara, C. Micciche. Entr. : C. Micciche.
Lens : Itandje - Z. Camara, Song, A. Coulibaly, Bak, Lachor - Blanchard (cap.) - S. Keita, Sibierski - Bakari (Utaka, 74e), Moreira. Entr. : J. Muller.

LIBOURNE-SAINT-SEURIN (CFA) - Lyon (L1) : 1-0 (0-0). Spectateurs : 8 500. Arbitre : M. Auriac. But : Castant (76e). Avertissements : Astier (43e) pour Libourne-Saint-Seurin ; Edmilson (36e) pour Lyon.
Libourne-Saint-Seurin : Grandel - Astier, Douence, Kouassi, Merabti - Delchié, Rossignol - Thèze, Castant (cap.), Otta - Hadjères. Entr. : Furlan.
Lyon : Coupet - Chanelet, P. Müller, Edmilson, Bréchet - Montoya (Vairelles, 77e), Violeau (cap.) (Juninho, 67e), M. Diarra, Hauw - Luyindula, Govou. Entr. : Le Guen.

AS Vitré (CFA) - AC AJACCIO (L1) : 1-3 (0-1) (joué à Rennes). Spectateurs : 2 738 Arbitre : M. Brizou. Buts : Gouda (65e) pour l'AS Vitré ; M. Marquet (28e), Faderne (53e), Ouadah (68e) pour l'AC Ajaccio. Avertissements : Moro (25e) pour l'AS Vitré ; Ouadah (37e) pour l'AC Ajaccio.
AS Vitré : Huchedé - Morisseau (Gouda, 62e), J.-C. Bertin, Tétiot, Badji - Moro (Courteille, 53e), Koffi, Brard (Menou, 62e), Tanchot (cap.), Godet - Guiriec. Entr. : Cloarec.
AC Ajaccio : Trévisan - Collin, Seck, Terrier (cap.) (Destruhaut, 80e), Regragui - Grégoire, Robin, Ouadah, Demont (Becas, 76e) - Faderne (Connen, 77e), M. Marquet. Entr. : Bijotat.

BOURG-PÉRONNAS (CFA) - Strasbourg (L1) : 1-0 (1-0) (joué le dimanche 5 janvier). Spectateurs : 9 000. Arbitre : M. Malige. But : Durand (21e). Avertissements : Tonnetot (32e), Lopez (45e+ 2), Salama (64e), Durand (68e), M'Petschi (84e) pour Bourg-Péronnas ; Deroff (54e), Y. Fischer (71e) pour Strasbourg.
Bourg-Péronnas : Pansier - Salama, Tonnetot, Rigaud, Verroy - Lopez (Berraud, 46e), Arredi (cap.), M'Petschi, Pasos - Durand (Sauchay, 78e), Dixon (Ortega, 90e). Entr. : Drouin et Gauge.
Strasbourg : V. Fernandez - Deroff, Y. Fischer (cap.), Drobny, Beye, Njanka - Roda, Kobylik (Stoll, 85e), Le Pen - Laurent, Bagayoko (Ljuboja, 57e). Entr. : Hasek.

LIGUE 1 CONTRE CFA2

SCHILTIGHEIM (CFA2) - Troyes (L1) : 3-1 (1-0) (joué le dimanche 5 janvier). Spectateurs : 2 000. Arbitre : M. Fidri. Buts : Diani (41e), Hinard (69e, 90e+1) pour Schiltigheim ; Akrour (90e+3) pour Troyes. Avertissements : Arnould (37e), Mounawar (75e) pour Schiltigheim ; Meniri (37e), Régis (40e), Tourenne (54e), F. Adam (67e) pour Troyes. Expulsions : Tourenne (70e), F. Adam (83e) pour Troyes.

Schiltigheim : S. Michel - Gemehl, Mounawar, Loison, Arnould - Ayvaz, Weber (cap.) (Ehles, 85e), Hoffmann, Diani (Fancello, 87e) - Spiewak, Hinard (Gast, 90e+3). Entr. : Guerra.
Troyes : Cassard - Hamed, Meniri, Danjou, Régis - Tourenne (cap.), Linarès (Akrour, 53e), F. Adam, K. Ziani (Nivet, 83e) - Baticle (Florentin, 73e), Goussé. Entr. : Hadzibegic.

Armentières (CFA2) - BORDEAUX (L1) : 0-3 (0-0) (joué le dimanche 5 janvier). Spectateurs : 5 968. Arbitre : M. Cailleux. Buts : Pauleta (61e s.p., 70e), Feindouno (67e). Avertissements : Beckaert (49e) pour Armentières ; Sahnoun (43e), Planus (56e) pour Bordeaux.
Armentières : Galoo - Vanderhaeghe, Beckaert, Horrent, Debreuck - G. Leroy, Cannetti, Dewet (Demars, 71e), Abdelhak (Doucet, 71e), Maniez (Barguil, 77e) - Andreatta. Entr. : Dewet.
Bordeaux : Ramé - Jemmali, Planus, Sommeil (Afanou, 77e), Adjamoussi - Feindouno (Fiston, 88e), Smertine, Meriem, Sahnoun - Darcheville, Pauleta (C. Sanchez, 81e). Entr. : Baup.

LIGUE 1 CONTRE DIVISION D'HONNEUR

Quimper (DH) - LILLE (L1) : 0-3 (0-0). Spectateurs : 7 500. Arbitre : M. Glochon. Buts : Landrin (59e), Be. Cheyrou (61e), Cabillic (90e c.s.c.).
Quimper : Chevallier - Le Page (Haya, 70e), G. Péron, A. Péron, Kerriou, Bonizec (cap.) (Bideau, 78e) - Cépéda, Pellen (Chossec, 80e), Anjou - Beuvard, Cabillic. Entr. : Daniel et Tréguer.
Lille : Wimbée (cap.) - Pichot, Delpierre, Abidal, Tafforeau - Landrin, F. D'Amico (Makoun, 57e), Be. Cheyrou, Brunel - Mantchev (Chalmé, 64e), Boutoille (Moussilou, 77e). Entr. : Puel.

Anglet (DH) - GUINGAMP (L1) : 0-1 (0-1) (joué à Biarritz). Spectateurs : 7 000. Arbitre : M. Brocas. But : Drogba (45e).
Anglet : Laporte (cap.) - Tarascon (Alkozano, 74e), Jahier, Mecadim, Borghese - Miranda (Coyos, 74e), Vignaux, P. Etcheverry, Ugartemendia (Tachoires, 58e) - Dassié, Barsacq. Entr. : Cazes.
Guingamp : Le Crom - Montero, Kouassi (Al. Yahia, 41e), Guillaume, Ferrier - Danic, Le Roux (cap.), Carnot (Bardon, 46e), Bah - Saci, Drogba. Entr. : Marchand.

LIGUE 2 ENTRE EUX

NANCY (L2) - Niort (L2) : 1-0 a.p. (0-0 ; 0-0). Spectateurs : 2 230. Arbitre : M. Derrien. But : Hadji (118e). Avretissements : Chrétien (44e), D. Camara (76e) pour Nancy ; Bangoura (90e) pour Niort.
Nancy : Sorin - Sekour (Se. Camara, 54e), Bockhorni, Moreau, Chrétien - Moustaïd, Oliseh (Curbelo, 75e), D. Camara - Fouret (Rambo, 100e), Dufresne (cap.), Hadji. Entr. : P. Correa.
Niort : Marichez - Foulon, Piton (cap.), Lauret, Mary - Queiros (Texier, 100e), Facciuto (Bertheux, 67e), Ducloux, O. Bangoura - Colloredo (Biakolo, 72e), Darbelet. Entr. : Hinschberger.

LIGUE 2 CONTRE NATIONAL

TOULOUSE (L2) - Viry-Châtillon (N) : 3-1 (2-0). Spectateurs : 2 331. Arbitre : M. Ennjimi. Buts : Avezac (5e, 44e), Bancarel (73e) pour Toulouse ; Perrin (56e) pour Viry-Châtillon. Avertissements : Emana (36e), Hamama (86e) pour Toulouse ; El-Othmani (22e), Perrin (57e), Seydi (62e), Zerrouki (76e) pour Viry-Châtillon.
Toulouse : Revault - Mazel, Prunier (cap.), Lièvre, Hamama - Emana, Cardy, N'Doye, Avezac (Aubey, 75e) - Fauré (Bancarel, 70e), Braizat (T. Giresse, 16e). Entr. : Mombaerts.
Viry-Châtillon : Mérigot - Jardini (Zerrouki, 46e), El-Othmani, Seydi, Baretto - Perrin, Ballo (Ajuwa, 74e), Vigier (cap.), Colonnette - Wallon (Yakhou, 46e), Tabti. Entr. : Pilorget.

LIGUE 2 CONTRE CFA 2

Montélimar (CFA2) - LORIENT (L2) : 0-3 (0-3). Spectateurs : 3 500. Arbitre : M. Biton. Buts : Kroupi (12e), Bouard (22e), Loko (37e).
Montélimar : Choppick - Flandrin, Bréchon, Chanal (cap.), N'Gandé, De Jésus - Bouguerra, Moulin, Ferez (N'Boumba, 58e), Robert (Guillermaud, 74e) - N'Zenang (Delamontagne, 84e). Entr. : Mira.
Lorient : Audard - Boutruche (Bouzin, 76e), Martini, Ferron, Druon - Bouard (Dudoit, 84e), Gauvin, Guel - Robson (J.-M. David, 74e), Kroupi, Loko (cap.). Entr. : Pouliquen.

Carquefou (CFA2) - LE MANS (L2) : 1-4 a.p. (1-1 ; 1-1). Spectateurs : 2 222. Arbitre : M. Thual. Buts : Zebidi (37e) pour Carquefou ; Peyrelade (17e), Cousin (102e), Rangdet (111e, 120e) pour Le Mans. Avertissements : Lassimonne (24e), Anita (30e) pour Carquefou ; Correia (65e), Celdran (115e) pour Le Mans.
Carquefou : Moulin - Hamon, Bouyer, Hecker (cap.), Hauray, Fellache - Ichoua, Zebidi (Hersant, 94e), Garciau (Bocquel, 103e) - Anita, Lassimone (Lopes, 70e). Entr. : Renaud.
Le Mans : Pédemas - Bridonneau (Louiron, 79e), Correia, Poulard, Bonnart (cap.) - Fanchone (Pancrate, 71e), Hautcoeur, Thomas, Celdran - Peyrelade (Rangdet, 79e), Cousin. Entr. : Goudet.

US Changé (CFA2) - BEAUVAIS (L2) : 0-4 (0-1) (joué le dimanche 5 janvier). Specateurs : 1 918. Arbitre : M. Launay. Buts : Savidan (44e, 74e, 78e), Thil (77e). Avertissements : L. Lerouge (67e) pour l'US Changé ; De Freitas (45e), Mareval (85e) pour Beauvais.
US Changé : Amé - Tounkara (C. Lerouge, 75e), Bangoura (Laval, 48e), Y. Lerouge, Souaré - Renaudier, L. Lerouge, Allou, Capiaux (Régnault, 81e), Maubert - Louis. Entr. : Grosbois.
Beauvais : Grange - Lahaye, Bompière, Maréval, Cordonnier - De Freitas (cap.) (Oroque, 78e), Girard (Collinet, 78e), Pardeilhan, Ekobonjoh - Savidan, Thil. Entr. : Gentili.

Vitrolles (CFA2) - LAVAL (L2) : 1-1 a.p. (3 t.a.b. à 5) (0-1 ; 1-1) (joué le dimanche 5 janvier). Spectateurs : 2 000. Arbitre : M. Fraise. Buts : Laroui (62e) pour Vitrolles ; Custovic (25e) pour Laval. Tirs au but réussis : Barré, Boinaheri, Laroui pour Vitrolles ; Cazarelly, Ben Askar, Bourillon, Neva, D. Coulibaly pour Laval. Tir au but raté : Amara pour Vitrolles. Avertissements : Bagnuls (39e), Barré (75e) pour Vitrolles ; Custovic (22e) pour Laval.
Vitrolles : Piemonte - Laroui, Artes, Bohl, Barré - Nouri (cap.) (Leonesi, 112e), Kara, Leboeuf (Fatan, 82e), Bagnuls (Boinaheri, 60e) - Guilas, Amara. Entr. : Galli.
Laval : Hiaumet - Cuervo, Neva, Ben Askar, Bernardet (Bourillon, 100e) - Macé, Le Frapper (cap.), Cazarelly, Mussard (Devineau, 58e) - Custovic (Socrier, 77e),D. Coulibaly. Entr. : V. Zvunka.

NATIONAL CONTRE CFA

Tours (CFA) - ANGOULÊME (N) : 0-0 a.p. (2 t.a.b. à 4) (joué le samedi 11 janvier). Spectateurs : 6 000. Arbitre : M. Chéron. Tirs au but réussis : Kinkela, Mienniel pour Tours ; Forest, Massolin, F. Clément, Tronche pour Angoulême. Tirs au but manqués : Bassinat, Bouhazama pour Tours ; Ribas pour Angoulême. Avertissements : I. Soumah (55e), E. Liri (81e) pour Tours ; Aboulaye (82e), F. Clément (120e) pour Angoulême. Expulsion : Liri (99e) pour Tours.
Tours : Raimbault - E. Liri, Bassinat, Mienniel - Bouhazama, I. Soumah, Louit, Ruiz (Ito, 107e), Kinkela - Chevalme (Minoungou, 45e), Maufroy. Entr. : Falette.
Angoulême : Lucas - Aboulaye, Massolin, Tronche, Puymirail - Gaborit, Durosier (So. Cissé, 85e), Forest (cap.), Fabien (F. Clément, 110e), Ribas - Giublesi. Entr. : Goursat.

NATIONAL CONTRE CFA2

La Vitréenne (CFA2) - DIJON (N) : 1-2 (0-1). Spectateurs : 3 000. Arbitre : M. Goulard. Buts : Granger (87e) pour La Vitréenne ; Poisson (45e+2), Ehouman (86e) pour Dijon. Avertissements : B. Sidibé (43e), Reux (52e), Planella (61e), Granger (80e) pour La Vitréenne ; Lalisse (30e), Jobard (56e), M. Diallo (83e), Cvitkovic (86e) pour Dijon.
La Vitréenne : Le Marrec - Planella (Bourserie, 87e), De Olivera, B. Sidibé, Quinton - Reux, Guémas (Barré, 68e), Toublan (Touhou, 62e), Métivier - Granger, Voisin (cap.). Entr. : Lambert.
Dijon : Guy - Peres, Grillon, Lalisse, Cvitkovic - Jobard (cap.), Livramento, Poisson (Luissint, 90e), Bouabdellah - Ehouman, M. Diallo (Gibert, 85e). Entr. : R. Garcia.

NATIONAL CONTRE DIVISION D'HONNEUR

SEYSSINET-PARISET (DH) - Nîmes (N) : 1-0 (0-0) (joué le dimanche 5 janvier). Spectateurs : 1 500. Arbitre : M. Djouzi. But : Djellal (62e s.p.). Avertissements : Djellal (15e), Nouaille (33e), C. Garcia (41e), Burnichon (45e+1), S. Mangione (51e) pour Seyssinet-Pariset ; Vannuchi (20e), Dailly (31e), Andenas (48e), Jouffre (78e) pour Nîmes. Expulsions : S. Mangione (84e) pour Seyssinet-Pariset ; Van Reusel (89e) pour Nîmes.
Seyssinet-Pariset : Malatrait - Colacicco, Rutigliano, Giroud, Labartino (cap.) - S. Mangione, Fayollat (Marco, 90e+3), Nouaille - Djellal - C. Garcia, Burnichon (Lupo, 65e ; El-Abed, 84e). Entr. : Bouvard.
Nîmes : Grau - De Palmas, Van Reusel, Dailly, Leclerc (Benyachou, 66e) - Vannuchi (cap.), Cohade (Nicot, 89e), Barralon, Jouffre - Sissoko, Andenas (Boulebda, 66e). Entr. : Brisson.

CFA CONTRE CFA2

AMNÉVILLE (CFA2) - Raon-l'Étape (CFA) : 2-1 (1-0) (joué le dimanche 5 janvier). Spectateurs : 1 214. Arbitre : M. Desessart. Buts : Spir (34e), Chaillou (61e) pour Amnéville ; Théophile (84e) pour Raon-l'Etape. Avertissements : Ghin (32e), Franceschi (64e), Natahelic (81e) pour Amnéville ; Voinson (45e), Mangenot (60e) pour Raon-l'Etape.
Amnéville : Dumas - Ghin, Serredszum, Franceschi (Gaudois, 82e) - Lopes, Cantonnet, Kauffman, Spir (Natahelic, 77e), Szymanski - Chaillou, Dutheil. Entr. : Zdun.
Raon-l'Etape : Jechoux - Michon, Billoir, Njemane, Poirot - Rollot (Théophile, 71e), Jean (El Kahla, 57e), Couquebert (Marcilly, 57e), Voinson - Violant, Mangenot. Entr. : Déziré.

QUEVILLY (CFA) - La Rochelle (CFA2) : 6-1 (3-0) (joué le dimanche 5 janvier). Spectateurs : 1 487. Arbitre : M. Huguenin. Buts : Buchon (29e), Gomis (32e), Dorizon (45e+1, 49e, 53e, 59e) pour Quevilly ; Auboyer (71e) pour La Rochelle. Avertissements : Haroçarené (21e), Truchon (32e), Poaty (45e) pour La Rochelle. Expulsion : Poaty (90e) pour La Rochelle.
Quevilly : Bruneau - Mawéné, Prével (Larue, 56e), Dillain, Duthuit - Buchon (Yahi, 63e), Coplo, Ekwalla (cap.), Hubert - Dorizon, Gomis (Limermont, 60e). Entr. : Fouda.
La Rochelle : Leclère - Poaty, Helion (cap.), Haroçarené (Pierson, 57e) - Johannel, Crochemore, Poirier, Garnier - Bernier (Auboyer, 63e) - Truchon (Manka, 54e), Devaux. Entr. : Zajaczkowski.

CFA CONTRE DISTRICT

Algérienne Villeurbanne (D) - AGDE (CFA) : 0-3 (0-1) (joué à Vaulx-en-Velin). Spectateurs : 1 440. Arbitre : M. Medam. Buts : Duplan (3e, 63e), Texier (87e). Avertissements : Merah (50e), K. Bounouara (59e) pour l'Algérienne Villeurbanne ; Schmidt (33e) pour Agde. Expulsion : K. Bounouara (84e) pour l'Algérienne Villeurbanne.
Algérienne Villeurbanne : Boussaad - Abdelaziz, Bendjeddou, S. Bounouara (cap.), Guesnia (Sisbane, 70e) - K. Bounouara, Saouci (Smoun, 61e), M. Bouguessa, Merah (S. Bouguessa, 77e) - Hassaine, F. Bounouara. Entr. : Draidi.
Agde : Blaquière - Faubesse, Dupin (Jouille, 86e), Schmidt - Texier, Laugier, Grimaud, Villalonga (cap.), Benezech - Oltra (Villaret, 79e), Duplan (Gamet, 62e). Entr. : Richard.

DIVISION D'HONNEUR CONTRE LIGUE

Maubeuge (DH) - LAMBRES-LEZ-DOUAI (L) : 1-2 (0-1) (joué le dimanche 5 janvier). Spectateurs : 1 800. Arbitre : M. Feuillade. Buts : L. Lachaab (56e) pour Maubeuge ; Walbert (17e s.p.), M. Lasri (80e) pour Lambres-lès-Douai. Avertissements : Drut (17e), Fernandes (23e) pour Maubeuge ; Lanoix (34e), Walbert (45e), H. Lasri (75e) pour Lambres-lès-Douai.
Maubeuge : Drut - Wattu, Vion, Gautier - Ullrich, Bruynaert, Blampain - Fernandes (Ply, 55e), L. Lachaab (cap.), Biri (Massok, 46e) - H. Lachaab. Entr. : Varnier.
Lambres-lès-Douai : Coquerel - Olivier, Junot, Lanoix, Deregnaucourt - H. Lasri (Guislain, 89e), Figner, Depres (Truant, 59e), Walbert (cap.) - M. Lasri, Abdallah. Entr. : Portenard.

SEIZIÈMES DE FINALE

(samedi 25 janvier 2003) :

LIGUE 1 ENTRE EUX
RENNES - Ajaccio 3-0
PARIS-SG - Marseille 2-1 (a.p.)

LIGUE 1 CONTRE LIGUE 2
TOULOUSE (L2) - Lens (L1) 1-0
BORDEAUX (L1) - Grenoble (L2) 2-0
LAVAL (L2) - Le Havre (L1) 2-1
LORIENT (L2) - Nantes (L1) 1-0

LIGUE 1 CONTRE CFA
Agde (CFA) - LILLE (L1) 0-2 (a.p.)

LIGUE 1 CONTRE CFA2
Amnéville (CFA2) - AUXERRE (L1) 0-3

LIGUE 1 CONTRE DIVISION D'HONNEUR
Seyssinet-Pariset (DH) - GUINGAMP (L1) 1-5

LIGUE 2 ENTRE EUX
Nancy - METZ 0-1

LIGUE 2 CONTRE NATIONAL
MARTIGUES (N) - Amiens (L2) 1-0

LIGUE 2 CONTRE CFA
Quevilly (CFA) - WASQUEHAL (L2) 1-2
LIBOURNE-SAINT-SEURIN (CFA) - Le Mans (L2) 2-2 a.p. (12 t.a.b. à 11)

LIGUE 2 CONTRE CFA2
SCHILTIGHEIM (CFA2) - Beauvais (L2) 1-0

NATIONAL CONTRE CFA
Dijon (N) - BOURG-PÉRONNAS (CFA) 0-1

NATIONAL CONTRE LIGUE
Lambres-lez-Douai (L) - ANGOULÊME (N) 1-2

En capitales, les clubs qualifiés pour les huitièmes de finale.

LIGUE 1 ENTRE EUX

RENNES (L1) - Ajaccio (L1) : 3-0 (0-0). Spectateurs : 5 041. Arbitre : M. Sars. Buts : Grégoire (49e c.s.c.), Maoulida (85e), Piquionne (87e). Avertissements : Jeunechamp (20e),

Puygrenier (45e+1), Escudé (64e) pour Rennes ; Robin (48e), Destruhaut (56e), Regragui (84e) pour Ajaccio. Rennes : Cech - Jay, Arribagé (cap.), Puygrenier (G. Bourillon, 78e), Escudé - E. Didot, Echouafni, Jeunechamp, Maoulida, Monterrubio (Sorlin, 80e) - Piquionne (Ivanov, 88e). Entr. : Halilhodzic. Ajaccio : Trévisan - Grégoire, Seck, Destruhaut, Collin - Demont, Ouadah, Regragui, Robin (Connen, 75e), Granon (cap.) (Becas, 46e) - Guglielmone (Faderne, 57e). Entr. : Courbis.

PARIS-SG (L1) - Marseille (L1) : 2-1 a.p. (1-0 ; 1-1). Spectateurs : 38 150. Arbitre : M. Bré. Buts : Pochettino (14e), Fiorèse (102e) pour Paris-SG ; Van Buyten (62e) pour Marseille. Avertissements : Pochettino (18e), Ogbeche (59e), Déhu (72e), El-Karkouri (109e), Llacer (114e) pour Paris-SG ; Meïté (10e), Celestini (31e), Leboeuf (34e), Hemdani (55e), Van Buyten (65e), Sytchev (105e) pour Marseille. Expulsions : El-Karkouri (120e) pour le Paris-SG ; Dos Santos (90e) pour Marseille.
Paris-SG : Alonzo - Potillon, El-Karkouri, Pochettino (cap.), Heinze - Hugo Leal (Llacer, 112e), Déhu, Rocchi (Ronaldhino, 66e), J. Leroy - Fiorèse, Ogbeche (Aloisio, 76e). Entr. : L. Fernandez.
Marseille : Runje - Meïté, Van Buyten, Leboeuf (cap.) (Olembe, 85e), Dos Santos - Johansen, Hemdani, Celestini - Chapuis (Sytchev, 64e), Bakayoko, Sakho (Fernandao, 72e). Entr. : Perrin.

LIGUE 1 CONTRE LIGUE 2

TOULOUSE (L2) - Lens (L1) : 1-0 (1-0). Spectateurs : 21 526. Arbitre : M. Veissière. But : Bancarel (23e). Avertissements : Dieuze (45e+1), Prunier (78e), Lièvre (90e+1) pour Toulouse ; Song (11e), A. Coulibaly (53e), Itandje (54e) pour Lens.
Toulouse : Revault (J. Moreau, 28e) - Mazel, Prunier (cap.), Lièvre, Hamama - Braizat (Emana, 63e), Taïder, N'Doye, Avezac - Bancarel, Dieuze (Fauré, 74e). Entr. : Mombaerts.
Lens : Itandje - Diagne-Faye (Jabi, 46e), Song, A. Coulibaly, Lachor - Coridon, Bak (P. Sarr, 74e), Sibierski (cap.), S. Keita - Bakari (Utaka, 46e), Moreira. Entr. : J. Muller.

BORDEAUX (L1) - Grenoble (L2) : 2-0 (1-0). Spectateurs : 9 002. Arbitre : M. Layec. Buts : Eduardo Costa (4e), Pauleta (79e). Avertissements : Eduardo Costa (3e), Jemmali (70e) pour Bordeaux ; Ravaux (11e), Jbari (22e) pour Grenoble.
Bordeaux : Ramé (cap.) - Jemmali, Planus, Caneira, Bruno Basto - Feindouno, Smertine, Eduardo Costa, Savio (Meriem, 71e) - Chamakh (Fiston, 90e), Pauleta (Sahnoun, 82e). Entr. : Baup.
Grenoble : Debes - Tokene, Milazzo (cap.), Hatchi - Ravaux, Périatambée, J. François (Rojas, 62e), N. Weber - Abdessadki (Camacho, 85e) - Jbari, Malm (Dissa, 77e). Entr. : A. Michel.

LAVAL (L2) - Le Havre (L1) : 2-1 (2-1). Sectateurs : 4 251. Arbitre : M. Piccirillo. Buts : Mussard (8e), Is. Ba (28e) pour Laval ; A. Diarra (16e) pour Le Havre. Avertissements : Ben Askar (16e), Mussard (34e) pour Laval ; Sinama-Pongolle (61e) pour Le Havre. Expulsion : Is. Ba (42e) pour Laval.
Laval : Hiaumet - Cuervo, Ben Askar, Néva, Bernadet - Is. Ba, Cazarelly, Le Frapper (cap.), Mussard (Y. Bourillon, 73e) - Custovic (Buzaré, 64e), D. Coulibaly (Mauricio, 61e). Entr. : V. Zvunka.
Le Havre : Blondel - Chimbonda, So. Diawara, Hénin (cap.), Lécossais - A. Diarra, A. Bertin, Lesage, Beuzelin - Le Tallec (Sinama-Pongolle, 46e), Brahami. Entr. : Domergue.

LORIENT (L2) - Nantes (L1) : 1-0 (0-0). Spectateurs : 11 321. Arbitre : M. Poulat. But : Kroupi (87e). Avertissements : Montoya (40e), Baret (61e) pour Lorient ; Toulalan (15e), W. Dalmat (23e) pour Nantes.
Lorient : Audard - Boutruche, Martini, Gauvin, M. Diop, Montoya - Bedrossian (cap.) (Kroupi, 83e), Baret (Guel, 69e), Bouard - Robson (Loko, 78e), Abou. Entr. : Pouliquen.
Nantes : Grondin - Laspalles, Ateba, Delhommeau (cap.), Armand - W. Dalmat, Toulalan (Paillères, 90e), Djemba-Djemba (Berson, 90e), Quint - Moldovan (Makukula, 68e), André. Entr. : Marcos.

LIGUE 1 CONTRE CFA

Agde (CFA) - LILLE (L1) : 0-2 a.p. (0-0 ; 0-0) (joué à Sète). Spectateurs : 4 000. Arbitre : M. Colombo. Buts : Brunel (111e, 115e). Avertissements : Grimaud (6e), Texier (35e), Laffon (38e), F. Schmidt (76e) pour Agde ; Makoun (65e) pour Lille.
Agde : Blaquière - Texier, Dupin, Faubesse, Laffon, Grimaud - Laugier (Téna, 66e), Villalonga (cap.), F. Schmidt (Dupuy, 90e+3) - Oltra, Duplan (Cousin, 72e). Entr. : Richard.
Lille : Malicki - Chalmé, Fahmi, R. Schmitz, Tafforeau - Makoun, Syl. N'Diaye, Bonnal (Brunel, 69e) - Sterjovski (Landrin, 57e) - Moussilou, Boutoille (cap.) (Be. Cheyrou, 90e+1). Entr. : Puel.

LIGUE 1 CONTRE CFA 2

Amnéville (CFA 2) - AUXERRE (L1) : 0-3 (0-0). Spectateurs : 5 278. Arbitre : M. Lannoy. Buts : Boumsong (62e), D. Cissé (78e, 84e). Avertissements : Kaufmann (27e) pour Amnéville ; Deblock (23e), Mignot (56e) pour Auxerre.
Amnéville : Dumas - Lopes (cap.), Serredszum, Franceschi, Szymanski (Do Rosario, 74e) - Kaufmann, Natanelic, Spir (Gandois, 80e), Cantonnet - Chaillou - Dutheil. Entr. : Zdun.
Auxerre : Cool - Perrier-Doumbé (Assati, 86e), Mexès, Boumsong, Mignot - Deblock, Lachuer (cap.) (Marin, 85e), A. Faye, Akalé - Gonzalez (D. Cissé, 74e), Benjani. Entr. : Roux.

LIGUE 1 CONTRE DH

Seyssinet-Pariset (DH) - GUINGAMP (L1) : 1-5 (1-3) (joué à Grenoble). Spectateurs : 9 000. Arbitre : M. Coué. Buts : Burnichon (17e) pour Seyssinet-Pariset ; Drogba (30e, 35e, 42e), Le Roux (76e), Carnot (88e). Avertissements : Malatrait (19e) pour Seyssinet-Pariset ; Fabbri (38e), Kouassi (65e) pour Guingamp.
Seyssinet-Pariset : Malatrait - Colacicco, El-Abed (Marco, 46e), Labartino (cap.), Rutigliano (Tahraoui, 77e) - Nouaille, Giroud, Fayollat - Djellal - C. Garcia, Burnichon (Lupo, 46e). Entr. : Bouvard.
Guingamp : Le Crom - Montero, Kouassi (Sikimic, 77e), Fabbri, Guillaume - C. Michel (cap.), Le Roux, Malouda, Talhaoui - Bardon (Carnot, 75e), Drogba (Danic, 60e). Entr. : Marchand.

LIGUE 2 ENTRE EUX

Nancy - METZ : 0-1 (0-1). Spectateurs : 9 419. Arbitre : M. Kalt. But : Borbiconi (10e). Avertissements : Lécluse (84e) pour Nancy ; Signorino (20e), P. D'Amico (47e) pour Metz.
Nancy : Sorin - Sekour, Nicaise, Lécluse, Zerka - D. Camara, Moustaïd (Chabaud, 80e), Curbelo (Dufresne, 69e) - Zoko, Fouret (cap.), Y. Hadji (Rambo, 46e). Entr. : P. Corréa.
Metz : Burelle - Onyewu (Toyes, 71e), Borbiconi, Morisot, Signorino - Bastien (Renouard, 90e+1), Leca, Morisot, Proment (cap.), P. D'Amico - Pouget (Adebayor, 75e). Entr. J. Fernandez.

LIGUE 2 CONTRE NATIONAL

MARTIGUES (N) - Amiens (L2) : 1-0 (1-0). Spectateurs : 1 006. Arbitre : M. Auriac. But : Bilici (22e). Avertissements : Bekrar (52e) pour Martigues ; Debève (37e), Duchemin (74e) pour Amiens. Martigues : Klein - Chelle, Tatarian (cap.), Hamga - Abdou, Yildiz, Bekrar Mazzuchetti, Boronad (Dambury, 79e) - Bilici, Balaguhé (Gastine, 87e). Entr. : Gransart. Amiens : Merville - Stéphanopoli, Abalo, Lebrun, Satorra - Abriel (cap.), Duchemin (Rivière, 86e), Debève, T. Moreau (Dufresne, 70e) - Diallo, Oulmers. Entr. : Troch.

LIGUE 2 CONTRE CFA

Quevilly (CFA) - WASQUEHAL (L2) : 1-2 (0-0). Spectateurs : 2 745. Arbitre : M. Glochon. Buts : Buchon (72e) pour Quevilly ; Erceau (53e), Desgeorges (61e) pour Wasquehal. Avertissements : Mawéné (29e), Hubert (48e), Dillain (52e), Bruneau (61e) pour Quevilly ; Escayol (24e) pour Wasquehal.
Quevilly : Bruneau - Duthuit (Dorizon, 59e), Dillain, Sampil (cap.), Mawéné (Ouahbi, 59e) - Ekwalla (Ziadi, 72e), Coplo, Prével, Hubert, Buchon - Gomis. Entr. : Fouda.
Wasquehal : Gibert - Marolany, Erceau, Strelczak, Nida-Nida - Tanguy (cap.), Escayol, Monier (Benon, 85e), Dernis - Desgeorges, Bucher (Fidani, 77e). Entr. : Gauthier.

LIBOURNE-SAINT-SEURIN (CFA) - Le Mans (L2) : 2-2 a.p. (12 t.a.b.11) (0-0 ; 1-1). Spectateurs : 5 700. Arbitre : M. Ledentu. Buts : Marchano (80e, 118e) pour Libourne-Saint-Seurin ; Peyrelade (75e), Cousin (120e) pour Le Mans. Tirs aux buts réussis : Merabti, Marchano, Chakir, Castant, Berkouch, Douence, Hadjères, Beauchet, Chakir, Marchano, Castant, Hadjères pour Libourne-Saint-Seurin ; Drouin, Arnaud, Rangdet, Cousin, Bonnart, Correia, Bridonneau, Pédemas, Drouin, Rangdet, Arnaud pour Le Mans. Tirs aux buts manqués : Delchié, Lespiaucq pour Libourne-Saint-Seurin ; Poulard, Louiron pour Le Mans. Avertissements : Delchié (37e), Merabti (65e) pour Libourne-Saint-Seurin ; Drouin (45e), Aït-Ouarrab (71e), Bridonneau (102e) pour Le Mans.
Libourne-Saint-Seurin : Beauchet - Delchié, Rossignol (Chakir, 81e) - Astier (Lespiaucq, 73e), Douence, Berkouch, Merabti - Castant (cap.), Thèze, Otta (Marchano, 75e) - Hadjères. Entr. : Furlan.
Le Mans : Pédemas - Bridonneau, Drouin, Poulard (cap.), Arnaud - Correia, Louiron, Fanchone (Bonnart, 90e), Peyrelade (Rangdet, 106e) - Cousin, Aït-Ouarrab (Celdran, 83e). Entr. : Goudet.

LIGUE 2 CONTRE CFA 2

SCHILTIGHEIM (CFA 2) - Beauvais (L2) : 1-0 (1-0). Spectateurs : 4 200. Arbitre : M. Chéron. But : Hoffmann (29e). Avertissements : Zèbre (23e), Colinet (43e), Bouden (44e), Mareval (90e) pour Beauvais.
Schiltigheim : S. Michel - Gemehl, Loison, Mounawar, Arnould - Ayvaz (Fanncello, 90e+2), F. Weber (cap.), Hoffmann, Diani (Wolgemuth, 61e) - Spiewak (Lemarchand, 85e), Hinard. Entr. : Guerra.
Beauvais : Grange - Odet (cap.), Pompière, Mareval, Zèbre - Dambeti (De Freitas, 53e), Pardeilhan, Colinet, Savidan (Christ, 73e) - Thil, Bouden. Entr. : Gentili.

NATIONAL CONTRE CFA

Dijon (N) - BOURG-PÉRONNAS (CFA) : 0-1 (0-1) ; Spectateurs : 6 000. Arbitre : M. Hamer (LUX). But : Collet (36e). Avertissements : Masson (17e), Vidalon (19e), Livramento (70e), Mangione (87e) pour Dijon ; Tonnetot (40e), G. Lopez (87e) pour Bourg-Péronnas.
Dijon : Guy - Peres (Diers, 53e), Lalisse, Vidalon, Grillon - Poisson, Ab. Ba, Livramento (cap.), Masson (Bouabdellah, 62e) - Ehouman (M. Diallo, 72e), Mangione. Entr. : R. Garcia.
Bourg-Péronnas : Pansier - M'Petschi, Salama, Rigaud, Verroy (G. Lopez, 46e) - Pasos, Tonnetot, Arredi (cap.) (Curci, 58e) - Berraud - Collet (Durand, 76e), Dixon. Entr. : Droin et Gauge.

NATIONAL CONTRE LIGUE

Lambres-Lez-Douai (L) - ANGOULÊME (N) : 1-2 (0-1) (joué à Avion). Spectateurs : 4 500. Arbitre : M. Ruffray. Buts : Walbert (90e) pour Lambres-Lès-Douai ; Truand (44e c.s.c.), Giublesi (68e) pour Angoulême. Avertissements : Forest (10e), N. Durosier (41e) pour Angoulême.
Lambres-Lès-Douai : Coquerel - Olivier, Truand (Depres, 72e), Junot, Deregnaucourt (cap.) - Lanoix, H. Lasri, Sicner, Walbert - M. Lasri (Lucidarme, 82e), Abdallah (Guislain, 72e). Entr. : Portenard.
Angoulême : Lucas - Bourmaud (Puymirail, 69e), Massolin, Forest (cap.), Usaï - N. Durosier, Gaborit (Kante, 90e+1), Tronche, Ribas (F. Clément, 53e) - Fabien, Giublesi. Entr. : Goursat.

HUITIÈMES DE FINALE

(samedi 15 et dimanche 16 février 2003) :

LIGUE 1 CONTRE LIGUE 2
LORIENT (L2) - Lille (L1) 1-0
Laval (L2) - PARIS-SG (L1) 0-1
BORDEAUX (L1) - Wasquehal (L2) 4-1

LIGUE 1 CONTRE NATIONAL
ANGOULÊME (N) - Guingamp (L1) 0-0 a.p. (3 t.a.b. à 2)

LIGUE 1 CONTRE CFA
Bourg-Péronnas (CFA) - AUXERRE (L1) 1-3
Libourne-Saint-Seurin (CFA) - RENNES (L1) 0-3

LIGUE 2 CONTRE NATIONAL
MARTIGUES (N) - Metz (L2) 2-1

LIGUE 2 CONTRE CFA2
SCHILTIGHEIM (CFA2) - Toulouse (L2) 3-0

En capitales, les clubs qualifiés pour les quarts de finale.

LIGUE 1 CONTRE LIGUE 2

LORIENT (L2) - Lille (L1) : 1-0 (0-0) (joué le dimanche 16 février). Spectateurs : 8 674. Arbitre : M. Ledentu. But : Loko (89e). Avertissements : Kroupi (26e) pour Lorient ; Chalmé (41e) pour Lille.
Lorient : Audard - Boutruche, Gauvin, Martini, Bouzin, Montoya - Guel, Bouard (M. Diop, 77e) - Abou (Loko, 62e), Kroupi, Bedrossian (cap.) (Esceth-N'Zi, 24e). Entr. : Pouliquen.
Lille : Malicki - Chalmé, Fahmi, Schmitz, Abidal (Moussilou, 90e) - Sterjovski, Syl. N'Diaye, Be. Cheyrou, Tafforeau - Mantchev (Landrin, 62e), Boutoille (cap.) (Brunel, 69e). Entr. : Puel.

Laval (L2) - PARIS-SG (L1) : 0-1 (0-0) (joué le dimanche 16 février). Spectateurs : 14 483. Arbitre : M. Colombo. But : Fiorèse (53e). Avertissements : Neva (40e) pour Laval ; Heinze (48e) pour Paris-SG.
Laval : Hiaumet - Buzaré, Ben Askar, Neva, Bernardet (F. Clément, 67e) - Is. Ba, Cazarelly, Le Frapper (cap.), Mussard (Langlet, 73e) - Mauricio, Dr. Coulibaly. Entr. : V. Zvunka.
Paris-SG : Alonzo - Cristobal, Déhu, Pochettino (cap.), Heinze - J. Leroy, Rocchi (Potillon, 88e) - Fiorèse, Ronaldinho, Pédron (Aloisio, 75e) - Ogbeche (Nyarko, 68e). Entr. : L. Fernandez.

BORDEAUX (L1) - Wasquehal (L2) : 4-1 (2-0) (joué le dimanche 16 février). Spectateurs : 9 010. Arbitre : M. Derrien. Buts : Darcheville (10e, 90e+1), Pauleta (26e, 85e) pour Bordeaux ; Dernis (70e)

pour Wasquehal. Avertissement : Erceau (4e) pour Wasquehal.
Bordeaux : Ramé (cap.) - Jemmali, Afanou, Planus, Caneira - Eduardo Costa, Smertine (Sahnoun, 73e) - Feindouno (Auriac, 90e+2), Meriem - Darcheville, Pauleta (Chamakh, 88e). Entr. : Baup.
Wasquehal : Gibert - Nida-Nida, Benon (cap.), Erceau, Monier - Escayol, Strzelczak (Tanguy, 79e), Da. Coulibaly - Dernis - Bangoura (Fidani, 63e), Desgeorges (Hiroux, 63e). Entr. : Gauthier.

LIGUE 1 CONTRE NATIONAL

ANGOUL ME (N) - Guingamp (L1) : 0-0 a.p. (3 t.a.b. à 2). Spectateurs : 6 100. Arbitre : M. Piccirillo. Tirs au but réussis : Forest, Bourmaud, Durosier pour Angoulême ; Le Roux, Drogba pour Guingamp. Tirs au but manqués : Massolin, Bernard pour Angoulême ; Kouassi, Bourhani, Fabbri pour Guingamp. Avertissements : Tronche (35e), Massolin (47e), F. Clément (62e), Giublesi (72e) pour Angoulême ; Kouassi (41e), A. Guillaume (55e) pour Guingamp. Expulsion : Tronche (68e) pour Angoulême.
Angoulême : Lucas - D. Bernard, Massolin, Forest (cap.), Usaï - Tronche, Durosier, Gaborit, F. Clément (Bourmaud, 76e) - Ribas (Do Marcolino, 57e) - Giublesi (Fabien, 85e). Entr. : Goursat.
Guingamp : Le Crom - Montero, Kouassi, Fabbri, A. Guillaume (Ferrier, 90e) - C. Michel (cap.) (Bourhani, 115e), Le Roux, Saci, Carnot (Talhaoui, 85e) - Malouda, Drogba. Entr. : Marchand.

LIGUE 1 CONTRE CFA

Bourg-Péronnas (CFA) - AUXERRE (L1) : 1-3 (1 -1) (joué à Lyon). Spectateurs : 17 000. Arbitre : M. Lhermite. Buts : Durand (26e) pour le Bourg-Péronnas ; Mathis (34e), Benjani (57e), Lachuer (80e) pour Auxerre. Avertissement : Tainio (30e) pour Auxerre.
Bourg-Péronnas : Pansier (Bouchard, 46e) - Salama, Rigaud, Tonnetot (Berraud, 60e), Curci (cap.) - M'Petschi, Pasos, Lopez, Arredi (Collet, 70e) - Durand, Dixon. Entr. : Droin et Gauge.
Auxerre: Cool - Radet, Boumsong, Grichting, Jaurès - Tainio (Gonzalez, 65e), A. Faye - Mathis, Lachuer (cap.) (Akalé, 81e), Fadiga - Benjani (D. Cissé, 70e). Entr. : Roux.

Libourne-Saint-Seurin (CFA) - RENNES (L1) : 0-3 (0-1). Spectateurs : 8 000. Arbitre : M. Garibian. Buts : Frei (12e), Merabti (59e c.s.c.), Maoulida (89e). Avertissements : Berkouch (39e), Astier (51e) pour Libourne-Saint-Seurin.
Libourne-Saint-Seurin : Grandel - Astier, Douence, Berkouch, Merabti (S. Ligoule, 61e) - Castant (cap.), Rossignol, Chakir (M. Ligoule, 74e), Thèze - Marchano, Hadjeres (Adoue, 84e). Entr. : Furlan.
Rennes : Durand - Jay, Arribagé (cap.), G. Bourillon, Le Lan - Fleurquin, Jeunechamp, Maoulida (Puygrenier, 90e), Sorlin (Delaye, 74e) - Frei (Ma. N'Diaye, 78e), Piquionne. Entr. : Halilhodzic.

LIGUE 2 CONTRE NATIONAL

MARTIGUES (N) - Metz (L2) : 2-1 (2-1). Spectateurs : 2 122. Arbitre : M. Poulat. Buts : Bilici (11e), Baléguhé (38e) pour Martigues ; Frutos (45e) pour Metz. Avertissements : Dambury (56e), Hamga (70e) pour Martigues ; S. Borbiconi (26e), P. D'Amico (39e), Becas (55e) pour Metz.
Martigues : Klein - Chelle, Tatarian (cap.), Hamga - Yildiz, Mazzuchetti (Dambury, 25e), Neves-Magalhaes, Bekrar, Boronad (S. Cissé, 85e) - Bilici, Baléguhé. Entr. : Gransart.
Metz : Butelle - Demai (Adebayor 52e), Signorino, Marchal, Morisot (cap.), S. Borbiconi - P. D'Amico, Leca (Se. N'Diaye 82e), Frutos - Becas (Bastien 69e), Niang. Entr : J. Fernandez.

LIGUE 2 CONTRE CFA2

SCHILTIGHEIM (CFA2) - Toulouse (L2) : 3-0 (1-0). Spectateurs : 5 010. Arbitre : M. Ruffray. Buts : Ayvaz (2e), F. Weber (63e), Lemarchand (73e). Avertissements : F. Weber (25e), Spiewak (52e), Arnould (59e) pour Schiltigheim ; N'Doye (43e), Ebondo (72e) pour Toulouse.
Schiltigheim : S. Michel - Wohlgemuth, Mounawar, Loison, Arnould - Ayvaz, Hoffmann, F. Weber (cap.), Diani - Hinard (Fancello, 86e), Spiewak (Lemarchand, 60e). Entr. : Guerra.
Toulouse : J. Moreau - Ebondo, Puig, Dao, Aubey (Zandona, 74e) - Braizat, N'Doye, S. Didot, Giresse (Chavas, 64e) - Dieuze (Romao, 77e), Bancarel (cap.). Entr. : Mombaerts.

QUARTS DE FINALE

(samedi 15 et dimanche 16 mars 2003) :

Schiltigheim (CFA2) - RENNES (L1) 1-2
BORDEAUX (L1) - Lorient (L2) 2-0
Martigues (N) - PARIS-SG (L1) 0-1
Angoulême (N) - AUXERRE (L1) 0-0 a.p. (2 t.a.b. à 4)

En capitales, les quatre clubs qualifiés pour les demi-finales.

Schiltigheim (CFA 2) - RENNES (L1) : 1-2 (1-0) (joué à Strasbourg). Spectateurs : 25 106. Arbitre : M. Veissière. Buts : Spiewak (3e) pour Schiltigheim ; Maoulida (74e), Piquionne (88e) pour Rennes. Avertissements : F. Weber (49e), Wohlgemuth (58e), Ehles (90e) pour Schiltigheim ; Jeunechamp (42e), Bourillon (80e) pour Rennes. Expulsions : Wohlgemuth (78e) pour Schiltigheim ; Baronchelli et Hiard (40e, entraîneurs adjoints) pour Rennes.
Schiltigheim : S. Michel - Wohlgemuth, Mounawar, Loison, Arnould - Ga. Ayvaz, F. Weber (cap.), Hoffmann, Diani (Fancello, 90e+1) - Spiewak (Ehles, 81e), Lemarchand (Hinard, 90e+1). Entr. : Guerra.
Rennes : Cech - Jay, Bourillon, Escudé (N'Guéma, 81e), Le Lan - Maoulida, Echouafni (cap.), E. Didot (Faty, 90e+2), Sorlin (Monterrubio, 90e+3) - Piquionne, Frei. Entr. : Halilhodzic.

BORDEAUX (L1) - Lorient (L2) : 2-0 (0-0). Spectateurs : 12 258. Arbitre : M. Sars. Buts : Feindouno (59e), Savio (81e). Avertissements : Bruno Basto (21e), Smertine (70e) pour Bordeaux ; Bouard (25e) pour Lorient.
Bordeaux : Ramé (cap.) - Caneira, Planus, Afanou, Bruno Basto - Smertine, Eduardo Costa - Feindouno, Savio (Sahnoun, 85e) - Darcheville, Pauleta. Entr. : Baup.
Lorient : Audard - Boutruche, M. Diop, Gauvin, Bouzin, Montoya (Baret, 76e) - Bouard, Guel - Loko (cap.), Viltard (Kroupi, 63e) - Robson. Entr. : Pouliquen.

Martigues (N) - PARIS-SG (L1) : 0-1 (0-0). Spectateurs : 8 000. Arbitre : M. Duhamel. But : Ronaldinho (76e). Avertissements : Hamga (36e), Neves Magalhaes (87e) pour Martigues.
Martigues : Klein - Borios (Baleguhe, 78e), Tatarian (cap.), Sé. Cissé, Hamga - Dambury - Bekrar, Neves Magalhaes, Boronad, Mazzuchetti - Bilici. Entr. : Gransart.
PSG : Alonzo - Cristobal, Déhu, Heinze - Fiorèse, Rocchi (Hugo Leal, 67e), Paulo César - J. Leroy, Pédron - Ogbeche (Llacer, 81e), Ronaldinho (cap.). Entr. : L. Fernandez.

Angoulême (N) - AUXERRE (L1) : 0-0 a.p. (2 t.a.b. à 4) (joué le dimanche 16 mars, à Poitiers). Spectateurs : 11 052. Arbitre : M. Layec. Tirs aux buts réussis : F. Clément, Massolin pour Angoulême ; Fadiga, Benjani, Mexès, Jaurès pour Auxerre. Tirs aux buts manqués : Forest, Durosier pour Angoulême. Avertissements : Tronche (23e), Fabien (59e), Forest (73e) pour Angoulême ; Radet (65e) pour Auxerre.
Angoulême : Lucas - D. Bernard (Puymirail, 87e), Massolin, Forest (cap.), Usaï - N. Durosier, Gaborit (Abdoulaye, 63e), Tronche - F. Clément, Do Marcolino (Fabien, 51e) - Giublesi. Entr. : Goursat.
Auxerre : Cool - Radet, Mexès, Boumsong, Jaurès - Mathis (Tainio, 90e), A. Faye - Lachuer (cap.), Benjani, Fadiga - D. Cissé. Entr. : Roux.

DEMI-FINALES

(samedi 26 et dimanche 27 avril 2003) :

AUXERRE (L1) - Rennes (L1) 2-1
PARIS-SG (L1) - Bordeaux (L1) 2-0

En capitales, les deux clubs qualifiés pour la finale.

Le 26 avril 2003, à Auxerre (Abbé-Deschamps),
AUXERRE (L1) - Rennes (L1) : 2-1 (1-0). Spectateurs : 16 000. Arbitre : M. Poulat. Buts : D. Cissé (42e, 90e+1) pour Auxerre ; Sorlin (63e) pour Rennes. Avertissements : Perrier-Doumbé (33e), Mexès (71e) pour Auxerre ; Piquionne (44e), Escudé (54e), Grenet (74e) pour Rennes. Expulsion : Maoulida (76e) pour Rennes.
Auxerre : Cool - Radet, Mexès, Grichting, Perrier-Doumbé (Benjani, 85e) - Mathis, A. Faye - Lachuer (cap.), Kapo, Fadiga - D. Cissé. Entr. : Roux.
Rennes : Cech - Grenet, Arribagé (cap.), Escudé, Le Lan - Bourillon, Faty, Jeunechamp (Frei, 90e+2) - Delaye (Maoulida, 63e), Sorlin - Piquionne. Entr. : Halilhodzic.

Le 27 avril 2003, à Paris (Parc des Princes)
PARIS-SG (L1) - Bordeaux (L1) : 2-0 (1-0). Spectateurs : 39 122. Arbitre : M. Colombo. Buts : Ronaldinho (22e, 81e). Avertissements : Fiorèse (68e) pour Paris-SG ; Eduardo Costa (33e), Afanou (90e+1) pour Bordeaux. Expulsion : Caneira (56e) pour Bordeaux.
Paris-SG : Alonzo - Cristobal, Pochettino (cap.), Heinze, Potillon - A. Touré (Andre Luiz, 60e), J. Leroy, Déhu, Pédron (Hugo Leal, 74e) - Fiorèse (Llacer, 90e+2), Ronaldinho. Entr. : L. Fernandez.
Bordeaux : F. Roux - Caneira, Planus, Afanou, Bruno Basto - Feindouno (Chamakh, 82e), Meriem, Eduardo Costa, Savio - Pauleta (cap.), Darcheville (Beda, 60e). Entr. : Baup.

FINALE

Le 31 mai 2003, à Saint-Denis (Stade de France)
AUXERRE (L1) - Paris-SG (L1) : 2-1 (0-1) . Spectateurs : 78 000. Arbitre : M. Layec. Buts : D. Cissé (76e), Boumsong (89e) pour Auxerre ; Hugo Leal (21e) pour Paris-SG. Avertissements : A. Faye (44e), Kapo (74e) pour Auxerre ; Fiorèse (56e) pour Paris-SG. Expulsion : Hugo Leal (66e) pour Paris-SG.
Auxerre : Cool - Radet, Mexès, Boumsong, Perrier-Doumbé - Mathis, A. Faye (Benjani, 71e) - Lachuer (cap.), Fadiga (Akalé, 46e) - D. Cissé, Kapo. Entr. : Roux.
Paris-SG : Alonzo - Cristobal, Pochettino (cap.), Heinze, Potillon (Aloisio, 90e) - Déhu - J. Leroy, Hugo Leal, Pédron (Llacer, 84e) - Fiorèse (Paulo César, 75e), Ronaldinho. Entr. : L. Fernandez.

COUPE DE LA LIGUE 2002-03

TOUR PRÉLIMINAIRE

(vendredi 11 octobre 2002) :

LIGUE 2 ENTRE EUX
Amiens - GUEUGNON 0-1 (a.p.)
WASQUEHAL - Laval 3-1
ISTRES - Lorient 2-1 (a.p.)
METZ - Niort 0-0 a.p. (4 t.a.b. à 2)
BEAUVAIS - Caen 2-1 (a.p.)
SAINT-ÉTIENNE - Toulouse 3-2
CRETEIL - Clermont 1-0
LE MANS - Valence 3-0
NANCY - Châteauroux 3-0

LIGUE 2 CONTRE NATIONAL
MARTIGUES (N) - Reims (L2) 3-2 (a.p.)
GRENOBLE (L2) - Cannes (N) 2-0

NATIONAL ENTRE EUX
NÎMES - Angers 2-0

En capitales, les clubs qualifiés pour le premier tour.

LIGUE 2 ENTRE EUX

Amiens - GUEUGNON : 0-1 a.p. (0-0 ; 0-0). Spectateurs : 4 941. Arbitre : M. Chapron. But : Aubanel (110e). Avertissements : Bengelloun (45e+2), Satorra (90e+2) pour Amiens ; Ngambi, Vrielynck (21e) pour Gueugnon.
Amiens : Merville - Lebrun (Comminges, 43e), Outrebon, Satorra (cap.) - Bengelloun, Abriel, Duchemin (T. Moreau, 75e), Debève - Griffit (Coquelet, 84e) - Rivière, Diallo. Entr. : Troch.
Gueugnon : Trivino - Boucansaud (Gauthier, 112e), Dussart, Emeran, Fontenette - Ngambi, Neumann (cap.), Vrielynck (Galvan, 101e), H. Traoré, Bouquet (Aubanel, 66e) - Mulak. Entr. : Cartier.

WASQUEHAL - Laval : 3-1 (2-1). Spectateurs : 1 692. Arbitre : M. Brizou. Buts : Hiroux (33e), Bakari (42e, 75e) pour Wasquehal ; Socrier (1ère) pour Laval. Avertissements : Dernis (49e), Escayol (89e) pour Wasquehal ; Ba (29e), Cazarelli (45e + 2), Devineau (57e), Socrier (84e) pour Laval.
Wasquehal : Gibert - Marolany (Bonadeï, 68e), Benon (cap.), Erceau, Nida-Nida, Correia - Bakari, Tanguy, Dernis (Escayol, 77e) - Desgeorges, Hiroux. Entr. : Gauthier.
Laval : Hiaumet - Cuervo (Custovic, 72e), Ben Askar, Neva, Bernardet - Ba (Cazarelly, 33e), Le Frapper (cap.), Devineau, Mussard - Socrier, Mauricio (Langlet, 81e). Entr. : Zvunka.

ISTRES - Lorient : 2-1 a.p. (0-0 ; 0-0). Spectateurs : 720. Arbitre : M. Fidri. Buts : Aïchour (110e), Zitelli (120e + 1) pour Istres ; Esceth-N'Zi (107e) pour Lorient. Avertissements : Charenton (81e), Kehiha (89e) pour Istres ; Martini, Robson (67e) pour Lorient.
Istres : Sopalski - Charenton (Dumolin, 114e), Bochu, Seghiri, Belbachir -

Kehiha, Ragued, Berenguer (cap.), Aïchour - Rémy (Zitelli, 72e), Costa (Sylla, 83e). Entr. : Meguellatti.
Lorient : Audard - Martini, Gauvin, Ferron, Bouzin - Esceth-N'Zi, Cavalli, Bouard, Viltard (Haguy, 69e) - Loko, Robson (Eveno, 88e). Entr. : Pouliquen.

METZ - Niort : 0-0 a.p. (4 t.a.b. à 2). Spectateurs : 4 426. Arbitre : M. Brocas. Tirs au but réussis : Proment, Bastien, Bah, Bastien pour Metz ; Darbelet, Facciuto pour Niort. Tirs au but manqués : Bangoura, Garny pour Niort. Avertissements : Hassli (116e) pour Metz ; Mary (88e), Bangoura (103e), Garny (119e) pour Niort.
Metz : Butelle - Marchal, Morisot, Bah - Toyes (Bastien, 80e), Proment, Espartero, Leca (Hassli, 100e), Signorino - Skachenko (Frutos, 72e), Jager. Entr. : J. Fernandez.
Niort : Marichez - Foulon, Mary (Bangoura, 95e), Piton, Safanjon (Lauret, 77e) - Azzopardi, Darbelet, Garny, Facciuto - Quieros, Colloredo (Biakolo, 51e). Entr. : Hinschberger.

BEAUVAIS - Caen : 2-1 a.p. (1-1 ; 1-1). Spectateurs : 1 920. Arbitre : M. Fraise. Buts : Thil (24e s.p.), Bouden (107e) pour Beauvais ; A. Clément (19e) pour Caen. Avertissements : Ekobo, Cordonnier (21e) pour Beauvais ; Hébert, Dumas (38e), A. Clément (71e) pour Caen.
Beauvais : Masse - Lahaye, Léoni, Cordonnier (Pompière, 81e), Mareval - De Freitas (cap.), Pardeilhan (Christ, 100e), Ekobo (Delonglée, 90e+1), Colinet - Thil, Bouden. Entr. : Gentili.
Caen : Aubry - Hengbart, Hébert, Dumas (cap.), A. Clément, Suarez - Deroin, Mazure (Garcion, 86e), Di Rocco (Coquerel, 50e) - Diarra (Bakour, 46e), Sarr. Entr. : Rémy.

SAINT-ÉTIENNE - Toulouse : 3-2 (2-0). Spectateurs : 9 697. Arbitre : M. Glochon. Buts : Compan (17e), N'Dour (25e), Carteron (90e+5) pour Saint-Étienne ; Lièvre (51e), Giresse (63e) pour Toulouse. Avertissements : Sablé (11e), Compan (67e), Oliveira (83e) pour Saint-Etienne ; N'Doye (7e), Lièvre (44e), Taider (73e) pour Toulouse.
Saint-Étienne : Janot - Carteron (cap.), Oliveira, Hognon, Olesen - Sablé, Garcia, N'Dour (Dogbé, 75e) - Alex, Compan, F. Mendy (Hellebuyck, 68e). Entr. : Antonetti.
Toulouse : Revault - Mazel, Lièvre, Prunier (cap.), Aubey - Emana, N'Doye (Cardy, 60e), Taïder, Hamama - Giresse, Fauré (Braizat, 57e). Entr. : Mombaerts.

CRÉTEIL - Clermont Foot : 1-0 (0-0). Spectateurs : 1 705. Arbitre : M. Castro. But : Buengo (84e). Avertissements : Dallet (21e), Bouger (25e), Libbra (40e), Vega (45e) pour Créteil ; Tabet (18e), Verschave (45e + 2), Gallon (77e), Castets (83e) pour Clermont Foot.
Créteil : Porato - Vega, Frapolli (Amirèche, 75e), Genton - Blondeau, Bouger, Primorac, G. Norbert - Dallet (cap.) - Buengo, Libbra (Murcy, 89e). Entr. : Tosi.
Clermont Foot : Enjolras - Poinçon, Castets (cap.), Assemoassa, Bourgis - Tabet, Mahouvé, Gallon, Samson (Boulanger, 88e) - Deniaud, Verschave. Entr. : Velud.

LE MANS - Valence : 3-0 (1-0). Spectateurs : 3 349. Arbitre : M. Champet. Buts : Pancrate (18e), Cousin (85e, 89e). Avertissements : Fabra (61e), Calenda (87e) pour Valence.
Le Mans : Y. Pelé - Bridonneau, Poulard, Louiron, Bonnart (cap.) - Pancrate (Bolivard, 82e), Drouin, Hautcœur, Celdran (Aït-Ouarab, 75e) - Cousin, Fanchone (Peyrelade, 69e). Entr. : Goudet.
Valence : Allibert - Stinat, Jarjat, Fabra, Kossingou (Chazal, 75e), Sanon - Stéphan (cap.), Fayard, Calenda - R. Moreira (B. Da Rocha, 70e), Fayolle (Calce, 70e). Entr. : Notheaux.

NANCY (L2) - Châteauroux (L2) : 3-0 (2-0) (joué le mercredi 6 novembre (2-1) et rejoué le mardi 10 décembre). Spectateurs : 5 500. Arbitre : M. Brizou. Buts : Dufresne (15e, 68e), Chabaud (33e). Avertissements : Chabaud (58e), Oliseh (75e), Diakhate (85e) pour Nancy ; Dujeux (30e), Morestin (64e) pour Châteauroux.
Nancy : Sorin - Chrétien, Diakhate, P. Moreau, Zerka - Oliseh (Fouret, 80e), Chabaud, Hadji - Zoko (Curbelo, 63e), Dufresne, Wiart (Moustaïd, 73e). Entr. : Correa.
Châteauroux : R. Roche - Dujeux, Morestin, Jeannel, L. Clément - Beneforti (Behi, 80e), A. Ferreira (Sandoni, 70e), Sibide - Bugnet (Paul, 61e), Dossevi, Roudet. Entr. : Froger.

LIGUE 2 CONTRE NATIONAL

MARTIGUES (N) - Reims (L2) : 3-2 a.p. (2-0 ; 2-2). Spectateurs : 575. Arbitre : M. Lecellier. Buts : Baléguhé (3e), Yildiz (20e), Bilici (107e) pour Martigues ; D. François (55e), C. Laurent (56e) pour Reims. Avertissements : V. Gastine (30e), Dambury (34e), Abdou (79e), Bekrar (84e), Neves-Magalhaes (111e), Baléguhé (118e) , Borios (120e) pour Martigues ; Létang (82e) pour Reims.
Martigues : D. Klein - Borios, Tatarian (Neves-Magalhaes, 90e+1), S. Cissé, Chelle – Abdou, Dambury (cap.), Boronad (Bilici 70e),Yildiz - V. Gastine (Bekrar, 46e), Baléguhé. Entr. : Estevan.
Reims : Tingry - S. Billong (Louiron, 88e), Liron, Lafond (cap.), Gondouin - Létang, C. Laurent, D. François (Formeaux, 90e), Haddadou – Liabeuf, Pickeu (Tchami, 89e). Entr. : Collat.

GRENOBLE (L2) - Cannes (N) : 2-0 (2-0). Spectateurs : 2 435. Arbitre : M. Fautrel. Buts : Malm (44e), Rojas (45e). Avertissements : Rojas (50e), Courtin (83e) pour Grenoble ; Berthé (32e), Rizzetto (34e), Savejvong (39e) pour Cannes.
Grenoble : Debès - Ravaux, Hatchi, Milazzo (cap.), P. N'Diaye (Courtin, 19e), Weber - J. François, Pizzo, David - Rojas (Dissa, 60e), Malm (Debrosse, 74e). Entr. : A. Michel.
Cannes : Planté - Monnier (cap.) (Cérielo, 34e), Colling, Latté-Yédo, Berthé - Faubert (Pacios, 58e), Brouard, Rizzetto, Maurel - Savejvong (Macquet, 61e), Joseph. Entr. : Buigues.

NATIONAL ENTRE EUX

NÎMES - Angers : 2-0 (1-0). Spectateurs : 1 485. Arbitre : M. Rodolphe. Buts : Jouffre (45e, 51e). Avertissements : Alemany (57e), Jouffre (58e) pour Nîmes ; Lemasson (66e) pour Angers.
Nîmes : Duchesne - Alemany, Kandé, Leclerc (cap.), Van Reusel - Andenas, Cohade (Dailly, 83e), Himmer, Jouffre - Sissokho (Nicot, 87e), Boulebda (Baralon, 72e). Entr. : Brisson.
Angers : Lucas - Grimaldi, T. Cygan, Marchand (Rey, 54e), Haise - Duarté, Guégan (cap.), Huck, Georges (Lemasson, 20e) - Prat (Bouvier, 70e), Sampil. Entr. : Guérit.

SEIZIÈMES DE FINALE

(samedi 7 et dimanche 8 décembre 2002) :

LIGUE 1 ENTRE EUX

LYON - Bastia 2-0
SOCHAUX - Ajaccio 3-0
Montpellier - BORDEAUX 1-2
GUINGAMP - Strasbourg 1-0
MARSEILLE - Troyes 5-1
MONACO - Auxerre 1-0
Paris-SG - NANTES 2-3

LIGUE 1 CONTRE LIGUE 2

Istres (L2) - LILLE (L1) 1-2
BEAUVAIS (L2) - Lens (L1) 3-3 a.p. (3 t.a.b. à 1)
GUEUGNON (L2) - Rennes (L1) 1-1 a.p. (5 t.a.b. à 4)
CRÉTEIL (L2) - Nice (L1) 1-0
SAINT-ÉTIENNE (L2) - Le Havre (L1) 1-0 (a.p.)

LIGUE 1 CONTRE NATIONAL

NÎMES (N) - Sedan (L1) 1-1 a.p. (4 t.a.b. à 2)

LIGUE 2 ENTRE EUX

LE MANS - Grenoble 1-0
NANCY - Wasquehal 1-0

LIGUE 2 CONTRE NATIONAL

Martigues (N) - METZ (L2) 0-1

En capitales, les clubs qualifiés pour les huitièmes de finale.

LIGUE 1 ENTRE EUX

LYON (L1) - Bastia (L1) : 2-0 (1-0). Spectateurs : 26 332. Arbitre : M. Colombo. Buts : Luyindula (34e, 84e). Avertissements : Laslandes (44e), Jeunechamp (82e) pour Bastia.
Lyon : Coupet - Chanelet, Caçapa, Edmilson, Bréchet (cap.) - Carrière (Hauw, 84e), Dhorasoo, M. Diarra, Delmotte - Née (Violeau, 74e), Luyindula. Entr. : Le Guen.
Bastia : Penneteau - Uras, An. Yahia (Gourvennec, 48e), M. Soumah, Vanney - Essola (Ben Saada, 46e), Essien, Piocelle, Jeunechamp - Maurice, Laslandes (cap.). Entr : Gili.

SOCHAUX (L1) - Ajaccio (L1) : 3-0 (2-0). Spectateurs : 10 121. Arbitre : M. Kalt. Buts : Isabey (26e, 75e), Oruma (30e). Avertissements : Oruma (72e), Zaïri (81e) pour Sochaux ; Faderne (7e), Destruhaut (10e), Seck (74e) pour Ajaccio.
Sochaux : Gnanhouan - J.-J. Domoraud, Saveljic, Flachez (cap.), Raschke (Monsoreau, 13e) - Boudarène, Chedli - Isabey, Oruma (Zaïri, 77e) - Santos, Frau (Pagis, 69e). Entr. : Lacombe.
Ajaccio : Sekli - Regragui (Demont, 60e), Seck, Wuillot, Robin - Levrat (Guglielmone, 46e), Destruhaut (Connen, 70e) - Becas, Ouadah, Granon (cap.) - Faderne. Entr. : Bijotat.

Montpellier (L1) - BORDEAUX (L1) : 1-2 (1-0). Spectateurs : 6 698. Arbitre : M. Duhamel. Buts : Gueï (10e s.p.) pour Montpellier ; Savio (72e), Pauleta (79e s.p.) pour Bordeaux. Avertissements : Gathuessi (63e), Riou (79e) pour Montpellier ; Savio (68e) pour Bordeaux.
Montpellier : Riou - Gathuessi, Carotti (cap.), Dzodic, Tchato - Bamogo, Rouvière, Mezague (Moullec, 65e), Barbosa - Ab. Cissé (Doumeng, 73e), Gueï (Descamps, 87e). Entr. : Bernardet.
Bordeaux : Roux - Caneira, Afanou, Sommeil (cap.), Bruno Basto - Meriem, Eduardo Costa, Smertine (Pauleta, 54e), Savio - Feindouno (Sahnoun, 88e) - Darcheville. Entr. : Baup.

GUINGAMP (L1) - Strasbourg (L1) : 1-0 (1-0). Spectateurs : 9 266. Arbitre : M. Viléo. But : Fabbri (41e). Avertissement : Njanka (27e) pour Strasbourg.
Guingamp : Le Crom - Montero, Kouassi, Fabbri (Guillaume, 89e), Ferrier - C. Michel (cap.), Baret, Danic (Malouda, 71e) - Saci, Drogba (Carnot, 68e), Eloi. Entr. : Marchand.
Strasbourg : Eggimann - Njanka, Devaux, Drobny, Ehret (Deroff, 85e) - Y. Fischer, Bassila, Camadini, Martins (cap.) (Le Pen, 57e) - Kobylik, Bagayoko (Roda, 76e). Entr. : Hasek.

MARSEILLE (L1) - Troyes (L1) : 5-1 (3-1). Spectateurs : 19 081. Arbitre : M. Derrien. Buts : Bakayoko, (23e s.p., 28e, 59e), Belmadi (30e), S. Pérez (72e) pour Marseille ; O. Thomas (54e) pour Troyes. Avertissements : Meïté (25e) pour Marseille ; Cassard, O. Thomas (55e) pour Troyes.
Marseille : Runje - Meïté, Van Buyten (Gafour, 73e), Ecker - S. Pérez, Celestini, Dos Santos (cap.) - Belmadi, Johansen (Be. Gavanon, 75e) - Bakayoko (Merlin, 80e), Chapuis. Entr. : Perrin.
Troyes : Cassard - Berthé, Danjou (cap.), Meniri - Hamed (Amzine, 66e), F. Adam, O. Thomas - Akrour, K. Ziani, Florentin (Saïfi, 75e) - Baticle (Niang, 79e). Entr. : Bonnevay.

MONACO (L1) - Auxerre (L1) : 1-0 (1-0) (joué le dimanche 8 décembre). Spectateurs : 6 004. Arbitre : M. Ledentu. But : Giuly (29e).
Monaco : Roma - Cubilier, Squillaci, Marquez, Evra - Zikos (Léonard, 75e), Bernardi - Giuly (cap.), Rothen (Plasil, 85e) - Nonda, So. Camara. Entr. : Deschamps.
Auxerre : Cool - Perrier-Doumbé, Boumsong (cap.), Grichting, Mignot - Mathis (Yebda, 55e), Sirieix - Deblock (Marin, 69e), Vandenbossche, Gonzalez (Esteves, 79e) - Benjani. Entr. : Roux.

Paris-SG (L1) - NANTES (L1) : 2-3 (1-2) (joué le dimanche 8 décembre). Arbitre : M. Coué. Spectateurs : 23 176. Buts : Nyarko (43e), Heinze (50e) pour Paris-SG ; Yepes (27e), Armand (35e), Alonzo (77e c.s.c.) pour Nantes. Avertissements : Cristobal (68e), Heinze (77e) pour Paris-SG ; Laspalles (65e), Djemba-Djemba (68e) pour Nantes.
Paris-SG : Alonzo - Cristobal, El-Karkouri, Heinze, Potillon - J. Leroy (Cardetti, 46e), Nyarko, André Luiz - Ronaldinho (cap.) - Fiorèse, L. Leroy. Entr. : L. Fernandez.
Nantes : Landreau (cap.) - Laspalles, Yepes, Ateba, Armand - W. Dalmat (Berson, 88e), Djemba-Djemba, Toulalan (Cetto, 90e + 2), Quint - Makukula (F. Da Rocha, 66e), André. Entr. : Marcos.

LIGUE 1 CONTRE LIGUE 2

Istres (L2) - LILLE (L1) : 1-2 (0-0). Spectateurs : 1 574. Arbitre : M. Chéron. Buts : Berenguer (84e) pour Istres ; Moussilou (71e, 74e) pour Lille.
Istres : Sopalski - Kehiha, Bochu, Savry, Seghiri, Belbachir - Aichour (Hebbar, 62e), Chaussidière (cap.), Berenguer, Ragued (Dumolin, 46e) - Costa-Maciel (Remy, 62e). Entr. : Meguellatti.
Lille : Wimbée (cap.) - Chalmé, Fahmi, Abidal, Tafforeau - Landrin, F. D'Amico, Makoun, Bonnal (Brunel, 63e) - Tapia, Moussilou (Pichot, 78e). Entr. : Puel.

BEAUVAIS (L2) - Lens (L1) : 3-3 a.p. (0-1 ; 3-3) (3 t.a.b. à 1). Spectateurs : 6 195. Arbitre : M. Bonnin. Buts : Thil (55e), Poueys (69e, 82e) pour Beauvais ; Utaka (3e, 47e), Bakari (63e) pour Lens. Tirs au but réussis : Girard, Poueys, Léoni pour Beauvais ; Sibierski pour Lens. Tirs au but manqués : Pédron, Moreira, Song pour Lens. Avertissements : Léoni (72e) pour Beauvais ; Sibierski (99e) pour Lens.
Beauvais : Grange - Cordonnier, Léoni, Mareval - Odet (Pompière, 116e), De Freitas (cap.), Ekobo, Lahaye (Girard, 56e) - Thil, Poueys, Savidan (Colinet, 98e). Entr. : Gentili.
Lens : Itandje - Ad. Coulibaly, Song, Z. Camara, Lachor - Sikora (Thomert, 91e), Sibierski, Blanchard (cap.) (Keita, 67e), Pédron - Bakari (Moreira, 106e), Utaka. Entr. : J. Muller.

GUEUGNON (L2) - Rennes (L1) : 1-1 a.p. (1-1 ; 1-1) (5 t.a.b. à 4. Spectateurs : 3 354. Arbitre : M. Fraise. Buts : Maspimby (27e) pour Gueugnon ; Echouafni (38e) pour Rennes. Tirs au but réussis : Mulak, Ngambi, Neumann, Dussart, Emeran pour Gueugnon ; Escudé, Echouafni, Monterrubio, Ivanov pour Rennes. Tirs au but manqués : H. Traoré pour Gueugnon ; Bourillon, Réveillière pour Rennes. Avertissements : Ngambi (34e), H. Traoré (104e) pour Gueugnon ; Ivanov (36e), Bourillon (90e+2) pour Rennes.

Gueugnon : Trivino - Ngamby, Gauthier, Vrielynck (cap.) - Fontenette, Emeran, H. Traoré, Belhadj (Neumann, 68e) - Théophile (Sabin, 80e), Mulak, Maspimby (Dussart, 116e). Entr. : Cartier.
Rennes : Durand (cap.) - Grenet (Le Lan, 89e), Diatta, Escudé, Réveillère - Delaye (Citony, 113e), Bourillon, Echouafni, Sorlin (Monterrubio, 82e) - Maoulida, Ivanov. Entr. : Halilhodzic.

CRÉTEIL (L2) - Nice (L1) : 1-0 (0-0). Spectateurs : 3 476. Arbitre : M. Khendek (M. Rodolphe, 57e). But : Dallet (66e). Avertissements : Libbra (32e), Bettoni (44e), Dallet (89e) pour Créteil ; Pamarot (22e), Barul (26e) pour Nice.
Créteil : Porato - Genton, Blondeau, Amirèche - G. Norbert, Mamouni, Doukantie, Bettoni, Buengo - Libbra, Dallet (cap.). Entr. : Tosi.
Nice : Grégorini - S. Traoré, Abardonado, Barul - Pamarot, Everson, Roy (cap.), Tamazout (Gagnier, 77e), Bigné (Varrault, 49e) - Olufadé (K. Diawara, 64e), Ayeli. Entr. : Rohr.

SAINT-ÉTIENNE (L2) - Le Havre (L1) : 1-0 (0-0) (joué le dimanche 8 décembre). Spectateurs : 6 892. Arbitre : M. Piccirillo. But : F. Mendy (113e). Avertissements : Oliveira (64e), Chaveriat (71e), Compan (85e), Olesen (100e) pour Saint-Etienne ; Ciechelski (39e) pour Le Havre. Expulsion : Ciechelski (96e) pour Le Havre.
Saint-Étienne : Janot - Carteron (cap.), Hognon, Oliveira, Olesen - Sablé (Razak, 42e), Fellahi (S. Hernandez, 77e), Garcia, Hellebuyck - Chavériat, Compan (F. Mendy, 107e). Entr. : Antonetti.
Le Havre : Douchez - Ciechelski, Hénin (cap.), So. Diawara, Paisley - A. Diarra, Martot, Ducrocq, Beuzelin (Le Tallec, 72e), Lesage (Brahami, 28e) - Fauconnier. Entr. : Domergue.

LIGUE 1 CONTRE NATIONAL

NÎMES (N) - Sedan (L1) : 1-1 a.p. (0-0 ; 1-1) (4 t.a.b. à 2). Spectateurs : 3 858. Arbitre : M. Ruffray. Buts : Sissoko (74e) pour Nîmes ; H. Camara (67e) pour Sedan. Tirs au but réussis : Cohade, Leclerc, Andenas, Vannuchi pour Nîmes ; M'Bami, H. Camara pour Sedan. Tirs au but manqués : Noro, Ducourtioux pour Sedan. Avertissements : Vannuchi (35e), Andenas (115e), Van Reusel (118e) pour Nîmes ; Charpenet (18e), Jambay (84e) pour Sedan.
Nîmes : Grau - Alémany (Himmer, 101e), Dailly, Leclerc, Van Reusel - Cohade, Jouffre (Andenas, 90e+1), Vannuchi (cap.) - Boulebda, Sissoko, Barralon. Entr. : Brisson.
Sedan : Catherine - Djurisic (Jambay, 26e), Jezierski (cap.), Charpenet, Di Tommaso - Ducourtioux, Noro, Asuar (Mo. N'Diaye, 71e), M'Bami - H. Camara, Mionnet (Liri, 90e+2). Entr. : Stambouli.

LIGUE 2 ENTRE EUX

LE MANS (L2) - Grenoble (L2) : 1-0 (1-0). Spectateurs : 2 617. Arbitre : M. Médam. But : Pancrate (15e). Avertissements : Milazzo (66e), P.-H. N'Diaye (70e) pour Grenoble.
Le Mans : Pédemans - Bridonneau, P. Correïa, Poulard (cap.), Arnaud - Hautcoeur, Drouin, F. Thomas, Aït-Ouarab (Celdran, 67e) - Fanchone (Cousin, 80e), Pancrate (Peyrelade, 73e). Entr. : Goudet.
Grenoble : Debès - Ravaux, Tokéné, Milazzo (cap.), P.-H. N'Diaye, Gourville - L. David, J. François, Camacho (Piératambée, 59e) - Malm, Dissa (Rojas, 46e). Entr. : A. Michel.

NANCY (L2) - Wasquehal (L2) : 1-0 (1-0). Spectateurs : 3 378. Arbitre : M. Fraise. But : Moustaïd (38e). Avertissements : Lécluse (58e), Curbelo (90e+2) pour Nancy ; Marolany (74e) pour Wasquehal.
Nancy : Sorin - Sekour (Zerka, 44e), Diakhate, Lécluse, Chrétien - Chabaud, Oliseh (Nicaise, 79e), Moustaïd - Fouret (Curbelo, 70e), Dufresne, Hadji. Entr. : P. Correa.
Wasquehal : Gibert - Marolany, Benon, Erceau, Nida-Nida - Tanguy, Correïa (Desgeorges, 80e), Chalier (Escayol, 64e), Dernis - Bucher (Hiroux, 64e), Fidani. Entr. : Gauthier.

LIGUE 2 CONTRE NATIONAL

Martigues (N) - METZ (L2) : 0-1 (0-0). Spectateurs : 883. Arbitre : M. Lannoy. But : Jaeger (60e). Avertissements : S. Cissé (25e), Mazzuchetti (34e) pour Martigues ; Bastien (34e), P. D'Amico (52e) pour Metz.
Martigues : D. Klein - Tatarian (cap.), S. Cissé, Chelle - Borios (Manelli, 76e), Abdou (Gastine, 86e), Dambury, Bekrar, Mazzuchetti - Boronad (Koffi Konan, 86e), Tagro Balaguhé. Entr. : Estevan.
Metz : Buttel - S. Bah, Marchal (Beria, 89e), Morisot (Borbiconi, 65e) - Signorino, Toyes, Bastien, Proment (cap.), P. D'Amico - Adebayor (Obrayak, 75e), Jaeger. Entr. : J. Fernandez.

HUITIÈMES DE FINALE

(samedi 18 et dimanche 19 janvier 2003) :

LIGUE 1 ENTRE EUX
SOCHAUX - Lyon 3-3 a.p. (5 t.a.b. à 3)
Guingamp - NANTES 3-3 a.p. (2 t.a.b. à 4)

LIGUE 1 CONTRE LIGUE 2
MARSEILLE (L1) - Créteil (L2) 4-0
METZ (L2) - Bordeaux (L1) 1-0
Beauvais (L2) - MONACO (L1) 0-1

LIGUE 1 CONTRE NATIONAL
LILLE (L1) - Nîmes (N) 0-0 a.p. 3 t.a.b. à 1)

LIGUE 2 ENTRE EUX
SAINT-ÉTIENNE - Le Mans 3-2
GUEUGNON - Nancy 3-2 (a.p.)

En capitales, les clubs qualifiés pour les quarts de finale.

LIGUE 1 ENTRE EUX

SOCHAUX (L1) - Lyon (L1) : 3-3 a.p. (5 t.a.b. à 3) (2-1 ; 3-3). Spectateurs : 12 486. Arbitre : M. Bré. Buts : Santos (5e, 9e, 76e) pour Sochaux ; Govou (45e, 50e), Luyindula (47e) pour Lyon. Tirs au but réussis : Saveljic, Frau, Oruma, Pagis, Isabey pour Sochaux ; P. Müller, Carrière, Luyindula pour Lyon. Tir au but manqué : Edmilson pour Lyon. Avertissements : Juninho (62e), Caçapa (64e), M. Diarra (77e), Edmilson (80e) pour Lyon.
Sochaux : Gnanhouan - Charvet, Monsoreau, Saveljic, Raschke - Trapasso (Tassali, 110e), Lonfat (Frau, 67e), Pedretti (cap.), Oruma - Pagis, Santos (Isabey, 91e). Entr. : Guy Lacombe.
Lyon : Coupet - Chanelet, Caçapa, Edmilson, Bréchet (cap.) (Balmont, 85e) - Dhorasoo, P. Müller, M. Diarra, Juninho - Govou (Carrière, 75e), Luyindula. Entr. : Le Guen.

Guingamp (L1) - NANTES (L1) : 3-3 a.p. (2 t. a. b. à 4) (0-0 ; 1-1) (joué le dimanche 19 janvier). Spectateurs : 10 490. Arbitre : M. Ledentu. Buts : Malouda (90e+3, 114e), Bardon (110e s.p.) pour Guingamp ; Quint (59e), Gillet (101e s.p.), André (105e) pour Nantes. Tirs au but réussis : Carnot, Dorgba pour Guingamp ; Gillet, Moldovan, Yepes, Djemba-Djemba pour Nantes. Tirs au but manqués : Fabbri, Sikimic pour Guingamp. Avertissements : Sikimic (34e), L. Bah (88e) pour Guingamp ; Armand (33e), Gillet (118e) pour Nantes.
Guingamp : Le Crom - Montero, Sikimic, Fabbri, Ferrier - C. Michel (cap.) (L. Bah, 80e), Danic (Guillaume, 83e), Malouda, Talhoui (Carnot, 69e) - Bardon, Drogba. Entr. : Marchand.
Nantes : Landreau (cap.) - Cetto, Yepes, Gillet, Armand - F. Da Rocha, Berson, Djemba-Djemba, Quint (Savinaud, 105e) -Vahirua (W. Dalmat, 67e), André (Moldovan, 120e). Entr. : Marcos.

LIGUE 1 CONTRE LIGUE 2

MARSEILLE (L1) - Créteil (L2) : 4-0 (2-0). Spectateurs : 20 111. Arbitre : M. Auriac. Buts : Chapuis (1re, 41e), Sytchev (83e), Swierczewski (90e+2). Avertissements : Sada N'Diaye (4e), G. Norbert (29e), Mamouni (31e) pour Créteil.
Marseille : Runje - S. Pérez (Laurenti, 60e), Van Buyten, Ecker, Dos Santos (cap.) - Johansen (Swierczewski, 85e), Hemdani, Celestini, Olembe - Chapuis (Marsiglia, 75e), Sytchev. Entr. : Perrin.
Créteil : Porato - P. Blondeau, (Amirèche, 64e), Genton, Vega - Tavares, G. Norbert, Mamouni, Sada N'Diaye (Doukantie, 70e) - Dallet (cap.), Libbra (Murcy, 77e) Buengo. Entr. : Tosi.

METZ (L2) - Bordeaux (L1) : 1-0 (0-0) (joué le dimanche 19 janvier). Spectateurs : 15 728. Arbitre : M. Veissière. But : Proment (50e). Avertissements : Proment (37e) pour Metz ; Bruno Basto (3e) pour Bordeaux.
Metz : Butelle - Leca (Onyewu, 50e), Toyes, Morisot, S. Bah, Signorino - Bastien, Proment (cap.), P. D'Amico - Jager (Pouget, 22e ; Sega N'Diaye, 90e), Adebayor. Entr. : J. Fernandez.
Bordeaux : Roux - Jemmali (Fiston, 84e), Caneira, Sommeil, Bruno Basto - Eduardo Costa, Smertine, Meriem (Chamakh, 76e), Savio - Feindouno, Pauleta (cap.). Entr. : Baup.

Beauvais (L2) - MONACO (L1) : 0-1 (0-1) (joué le dimanche 19 janvier). Spectateurs : 7 929. Arbitre : M. Sars. But : Prso (9e s.p.). Avertissements : Lahaye, Léoni (45e+1) pour Beauvais ; Evra (39e) pour Monaco. Expulsion : Grax (14e) pour Monaco.
Beauvais : Grange - Odet (Bouden, 46e), Cordonnier, Léoni, Mareval (Girard, 77e) - Sadivan, De Freitas (cap.), Ekobo, Lahaye - Poueys, Thil. Entr. : Gentili.
Monaco : Sylva - Pierre-Fanfan, Squillaci, J. Rodriguez, Evra - Zikos, Bernardi - Giuly (cap.) (Farnerud, 80e), Gallardo (Rothen, 90e) - Grax, Prso (Mazhar, 68e). Entr. : Deschamps.

LIGUE 1 CONTRE NATIONAL

LILLE (L1) - Nîmes (N) : 0-0 a.p. (3 t.a.b. à 1) (joué le dimanche 19 janvier). Spectateurs : 11 092. Arbitre : M. Piccirillo. Tirs au but réussis : Tafforeau, Sterjovski, Landrin pour Lille ; Himmer pour Nîmes. Tirs au but manqués : Be. Cheyrou pour Lille ; Cohade, Leclerc, Boulebda pour Nîmes. Avertissements : Fahmi (42e) pour Lille ; Cohade (50e) Alemany (56e), Himmer (74e) Benyachou (78e), Andenas (85e) pour Nîmes. Expulsion : Andenas (98e) pour Nîmes.
Lille : Wimbée (cap.) - Pichot, Delpierre, Fahmi, Abidal (Moussilou, 46e) - Landrin, Syl. N'Diaye, Be. Cheyrou, Tafforeau - Mantchev (Sterjovski, 91e), Brunel (Makoun, 109e). Entr. : Puel.
Nîmes : Grau - Alemany (Himmer, 63e), Dailly (Kandé, 98e), Leclerc (cap.), De Palmas - Benyachou (Andenas, 82e), Cohade, Colleau, Barralon - Sissokho, Boulebda. Entr. : Brisson.

LIGUE 2 ENTRE EUX

SAINT-ÉTIENNE (L2) - Le Mans (L2) : 3-2 (2-0). Spectateurs : 12 978. Arbitre : M. Duhamel. Buts : Chavériat (21e), Hognon (30e), Compan (76e) pour Saint-Etienne ; Randget (65e), Pancrate (73e) pour Le Mans. Avertissements : Dogbé (88e) pour Saint-Étienne ; Pédemas (80e) pour Le Mans.
Saint-Étienne : Janot - Carteron (cap.), Oliveira, Hognon, Olesen - Sablé, Garcia, Hellebuyck (N'Dour, 74e), F. Mendy (Dogbé, 68e) - Chavériat (Guillou, 89e), Compan. Entr. : Antonetti.
Le Mans : Pédemas - Bolivard, Poulard (P. Corréia, 46e), Louiron, Arnaud (Celdran, 78e) - C. Thomas (Drouin, 58e), Hautcoeur, Aït-Ouarab - Randget, Bonnart (cap.), Pancrate. Entr. : Goudet.

GUEUGNON (L2) - Nancy (L2) : 3-2 a.p. (1-1 ; 2-2) (joué le vendredi 14 février). Spectateurs : 3 745. Arbitre : M. Lannoy. Buts : Théophile (37e s.p.), Tournut (90e+3 c.s.c.), Emeran (111e) pour Gueugnon ; Chabaud (6e), Hadji (48e) pour Nancy. Avertissements : Dussart (39e), Lempereur (45e+2), Vrielynck (61e), Mulak (115e), Moreno (117e) pour Gueugnon ; Zerka (20e), Lécluse (28e), Lambourde (37e), Tournut (42e), Oliseh (58e), Curbelo (107e) pour Nancy. Expulsions : Lambourde (44e), Ficher (44e, entr. adjoint) pour Nancy.
Gueugnon : Trivino - Fontenette, Dussart (Mulak, 53e), Gauthier - Emeran, Vrielynck (cap.), Ursule, Neumann - Maspimby (Moreno, 65e), Lempereur (Aubanel, 65e), Théophile. Entr. : Cartier.
Nancy : Sorin - Zerka, Lécluse, Lambourde, Tournut - Chrétien, Chabaud, Oliseh, Hadji (Sekour, 90e+2) - Rambo (Curbelo, 83e), Dufresne (cap.) (Moustaïd, 66e). Entr. : P. Correa.

QUARTS DE FINALE

(mardi 4 et mercredi 5 mars 2003) :

Saint-Étienne (L2) - MARSEILLE (L1) 0-2
SOCHAUX (L1) - Lille (L1) 1-0 (a.p.)
Gueugnon (L2) - MONACO (L1) 0-5
Nantes (L1) - METZ (L2) 0-2

En capitales, les quatre clubs qualifiés pour les demi-finales.

Saint-Étienne (L2) - MARSEILLE (L1) : 0-2 (0-1) (joué le mardi 4 mars). Spectateurs : 32 767. Arbitre : M. Garibian. Buts : Fernandao (32e), Sakho (50e).
Saint-Étienne : Janot - Carteron (cap.), Oliveira, Hognon, Olesen (Deguerville, 85e) - Sablé, Garcia (Hellebuyck, 56e) - Jau, Razak (Alex, 46e), Citony - Compan. Entr. : Antonetti.
Marseille : Runje - Meïté, Leboeuf (cap.), Ecker, Dos Santos - Van Buyten - Hemdani, Celestini - Fernandao (Johansen, 68e) - Bakayoko (Chapuis, 71e), Sakho (S. Pérez, 78e). Entr. : Perrin.

SOCHAUX (L1) - Lille (L1) : 1-0 a.p. (0-0). Spectateurs : 16 122. Arbitre : M. Poulat. But : Monsoreau (105e). Avertissements : Mathieu (43e), Saveljic (109e) pour Sochaux ; F. D'Amico (37e), Delpierre (45e), Bonnal (96e), Syl. N'Diaye (105e), Tafforeau (112e) pour Lille. Expulsion : Delpierre (79e) pour Lille.
Sochaux : Richert - Charvet (Tall, 44e), Flachez, Saveljic, Monsoreau - Trapasso (Frau, 57e), Pedretti (cap.) (Oruma, 84e), Lonfat, Mathieu - Pagis, Santos. Entr. : Guy Lacombe.
Lille : Wimbée (cap.) - Chalmé, Delpierre, Fahmi (Syl. N'Diaye, 90e+4), Baciu (Brunel, 75e), Tafforeau - Landrin, F. D'Amico, Be. Cheyrou - Moussilou (Bonnal, 68e), Sterjovski. Entr. : Puel.

Gueugnon (L2) - MONACO (L1) : 0-5 (0-2). Spectateurs : 7 736. Arbitre : M. Ledentu. Buts : El-Fakiri (13e), Squillaci (40e), Nonda (47e), Gallardo (74e), Lanteri (83e). Avertissements : Levrat (23e), Ursule (23e), Emeran (39e), Vrielynck (45e), Théophile (63e) pour Gueugnon ; Nonda (32e), Farnerud (34e) pour Monaco. Expulsions : Boucansaud (66e) pour Gueugnon ; Hislen (55e) pour Monaco.
Gueugnon : Trivino (cap.) - Boucansaud, Gauthier, Vrielynck (Neumann, 65e), N'Gambi - Levrat, Emeran, Ursule, Mulak (Sabin, 58e) - Lempereur (Aubanel, 58e), Théophile. Entr. : Cartier.
Monaco : Roma - El-Fakiri, Squillaci (Cubilier, 46e), J. Rodriguez, Givet - Carole, Hislen, Farnerud, Gallardo (cap.) (Lanteri, 75e) - Nonda (Juan, 60e), So. Camara. Entr. : Deschamps.

Nantes (L1) - METZ (L2) : 0-2 (0-0). Spectateurs : 26 258 Arbitre : M. Viléo. Buts : Adebayor (82e s.p., 87e). Avertissements : Berson (40e), Landreau (82e) pour Nantes ; S. Bah (58e), Toyes (77e) pour Metz.
Nantes : Landreau (cap.) - Delhommeau (Glombard, 87e), Yepes, Gillet (Toulalan, 71e) - F. Da Rocha, Savinaud, Berson, Armand - Quint - Vahirua (Makukula, 77e), Pujol. Entr. : Marcos.
Metz : Agassa - Marchal, Morisot, S. Borbiconi - Toyes, Leca, Proment (cap.), Bastien, S. Bah - Adebayor (Onyewu, 90e+3), Niang (Becas, 84e). Entr. : J. Fernandez.

DEMI-FINALES

(mardi 15 et mercredi 16 avril 2003) :
SOCHAUX (L1) - Metz (L2) 3-2 (a.p.)
Marseille (L1) - MONACO (L1) 0-1
En capitales, les deux clubs qualifiés pour la finale.

Le 15 avril 2003, à Sochaux (stade Bonal)
SOCHAUX (L1) - Metz (L2) : 3-2 a.p. (0-1 ; 2-2). Spectateurs : 19 331. Arbitre : M. Duhamel. Buts : Frau (47e, 69e), Monsoreau (99e) pour Sochaux ; Proment (26e), Niang (86e) pour Metz. Avertissements : Boudarène (85e), Saveljic (90e+2) pour Sochaux ; Frutos (37e), Adebayor (70e), Pouget (98e) pour Metz. Expulsion : Adebayor (76e) pour Metz.
Sochaux : Richert - Raschke, Flachez (J.-J. Domoraud, 46e), Saveljic, Monsoreau - Oruma (Boudarène, 82e), Pedretti (cap.), Lonfat (Isabey, 46e), Mathieu - Frau, Santos. Entr. : Guy Lacombe.
Metz : Butelle - Marchal, Morisot, S. Borbiconi, S. Bah (Becas, 72e), Signorino - Walter (Pouget, 82e), Proment (cap.), Frutos (Obraniak, 106e) - Niang, Adebayor. Entr. : J. Fernandez.

Le 16 avril 2003, à Marseille (Stade-Vélodrome)
Marseille (L1) - MONACO (L1) : 0-1 (0-0). Spectateurs : 43 949. Arbitre : M. Sars. But : Prso (48e). Avertissements : Olembe, Ecker (79e) pour Marseille ; Evra (19e), Rothen (74e), So. Camara (79e) pour Monaco.
Marseille : Runje - Van Buyten, Ecker, Méïté - Laurenti, Hemdani, Celestini (Olembe, 72e), Johansen, Dos Santos (cap.) - Chapuis (Sytchev, 76e), Bakayoko (Sakho, 65e). Entr. : Perrin.
Monaco : Roma - El-Fakiri, Squillaci, J. Rodriguez, Evra - Giuly (cap.), Marquez (Givet, 89e), Bernardi, Rothen (Cubilier, 90e+4) - Nonda, Prso (So. Camara, 65e). Entr. : Deschamps.

FINALE

Le 17 mai 2003, à Saint-Denis (Stade de France)
MONACO (L1) - Sochaux (L1) : 4-1 (0-0). Spectateurs : 78 000. Arbitre : M. Ledentu. Buts : Giuly (57e, 78e), Squillaci (61e), Prso (67e) pour Monaco ; Saveljic (88e s.p.) pour Sochaux. Avertissements : Marquez (62e), Gallardo (83e) pour Monaco ; Oruma (54e) pour Sochaux.
Monaco : Roma - El-Fakiri, Squillaci, J. Rodriguez (Givet, 82e), Evra - Giuly (cap.), Marquez, Bernardi, Rothen - Prso (Gallardo, 76e), Nonda (So. Camara, 78e). Entr. : Deschamps.
Sochaux : Richert - Raschke (Tall, 80e), Flachez, Saveljic, Monsoreau, Mathieu - Pedretti (cap.), Oruma (Lonfat, 76e) - Pagis - Frau, Santos (Isabey, 46e). Entr. : Guy Lacombe.

GAMBARDELLA 2002-03

En capitales, les clubs qualifiés pour le tour suivant.

PREMIER TOUR

(samedi 14 et dimanche 15 décembre 2002) :
Marly - SAINT-DIZIER 0-4
Bruz - LORIENT 1-7
MONDEVILLE - Cesson 4-0 (a.p.)
ÉVRON - Langueux 4-1 (a.p.)
Lattoise - VILLEFRANCHE 0-3 (a.p.)
Marseille Caillols - SÈTE 2-2 a.p. (2 t.a.b. à 3)
Besançon - US VÉNISSIEUX 0-3
Chasseneuil - BAYONNE 1-2
Firminy - CLERMONT-FOOT 3-6
LAMBERSART - Le Bourget 4-0
BOULOGNE - Sannois-Saint-Gratien 2-1
LUNERAY - Saint-Portelois 2-1
DIEPPE - Compiègne 2-1
CAMON - Vermelles 2-0
Arques - DUNKERQUE 3-7
QUEVILLY - Berck 6-1
CHANTILLY - Rouen 2-0
Haguenau - MAUBEUGE 0-1
Vandoeuvre - CHALONS 2-2 a.p. (1 t.a.b. à 3)
AMPM Metz - REIMS 1-3
Melun - BEHREN 0-3
AMNÉVILLE - Mulhouse 2-2 a.p. (4 t.a.b. à 3)
Montreuil - ARRAS 1-3
Rennes - SAINT-BRICE 0-0 a.p (2 t.a.b. à 4)
SAINT-BRIEUC - Conflans 2-2 a.p. (5 t.a.b. à 3)
SAINT-LÔ - Entente Montgeron 3-0
Montigny-le-Bretonneux - CHÂTEAUDUN 0-1
GRANVILLE - Château Gontier 1-1 a.p. (3 t.a.b. à 1)
ANNECY - Hyères 1-0
BOURGOIN JALLIEU - Vaulx-en-Velin 1-1 a. p. (5 t.a.b. à 4)
Cannet Roche - ISTRES 1-4
Manival - NICE CAVIGAL 2-2 a.p. (1 t.a.b. à 3)
Carcassonne - MONTÉLIMAR 0-0 a.p. (6 t.a.b. à 7)
TOULON - Porto Vecchio 2-1
Andrezieux - VESOUL 2-5
Eloyes - COURNON 2-6
VENISSIEUX-MINGUETTES - Cluses Scionzier 4-2
LE CREUSOT - Thiers 1-1 a.p. (3 t.a.b. à 1)
CHALON-SUR-SAÔNE - Bourg-Péronnas 1-0
TOULOUSE FONTAINES - Balma 1-1 a.p. (4 t.a.b. à 2)
ANGOULÊME - Saint-André 5-0
MONTMORILLON - Chauray 1-1 a.p. (5 t.a.b. à 4)
VILLEFRANCHE - Cognac 4-0
ANGLET-GENÊTS - Arlac-Mérignac 2-0
Auch - ONET-LE-CHÂTEAU 1-1 a.p. (7 t.a.b. à 8)
PLOUGASTEL - US Portugaise 2-0
Vertou - LA ROCHE-SUR-YON 2-2 a.p. (5 t.a.b. 6)
Saint-Nazaire - FONTAINEBLEAU 0-2
TVEC LES-SABLES-D'OLONNE - Aubervilliers 1-0
Levallois - PONTIVY GS 2-3
Plouzane - VANNES 1-5
Saint-Jean Braye - SEGRÉ 1-2
THIONVILLE - Red Star 4-2

DEUXIÈME TOUR

(samedi 12, samedi 25 et dimanche 26 janvier 2003) :
Luneray - AMIENS 0-2
LAMBERSART - Valenciennes 2-1
FC Dieppe - FC SAINT-BRICE 0-2
US BEHREN - Reims 3-2
Saint-Brieuc - LORIENT 0-1 (a.p.)
Segré - TVEC LES-SABLES-D'OLONNE 0-2
Toulouse Fontaines - NIORT 1-2
Onet-le-Château - LIMOGES 0-2
Anglet-Genets - TOULOUSE FC 0-1
LIBOURNE-SAINT-SEURIN - Pau 2-1
Croisés Bayonne - MÉRIGNAC 0-1 (a.p.)
Angoulême - CHÂTEAUROUX 0-3
Bastia EF - ISTRES 0-1
Aubagne - VALENCE ASOA 0-1
Evron - LE MANS 2-5
GRENOBLE FOOT - Nîmes - 2-0
CHÂTEAUDUN - La Roche-sur-Yon 0-0 a.p. (8 t.a.b. à 7)
Quevilly - DUNKERQUE 1-1 a.p. (2 t.a.b. à 3)
Wasquehal - CAEN 1-4
CAMON - Pacy Vallée 1-1 a.p. (5 t.a.b. à 4)
SAINT-LÔ - Boulogne 2-0
BRÉTIGNY - Mondeville 2-0
JARVILLE - Metz 1-1 a.p. (5 t.a.b. à 4)
FONTAINEBLEAU - Thionville 3-3 a.p. (6 t.a.b. à 5)
CHANTILLY - Créteil 2-1
ARRAS - Amnéville 2-1
Saint-Dizier - AVION 2-3
Racing CP - BEAUVAIS 1-2
Châlons-en-Champagne - MAUBEUGE 0-3
LAVAL - Brest 3-0
Portugais Joué-lès-Tours - PONTIVY GS 0-8
Angers - TOURS 1-2
GRANVILLE - Vannes OC 2-1
Louhans-Cuiseaux - GUEUGNON 0-2
CLERMONT-FOOT - Dijon 2-1
Le Creusot - COURNON 0-2
Bourgoin-Jallieu - NANCY 1-7
Villefranche - AS SAINT-ÉTIENNE 0-4
VENISSIEUX MINGUETTES - Le Puy USF 4-3
Chalon-sur-Saône - VESOUL 0-0 a.p. (6 t.a.b. à 7)
Montmorillon - VILLEFRANCHE 1-3
ANNECY - Toulon 2-0
Vénissieux US - CANNES 0-6
NICE CAVIGAL - Montélimar 4-0
MARTIGUES - Sète 4-0

TRENTE-DEUXIÈMES DE FINALE

(samedi 15 et dimanche 16 février 2003) :
PARIS-SG - Le Mans 2-2 a.p. (5 t.a.b. à 4)
Jarville - AUXERRE 0-5
Châteaudun - LAVAL 1-3
Cournon - GRENOBLE 1-2
Villefranche - BASTIA 1-6
DUNKERQUE - Chantilly 1-1 a.p. (4 t.a.b. à 3)
Camon - LILLE 0-1
LE HAVRE - Caen 3-1 (a.p.)
Avion - TOURS 0-1
ARRAS - Sedan 1-0
Beauvais - LENS 1-2
Lambersart - AMIENS 0-7
NIORT - Châteauroux 2-1
Les Sables - RENNES 0-7
Mérignac - LORIENT 0-1
Saint-Lô - LIBOURNE-SAINT-SEURIN 3-5
LIMOGES - Nantes 2-0
Granville - GUINGAMP 1-2
Pontivy GS - BORDEAUX 0-2
Martigues - VALENCE 1-1 a.p. (4 t.a.b. à 5)
NICE CAVIGAL - Vénissieux-Minguettes 3-2
Marseille - MONTPELLIER 0-3 (a.p.)
Monaco - TOULOUSE 1-2 (a.p.)
Annecy - CANNES 0-1
NICE - Istres 2-2 a.p. (4 t.a.b. à 2)
Clermont Foot - STRASBOURG 0-3 (a.p.)
Fontainebleau - NANCY 0-4
Gueugnon - LYON 0-1
Maubeuge - BRÉTIGNY 0-5
SAINT-BRICE - Vesoul 2-2 a.p. (4 t.a.b. à 2)
Troyes - SAINT-ÉTIENNE 3-3 a.p. (4 t.a.b. à 5)
US Behren - SOCHAUX 2-2 a.p. (1 t.a.b. à 3)

SEIZIÈMES DE FINALE

(dimanche 16 mars 2003) :
Arras - SAINT-ÉTIENNE 0-5
Dunkerque - STRASBOURG 2-6
SOCHAUX - Auxerre 2-0
Lens - LILLE 0-1
AMIENS - Nancy 1-1 a.p. (5 t.a.b. à 4)
Libourne-Saint-Seurin - MONTPELLIER 0-3
Cannes - ASOA VALENCE 2-2 a.p. (1 t.a.b. à 4)
Bastia - LYON 1-1 a.p. (4 t.a.b. à 5)
NICE CAVIGAL - Nice 3-3 a.p. (4 t.a.b. à 3)
TOULOUSE FC - Grenoble 2-0
TOURS - Bordeaux 1-1 a.p. (5 t.a.b. à 4)
LIMOGES - Lorient 1-1a.p. (5 t.a.b. à 4)
LAVAL - Paris-SG 2-1 (a.p.)
Brétigny - LE HAVRE 0-2
FC Saint-Brice - NIORT 3-4
Guingamp - RENNES 0-4 (a.p.)

HUITIÈMES DE FINALE

(mercredi 2, samedi 5 et dimanche 6 avril 2003) :
LAVAL - Lille 1-1 a.p. (4 t.a.b. à 2)
Valence - TOULOUSE 1-3
Le Havre - STRASBOURG 0-0 a.p. (2 t.a.b. à 4)
TOURS - Amiens 2-0
RENNES - Niort 2-0
Nice Cavigal - LIMOGES 1-3
LYON - Montpellier 3-1
Sochaux - SAINT-ETIENNE 0-1

QUARTS DE FINALE

(mercredi 23 avril 2003) :
Tours - RENNES 0-2
Laval - STRASBOURG 1-5
Toulouse - SAINT-ÉTIENNE 1-2
Limoges - LYON 1-3

DEMI-FINALES

Le 8 mai 2003, à Montaigu
STRASBOURG - Saint-Étienne : 3-1 (1-0). Spectateurs : 1 500. Arbitre : M. Butault. Buts : Mouloungui (7e, 54e, 90e+3) pour Strasbourg ; Luissint (47e) pour Saint-Étienne. Avertissements : Mouloungui (41e), Halet (52e) pour Strasbourg ; Kamara (70e) pour Saint-Étienne.
Strasbourg : Sennaoui - Halet, Bellaïd, P. Sow, Vergerolle - Imbs (N'Sangu, 75e), Savane (Batomenila, 32e), Sylvestre (Krebs, 90e+1), Ulm - T. N'Diaye, Mouloungui. Entr. : Canosi.
Saint-Étienne : Guillaud - Barthélémy, Medjani, Folly, Kamara - Perrin (Dabo, 63e), Ech-Chergui (Alidor, 86e), Luissint, Gomis - Vincent, Houri. Entr. : Primard.

Le 8 mai 2003, à Montaigu
RENNES - Lyon : 3-1 (1-1). Spectateurs : 1 500. Arbitre : M. Blanchais. Buts : Letoux (22e), M'Vuemba (63e s.p., 90e + 3) pour Rennes ; Perrin (13e) pour Lyon.
Rennes : Chaigneau - Le Toux, Sorin, Dugaz, Benchenaa - M'Vuemba, Bru (Ramare, 90e), Sy. Macé (Barru, 86e), Briand - Gourcuff (Stanger, 88e), N'Guéma. Entr. : Chauvin.
Lyon : Caballero - Damiani (Chapdaniel, 68e), Youga, Besson, Berthod - Théveniaux, Yves (Hima, 74e), J. Clément, Perrin - D. Touré, Jacnot (Idangar, 46e). Entr. : Paillot.

FINALE

Le 31 mai 2003, à Saint-Denis (Stade de France)
RENNES - Strasbourg : 4-1 (4-1). Arbitre : M. Esneu. Buts : Gourcuff (18e), N'Guéma (36e, 41e), Briand (43e) pour Rennes ; Mouloungui (44e) pour Strasbourg. Avertissement : Vergerolle (58e) pour Strasbourg.
Rennes : Chaigneau (cap.) - G. Bourillon, Faty, Dugaz - Letoux, Bru, M'Wemba, Sy. Macé (Sorin, 84e) - Gourcuff (Benchenaa, 77e) - N'Guéma (Stanger, 87e), Briand. Entr. : Chauvin.
Strasbourg : Sennaoui - Halet, P. Sow, Bellaïd, Vergerolle - Sylvestre (Bouziane, 85e), Ulm (cap.) - N'Sangu (Imbs, 52e), Krebs (Batomenila, 61e), Mouloungui - T. N'Diaye. Entr. : Canosi.

CHAMPIONNAT DE FRANCE

LIGUE 1 2002-2003	Ajaccio	Auxerre	Bastia	Bordeaux	Guingamp	Le Havre	Lens	Lille	Lyon	Marseille	Monaco	Montpellier	Nantes	Nice	Paris-SG	Rennes	Sedan	Sochaux	Strasbourg	Troyes
Ajaccio		1-0	1-1	1-6	0-2*	1-2	0-0	2-2	0-1	0-2	2-4	0-0	1-0	2-0	0-0	1-0	1-0*	0-1	0-0	1-0
Auxerre	1-0		1-0	1-0	2-1	1-0	0-0	0-0	1-2	0-0	1-1	2-0	0-1	0-2	2-0	1-0	3-1	2-0	0-0	1-0
Bastia	1-2	2-0		2-1	0-2	3-1	1-1	1-0	2-0	2-0	1-0	1-2	3-1	1-1	1-0	3-1	0-1	2-2	1-1	1-1
Bordeaux	1-0	0-1	0-2		4-2	2-0	1-0	2-0	0-1	3-1	2-2	3-1	0-0	4-0	0-0	2-0	2-2	2-0	1-2	1-0
Guingamp	3-1	0-2	3-0	0-0		1-2	1-0	1-0	3-3	0-0	3-1	3-1	2-0	0-0	3-2	3-0	0-1	2-0	2-3	2-0
Le Havre	0-1	0-1	2-0	1-0	1-2		1-3	0-0	1-2	1-3	0-3	1-0	1-1	2-1	0-1	0-1	2-1	1-0	1-1	1-0
Lens	1-1	3-1	2-0	3-3	1-3	1-0		0-0	2-2	0-1	1-0	4-0	0-1	0-0	3-2	1-0	4-0	1-1	1-1	1-0
Lille	2-0	2-2	1-1	0-3	2-1	1-0	0-2		2-1	3-0	1-3	2-0	0-1	0-3	2-1	1-0	0-0	1-0	0-1	0-0
Lyon	3-1	3-0	4-1	4-2	1-4	2-1	1-0	0-0		1-0	1-3	1-1	0-0	2-2	1-0	4-1	6-1	4-1	2-1	0-0
Marseille	3-1	0-0	2-1	2-1	0-2	2-0	1-0	2-0	1-1		1-1	2-0	0-2**	2-0	0-3	2-0	4-2	1-0	1-0	0-0
Monaco	3-2	3-1	0-0	0-1	4-0	1-1	1-1	1-1	2-0	0-1		3-1	2-1	0-1	3-1	2-1	3-0	1-0	2-0	6-0
Montpellier	0-1	0-0	2-2	0-1	2-0	0-0	0-2	1-0	1-1	1-2	1-2		1-0	2-2	1-1	1-0	2-0	0-2	2-1	2-2
Nantes	1-0	1-4	1-0	0-0	0-4	2-0	2-2	1-0	1-0	1-0	0-2	3-1		0-0	1-1	1-0	4-1	0-1	4-1	2-1
Nice	3-0	1-0	2-0	1-1	1-0	1-2	0-0	2-0	0-1	2-0	1-0	2-1	1-1		0-0	0-0	0-0	2-2	4-0	1-0
Paris-SG	2-2	1-0	1-1	1-1	5-0	1-0	0-1	1-0	2-0	3-0	2-1	1-3	0-1	1-1		0-0	2-0	1-1	3-0	4-2
Rennes	0-0	0-0	0-1	3-4	2-1	0-0	1-1	5-1	0-1	1-3	0-0	3-1	1-0	2-2	1-0		1-0	2-2	2-3	0-0
Sedan	1-1	1-2	2-2	0-1	2-0	4-0	0-1	0-1	1-1	1-2	2-2	1-2	1-0	3-0	3-1	1-3		0-0	2-1	4-0
Sochaux	1-1	1-1	2-0	2-0	0-0	1-0	3-0	2-2	2-1	3-0	0-0	0-0	4-2	1-0	0-0	1-0	2-1		2-0	1-0
Strasbourg	1-1	1-2	2-0	1-1	3-1	1-1	2-0	2-2	0-4	0-0	1-0	3-2	2-0	0-0	0-1	1-3	1-1	1-3		2-1
Troyes	1-0	1-2	3-0	0-1	0-2	1-1	0-0	2-0	1-1	0-0	0-4	0-2	2-0	1-0	1-2	0-1	2-0	0-2	1-0	

* à Bastia ; ** à Lyon.

Classement		Total							Domicile						Extérieur					
	Pts	J.	G.	N.	P.	p.	c.	Diff.	J.	G.	N.	P.	p.	c.	J.	G.	N.	P.	p.	c.
1. Lyon	68	38	19	11	8	63	41	+ 22	19	12	5	2	40	19	19	7	6	6	23	22
2. Monaco	67	38	19	10	9	66	33	+ 33	19	12	4	3	37	13	19	7	6	6	29	20
3. Marseille	65	38	19	8	11	41	36	+ 15	19	12	4	3	26	14	19	7	4	8	15	22
4. Bordeaux	64	38	18	10	10	57	36	+ 21	19	11	4	4	30	14	19	7	6	6	27	22
5. Sochaux	64	38	17	13	8	46	31	+ 15	19	12	7	0	28	8	19	5	6	8	18	23
6. Auxerre	64	38	18	10	10	38	29	+ 9	19	11	5	3	19	8	19	7	5	7	19	21
7. Guingamp	62	38	19	5	14	59	46	+ 13	19	11	4	4	32	10	19	8	1	10	27	30
8. Lens	57	38	14	15	9	43	31	+ 12	19	9	7	3	29	16	19	5	8	6	14	15
9. Nantes	56	38	16	8	14	37	39	+ 2	19	11	4	4	25	18	19	3	4	10	12	21
10. Nice	55	38	13	16	9	39	31	+ 8	19	10	7	2	24	8	19	3	9	7	15	23
11. Paris-SG	54	38	14	12	12	47	36	11	19	10	6	3	31	14	19	4	6	9	16	22
12. Bastia	47	38	12	11	15	40	48	8	19	10	5	4	28	17	19	2	6	11	12	31
13. Strasbourg	45	38	11	12	15	40	54	14	19	7	7	5	24	23	19	4	5	10	16	31
14. Lille	42	38	10	12	16	29	44	15	19	9	4	6	20	19	19	1	8	10	9	25
15. Rennes	40	38	10	10	18	35	45	10	19	6	8	6	24	20	19	4	2	13	11	26
16. Montpellier	40	38	10	10	18	37	54	17	19	6	7	6	19	19	19	4	3	12	18	35
17. Ajaccio	39	38	9	12	17	29	49	20	19	6	6	7	14	21	19	3	6	10	15	28
18. Le Havre	38	38	10	8	20	27	47	20	19	7	3	9	16	21	19	3	5	11	11	26
19. Sedan	36	38	9	9	20	41	59	18	19	7	5	7	29	20	19	2	4	13	12	39
20. Troyes	31	38	7	10	21	23	48	25	19	7	4	8	16	18	19	0	6	13	7	30

BUTEURS LIGUE 1

1. Nonda (Monaco), 26
2. Pauleta (Bordeaux), 23
3. Drogba (Guingamp), 17
4. D. Cissé (Auxerre), 14
H. Camara (Sedan), 14
6. Juninho (Lyon), 13
7. Sibierki (Lens), 12
Anderson (Lyon), 12
Prso (Monaco), 12
K. Diawara (Nice), 12
11. Darcheville (Bordeaux), Luyindula (Lyon), Giuly (Monaco), 11.
14. Maurice (Bastia), Carnot et Malouda (Guingamp), Piquionne (Rennes), 10.
18. Moreira (Lens), Frau et Pagis (Sochaux), Ljuboja (Strasbourg), 9.
22. Laslandes (Bastia), Utaka (Lens), Bakayoko et Van Buyten (Marseille), Aloisio et Ronaldinho (Paris-SG), Santos (Sochaux), Martins (Strasbourg), 8.
30. Benjani (Auxerre), Savio (Bordeaux), Mantchev (Lille), Govou (Lyon), Vahirua (Nantes), Cardetti (Paris-SG), 7.
36. B. Rodriguez (Ajaccio), Kapo (Auxerre), Essien (Bastia), Le Roux (Guingamp), Fauconnier (Le Havre), Carrière (Lyon), Mezague (Montpellier), Gillet (Nantes), Everson (Nice), Monterrubio (Rennes), Asuar et Noro (Sedan), Goussé (Troyes), 6.
49. Gr. Lacombe (Ajaccio), F. Silvestre (Montpellier, 3 ; Bastia, 2), Eloi (Guingamp), Sinama-Pongolle (Le Havre), Landrin et Sterjovski (Lille), Sakho (Marseille), Cherrad (Nice), J. Leroy (Paris-SG), Arribagé (Rennes), Liri (Sedan), 5.
60. Lachuer (Auxerre), Batlles (Bastia), Feindouno (Bordeaux), Bardon (Guingamp), Vairelles (Lyon, 2 ; Lens, 2), Chapuis (Marseille), So. Camara et Rothen (Monaco), Bamogo, Barbosa et Mansaré (Montpellier), Moldovan et Pujol (Nantes), Paulo César (Paris-SG), Mathieu (Sochaux), Saïfi (Troyes), 4.
76. Ben Saada (Bastia), Ciechelski et Lesage (Le Havre), Bouba Diop et Song (Lens), Brunel, Delpierre et Tapia (Lille), Fernandao et Sytchev (Marseille), Gueï et B. Robert (Montpellier), Mionnet (Sedan, 1 ; Nice, 2), Fiorèse (Paris-SG), Delaye et Maoulida (Rennes), P. N'Diefi (Sedan), Oruma et Pedretti (Sochaux), Bassila, Laurent et Le Pen (Strasbourg), Niang (Troyes), 3.
99. Alicarte, Bezzaz, Diomède, Faderne et Seck (Ajaccio), A. Faye (Auxerre), Ahamada et Gourvennec (Bastia), Eduardo Costa, Jemmali et Smertine (Bordeaux), Saci (Guingamp), Chimbonda, Hénin, Le Tallec et Martot (Le Havre), D. Bakari, Keita (Lens), Caçapa et Dhorasoo (Lyon), Johansen et Leboeuf (Marseille), Squillaci (Monaco), Carotti, Doumeng et Rouvière (Montpellier), Berson, W. Dalmat, F. Da Rocha, Savinaud, Yepes et S. Ziani (Nantes), Bigné, Cobos, Olufadé et Roy (Nice), Heinze, Pédron et Pochettino (Paris-SG), Mo. N'Diaye (Sedan), Monsoreau et Saveljic (Sochaux), Bagayoko, Bertin, Ehret et Ismaël (Strasbourg), F. Adam, Benachour et Nivet (Troyes), 2… etc.

LIGUE 2 2002-2003	Amiens	Beauvais	Caen	Châteauroux	Clermont	Créteil	Grenoble	Gueugnon	Istres	Laval	Le Mans	Lorient	Metz	Nancy	Niort	Reims	Saint-Étienne	Toulouse	Valence	Wasquehal
Amiens		2-0	1-0	0-2	1-0	2-0	1-1	0-0	1-1	1-0	0-1	0-2	1-0	0-0	1-0	0-1	1-0	3-1	3-0	1-2
Beauvais	1-1		1-2	0-1	1-0	0-0	0-1	1-0	2-0	1-2	0-2	0-1	1-2	1-1	0-2	1-0	3-0	0-0	0-0	0-0
Caen	2-0	0-0		4-1	1-1	2-2	0-0	3-0	1-0	0-0	1-1	0-0	1-0	2-0	0-1	1-1	0-0	0-2	3-1	2-1
Châteauroux	1-1	1-0	2-1		1-0	2-0	0-0	2-1	1-0	0-2	1-3	3-1	0-0	1-0	4-0	3-1	1-1	0-0	1-1	2-2
Clermont	1-1	1-0	2-3	1-3		1-2	2-0	0-0	0-0	3-0	1-0	2-1	2-1	3-1	1-1	3-2	1-0	0-1	1-0	1-0
Créteil	1-1	1-0	1-1	0-2	0-1		0-0	2-2	6-0	1-1	2-2	3-1	1-1	2-0	0-0	1-1	0-0	2-2	0-1	2-1
Grenoble	0-0	0-2	2-2	0-0	6-1	3-0		2-0	6-0	0-1	0-0	0-0	0-0	0-1	1-0	4-1	1-0	1-1	1-2	3-0
Gueugnon	1-1	2-0	1-1	2-2	2-0	2-2	1-0		1-1	2-1	0-1	1-0	0-2	2-2	1-0	2-2	0-2	0-1	2-0	0-2
Istres	2-0	0-0	0-4	0-2	1-1	1-0	3-1	1-0		3-1	1-0	1-1	1-1	2-0	1-3	0-0	0-0	0-4	2-2	3-0
Laval	1-0	2-0	3-2	1-0	1-3	1-0	1-1	2-0	3-1		1-1	0-1	1-1	0-1	2-1	1-0	1-0	1-1	1-2	1-0
Le Mans	1-1	1-0	2-0	1-0	3-0	2-1	1-0	3-1	1-0	1-1		0-1	1-0	3-0	1-0	1-1	2-2	2-1	2-0	0-0
Lorient	1-0	3-0	2-0	2-0	0-0	0-0	0-2	0-1	1-0	2-1	3-4		2-0	1-0	1-0	3-0	1-1	1-0	1-0	0-0
Metz	1-0	1-0	4-0	2-0	2-1	1-0	1-0	4-0	4-1	2-1	4-0	2-1		4-0	2-1	0-0	1-1	0-0	1-2	2-0
Nancy	1-0	0-2	0-0	1-0	1-0	2-3	1-1	1-1	0-2	2-1	2-2	0-0	1-2		0-0	2-1	1-0	3-2	2-2	0-0
Niort	2-0	0-1	1-1	4-0	3-2	1-0	1-0	0-3	1-3	2-1	1-1	1-1	2-0	3-2		0-0	3-0	2-0	2-2	1-1
Reims	1-1	0-0	1-2	0-1	0-1	0-0	0-1	1-1	2-2	3-2	1-2	1-3	0-2	1-0	1-1		1-0	0-1	2-0	4-1
Saint-Étienne	4-1	1-0	2-1	0-0	3-1	1-1	2-1	0-3	3-0	1-0	0-0	1-1	1-1	0-1	2-0	0-0		1-0	2-0	2-0
Toulouse	1-2	2-0	2-0	1-0	2-1	0-0	2-0	0-1	1-0	2-1	2-0	3-1	3-0	0-0	4-1	2-0	1-0		3-1	1-0
Valence	0-1	0-0	0-0	4-0	4-1	2-1	1-0	0-1	0-0	1-0	2-2	1-1	3-1	2-0	2-2	0-0	0-0	0-1		0-1
Wasquehal	0-0	0-2	2-2	0-0	2-0	2-3	1-1	0-0	0-0	0-1	2-1	1-2	0-0	1-1	1-1	1-1	1-1	0-0	1-0	

Classement		Total							Domicile						Extérieur					
	Pts	J.	G.	N.	P.	p.	c.	Diff.	J.	G.	N.	P.	p.	c.	J.	G.	N.	P.	p.	c.
1. Toulouse	72	38	21	9	8	50	24	+ 26	19	15	2	2	32	8	19	6	7	6	18	16
2. Le Mans	68	38	18	14	6	49	33	+ 16	19	13	5	1	28	9	19	5	9	5	21	24
3. Metz	67	38	19	10	9	52	29	+ 23	19	15	3	1	38	8	19	4	7	8	14	21
4. Lorient	65	38	18	11	9	43	29	+ 14	19	12	4	3	24	9	19	6	7	6	19	20
5. Châteauroux	60	38	16	12	10	40	35	+ 5	19	10	8	1	26	12	19	6	4	9	14	23
6. Niort	53	38	14	11	13	44	40	+ 4	19	10	6	3	30	16	19	4	5	10	14	24
7. Caen	52	38	12	16	10	45	40	+ 5	19	8	9	2	23	11	19	4	7	8	22	29
8. Laval	52	38	15	7	16	41	42	1	19	11	4	4	24	15	19	4	3	12	17	27
9. Saint-Étienne	51	38	12	15	11	34	30	4	19	11	6	2	26	11	19	1	9	9	8	19
10. Amiens	49	38	12	13	13	30	33	3	19	10	4	5	19	11	19	2	9	8	11	22
11. Gueugnon	49	38	12	13	13	35	42	7	19	7	7	5	22	20	19	5	6	8	13	22
12. Grenoble	47	38	11	14	13	39	29	+ 10	19	8	7	4	29	11	19	3	7	9	10	18
13. Valence	46	38	11	13	14	38	42	4	19	7	8	4	22	12	19	4	5	10	16	30
14. Clermont	46	38	13	7	18	39	51	12	19	11	3	5	26	17	19	2	4	13	13	34
15. Nancy	43	38	10	13	15	30	47	17	19	7	8	4	20	19	19	3	5	11	10	28
16. Istres	43	38	10	13	15	32	53	21	19	8	7	4	20	20	19	2	6	11	12	33
17. Créteil	42	38	8	18	12	39	42	3	19	5	11	3	24	17	19	3	7	9	15	25
18. Beauvais	37	38	9	10	19	20	32	12	19	5	6	8	13	15	19	4	4	11	7	17
19. Wasquehal	36	38	6	18	14	26	39	13	19	3	12	4	15	16	19	3	6	10	11	23
20. Reims	35	38	6	17	15	31	45	14	19	5	7	7	19	20	19	1	10	8	12	25

BUTEURS LIGUE 2

1. Fauré (Toulouse), 20 buts.
2. Deschamps (Châteauroux), Cousin (Le Mans), 15.
4. Adebayor (Metz), 13.
5. Malm (Grenoble), Kroupi (Lorient), Liabeuf (Reims), 12.
8. Mazure (Caen), Moreira (Valence), 10. Rojas (Grenoble), Mauricio (Laval), Loko (Lorient), 10.
13. Sarr (Caen), Bugnet (Châteauroux), Deniaud (Clermont), Lempereur (Gueugnon), Rémy (Istres), Fanchone (Le Mans), Dufresne (Nancy), Tchomogo (Valence), 9.
21. Diallo et Rivière (Amiens), Buengo (Créteil), Custovic (Laval), Carteron et Compan (Saint-Étienne), Braizat (Toulouse), 8.
28. Darbelet et Gagnier (Niort), Desgeorges (Wasquehal), 7.
31. Bouden (Beauvais), Di Rocco (Caen), Boulanger et Samson (Clermont), Dallet (Créteil), Hebbar (Istres), Coulibaly (Laval), Celdran (Le Mans), Borbiconi et Proment (Metz), Alex (Saint-Étienne), Giresse (Toulouse), Fidani (Wasquehal), 6.
44. Denquin (Clermont), Libbra (Créteil), François (Grenoble), Mulak (Gueugnon), Ba (Laval), Peyrelade (Le Mans), Jager et Niang (Metz), Hadji (Nancy), Calce (Valence), 5.
54. Thil (Beauvais), Deroin (Caen), Roudet (Châteauroux), Amirèche et Vega (Créteil), Sabin et Théophile (Gueugnon), Guel et Robson (Lorient), Bastien (Metz), Barro, Biakolo, Garny et Michel (Niort), D. François et Haddadou (Reims), Fayolle (Valence), Dernis (Wasquehal), 4.
72. Abriel, Oulmers et Satorra (Amiens), De Freitas et Poueys (Beauvais), Hébert et Watier (Caen), Dossevi (Châteauroux), Tabet (Clermont), Esteves (Créteil), Aubanel (Gueugnon), Berenguer (Istres), Devineau (Laval), Pancrate et Rangdet (Le Mans), Bah et Frutos (Metz), Chabaud (Nancy), Azzopardi (Niort), Tchami (Reims), Hognon (Saint-Étienne), Emana et N'Doye (Toulouse), Carmona (Valence), Bakari (Wasquehal), 3.
97. Abalo (Amiens), Bodmer et Diarra (Caen), Dujeux et Ferreira (Châteauroux), Gallon, Kamata et Verschave (Clermont), Kossonogov et Mamouni (Créteil), David, Dissa et P. N'Diaye (Grenoble), Mezriche (Gueugnon), Bochu, Gravelaine, Ragued et Zitelli (Istres), Bourillon, Le Frapper et Mussard (Laval), Bonnart (Le Mans), Bedrossian, Bouzin, Eveno et Martini (Lorient), Pouget (Metz), Curbelo et Zoko (Nancy), O. Bangoura, Facciuto et Mary (Niort), Laquait (Reims), Citony, Hellebuyck et Razak (Saint-Étienne), Avezac et Bancarel (Toulouse), Fayard et Stinat (Valence), Chalier (Wasquehal), 2.
138. T. Moreau et N'Dumbu (Amiens), Cordonnier, Delonglée, Girard et Mareval (Beauvais), A. Clément, Lesoimier, Seube et Zanotti (Caen), Béhi, L. Clément, Dalmat et Sidibé (Châteauroux), Caillet, Castets, Mahouvé et Poinçon (Clermont), Bouger, Frapolli, G. Norbert, Primorac et Tavares (Créteil), Abdessadki, Aristouy, Debrosse, Hatchi et Jbari (Grenoble), Emeran, Gauthier, Levrat, Maspimby, Moreno et Neumann (Gueugnon), Chaussidière, Courtois, Dumolin, Kehiha, Maurel et Seghiri (Istres), Ben Askar, Bernardet et Cazarelly (Laval), Bridonneau, P. Correïa, Drouin, G. Louiron et F. Thomas (Le Mans), Bouard, Chabert, Diop, Esceth-N'Zi et Gauvin (Lorient), D'Amico, Hassli, Marchal et Walter (Metz), D. Camara, Chrétien, Fouret, Lambourde, Lécluse, P. Moreau, Nicaise et Rambo (Nancy), Ducloux, Queiros et Safanjon (Niort), Billong, Frétard, Gondouin, Laurent, Pickeu et Verschave (Reims), Chaveriat et Garcia (Saint-Étienne), Didot, Dieuze, Hamama, Prunier et Taïder (Toulouse), Da Rocha et Fabra (Valence), Benon, Hiroux et Mohad (Wasquehal), 1.

NATIONAL 2002-2003	Alès	Angers	Angoulême	Beaucaire	Besançon	Brest	Cannes	Cherbourg	Dijon	La Roche-sur-Yon	Louhans-Cuis.	Martigues	Nîmes	Pau	Romorantin	Rouen	Sète	Trélissac	Valenciennes	Viry-Châtillon
Alès		2-2	1-2	3-3	1-1	1-0	2-0	1-2	2-3	1-0	2-1	0-1	1-0	2-2	3-0	1-1	1-0	3-2	1-2	1-0
Angers	0-0		0-0	1-0	1-1	3-0*	2-0	2-1	2-0	1-0	1-1	1-0	2-3	2-0	0-0	3-1	1-3	1-1	1-1	1-0
Angoulême	1-1	0-0		4-0	0-2	2-2	1-2	0-2	1-1	2-1	0-2	0-0	0-1	2-0	2-0	2-0	2-2	1-0	2-4	2-0
Beaucaire	0-2	0-0	1-0		0-1	1-2	1-3	1-2	1-2	0-3	1-2	0-2	0-2	1-2	1-1	1-3	2-1	1-0	1-2	0-0
Besançon	1-0	2-0	0-0	1-0		0-1	2-0	1-1	1-1	1-1	2-2	2-1	2-0	1-1	2-1	3-1	2-2	3-0	2-0	0-1
Brest	2-1	0-0	1-4	3-0	2-3		1-2	1-1	3-2	3-0	2-0	2-1	2-0	6-1	1-0	1-2	0-2	0-0	3-1	0-0
Cannes	2-1	1-0	2-0	4-0	0-2	2-1		4-0	1-3	0-0	0-1	0-1	2-0	2-2	0-1	3-3	3-1	0-0	4-2	3-0
Cherbourg	1-1	0-0	1-1	0-0	1-1	1-0	0-0		0-1	1-0	0-1	0-1	0-0	1-1	1-1	2-0	0-0	3-3	4-2	2-1
Dijon	2-0	1-2	3-1	1-1	3-1	2-1	2-2	2-1		2-2	2-0	2-0	2-2	2-2	1-2	2-1	1-2	3-1	1-1	1-1
La Roche-sur-Yon	0-0	0-0	1-2	2-2	1-2	4-2	1-1	0-2	0-2		0-1	0-1	1-0	0-1	1-2	0-1	0-1	2-1	0-2	2-0
Louhans-Cuiseaux	1-0	1-0	3-1	3-0	2-1	0-2	0-1	1-0	3-1	0-3		1-2	2-2	2-1	1-1	1-1	1-1	0-1	0-0	1-1
Martigues	3-1	0-1	3-0	4-1	0-0	0-0	0-1	2-1	0-1	1-0	2-0		3-1	0-0	1-0	0-0	1-2	1-2	1-0	0-0
Nîmes	1-0	0-1	1-2	2-1	0-2	1-1	2-0	2-0	4-2	1-0	2-2	0-1		0-0	1-3	2-0	2-1	2-2	0-1	4-0
Pau	0-0	0-0	1-1	1-1	1-0	2-1	1-1	1-1	2-0	1-0	0-2	1-1	4-2		2-2	2-0	1-2	2-2	4-1	1-1
Romorantin	1-1	0-1	0-0	2-0	0-0	0-0	3-1	0-1	3-4	1-2	1-0	3-3	1-0	0-3		0-1	0-0	1-1	2-1	2-0
Rouen	0-0	0-2	1-0	4-1	4-2	2-1	2-2	3-1	2-1	3-0	1-1	1-0	2-2	2-1	1-1		1-0	1-1	1-0	2-0
Sète	0-1	0-0	0-1	3-1	0-0	1-4	5-1	5-0	2-2	2-0	0-4	0-1	0-0	1-1	1-1			1-3	1-1	3-2
Trélissac	3-1	2-2	1-1	2-1	0-5	1-0	1-1	0-0	0-3	2-2	3-2	0-0	1-2	2-1	1-2	0-0	1-1		1-1	3-4
Valenciennes	0-1	1-1	2-0	0-0	3-1	1-1	0-0	2-0	4-1	1-0	2-2	1-1	4-1	1-0	1-0	0-0	2-0	2-1		1-1
Viry-Châtillon	1-1	0-0	2-2	4-1	1-2	0-0	3-1	0-1	2-2	2-2	1-1	1-0	1-1	2-1	0-1	0-0	1-3	1-0	2-1	

* Tapis vert.

Classement		Total							Domicile						Extérieur					
	Pts	J.	G.	N.	P.	p.	c.	Diff.	J.	G.	N.	P.	p.	c.	J.	G.	N.	P.	p.	c.
1. Besançon	67	38	18	13	7	55	33	+ 22	19	10	7	2	28	13	19	8	6	5	27	20
2. Angers	65	38	16	17	5	39	22	+ 17	19	10	7	2	26	12	19	6	10	3	13	10
3. Rouen	64	38	17	13	8	50	40	+ 10	19	12	6	1	33	16	19	5	7	7	17	24
4. Dijon	61	38	17	10	11	65	59	+ 6	19	9	7	3	35	23	19	8	3	8	30	36
5. Martigues	61	38	17	10	11	40	26	+ 14	19	9	5	5	20	11	19	8	5	6	20	15
6. Valenciennes	58	38	15	13	10	51	42	+ 9	19	10	8	1	28	11	19	5	5	9	23	31
7. Cannes	56	38	15	11	12	53	44	+ 9	19	9	4	6	31	19	19	6	7	6	22	25
8. Louhans-Cuiseaux	54	38	14	12	12	43	43	0	19	8	6	5	22	19	19	6	6	7	21	24
9. Sète	51	38	12	15	11	50	44	+ 6	19	5	8	6	26	24	19	7	7	5	24	20
10. Brest	50	38	13	11	14	49	44	+ 5	19	10	4	5	33	20	19	3	7	9	16	24
11. Cherbourg	50	38	12	14	12	42	42	0	19	6	10	3	24	14	19	6	4	9	18	28
12. Romorantin	50	38	12	14	12	39	40	1	19	6	7	6	20	19	19	6	7	6	19	21
13. Nîmes	50	38	14	8	16	47	49	2	19	9	3	7	27	19	19	5	5	9	20	30
14. Angoulême	49	38	12	13	13	42	42	0	19	7	6	6	24	20	19	5	7	7	18	22
15. Alès	49	38	12	13	13	41	41	0	19	9	5	5	29	22	19	3	8	8	12	19
16. Pau	47	38	11	16	11	46	47	1	19	7	9	3	27	19	19	4	7	8	19	28
17. Trélissac	43	38	9	16	13	46	57	11	19	5	9	5	24	29	19	4	7	8	22	28
18. Viry-Châtillon	39	38	8	15	15	36	51	15	19	6	8	5	24	21	19	2	7	10	12	30
19. La Roche-sur-Yon	31	38	7	10	21	33	48	15	19	4	4	11	15	23	19	3	6	10	18	25
20. Beaucaire	17	38	3	8	27	26	80	53	19	3	3	13	13	30	19	0	5	14	13	50

En cas d'égalité de points, les équipes sont départagées à la difference de buts particullière.

BUTEURS NATIONAL

1. Diallo (Dijon), 18 buts.
2. Arbaud (Louhans-Cuiseaux), Boutabout (Sète), 16.
4. Ba (Besançon), 15.
5. Valadié (Trélissac), 14.
6. Machado (Besançon), Bogaczyk (Brest), Balaguhé (Martigues), 13.
9. Petitjean (Alès), Lecocq (Cherbourg), Bourgeois (Valenciennes), Yakhou (Viry-Châtillon), 11.
13. Sampil (Angers), Giublesi (Angoulême), Mangione (Dijon), 10.
16. Fabien (Angoulême), Andenas, Boulebda (Nîmes), Beyrac, Laurent (Romorantin), Chanlot, Dorizon (Rouen), 9.
23. Maurel et Niflore (Cannes), Diers (Dijon), Heitzmann (Louhans-Cuiseaux), Boronad (Martigues), Millereau (Sète), Lavaud (Trélissac), Silvestri (Valenciennes), 8.
31. Suarez (Cannes), Gosselin (Cherbourg), Livramento et Masson (Dijon), Allegro (La Roche-sur-Yon), Demirdjian, Moussoro et Szlykowicz (Pau), Rouve (Sète), Bottelin (Valenciennes), 7.
41. Dobo (Angers), Chafni (Besançon), Doumbouya (Brest), Joseph (Cannes), Baylet (La Roche-sur-Yon), Bilici (Martigues), Sissoko (Nîmes), Di Gregorio (Pau), 6.
49. Castro, Zoko (Alès), Bouvier (Angers), Do Marcolino (Angoulême), Ebanda et Gros (Beaucaire), Sauget (Besançon), Gautier (Brest), Signou (Cherbourg), Coquio (La Roche-sur-Yon), Marchandé (Louhans-Cuiseaux), Paviot (Romorantin), Lérand (Sète), Dutruch (Trélissac), 5... etc.

CRÉDITS PHOTOGRAPHIQUES

Flashpress : pp. 2-3, 8-9, 10-11, 14-15, 16 (x 2), 17, 18, 19, 20, 21 (haut), 22, 23, 24-25, 29, 30-31, 36, 38, 39, 44, 48, 52, 56-57, 58, 60-61, 63, 64-65, 66, 67, 69, 70-71, 72, 75, 76, 78-79, 81, 85, 86-87, 89, 91, 92, 93, 95, 96-97, 98, 100-101, 106-107, 110-111, 112-113, 120, 122-123, 127, 129, 131, 132-133, 135, 137, 138-139, 140-141, 144-145, 151, 153, 154, 156-157, 158-159, 190-191.

Panoramic : pp. 12-13, 21 (bas), 26, 28, 33, 34-35, 41, 42, 46-47, 51, 54-55, 83, 102-103, 105, 109, 114, 116-117, 118, 121, 124, 143, 146, 149, 161.

Couverture : Panoramic.

Quatrième de couverture : Flashpress (x 2).

Coordination éditoriale : Arnaud Pauper et Zarko Telebak

N° d'éditeur : 13600/01
Dépôt légal : septembre 2003
ISBN : 2-7021-3379-7
Imprimé en Espagne

DEFLA
2
Continenta